O SEMINÁRIO
DE JACQUES LACAN

Campo Freudiano no Brasil

Coleção dirigida por Judith (*in memoriam*) e Jacques-Alain Miller

Assessoria brasileira: Angelina Harari

Jacques Lacan

O SEMINÁRIO

livro 15

o ato psicanalítico

Texto estabelecido por
Jacques-Alain Miller

ZAHAR

Grafia atualizada segundo o Acordo Ortográfico da Língua Portuguesa de 1990, que entrou em vigor no Brasil em 2009.

Título original
Le Séminaire de Jacques Lacan
Livre XV: L'Acte psychanalytique (1967-1968)

Imagem de capa
Bill Waterson/ Alamy/ Fotoarena

Preparação
Angela Ramalho Vianna

Índice onomástico
Gabriella Russano

Revisão
Adriana Bairrada
Luís Eduardo Gonçalves

Dados Internacionais de Catalogação na Publicação (CIP)
(Câmara Brasileira do Livro, SP, Brasil)

Lacan, Jacques, 1901-1981

O Seminário, Livro 15 : O ato psicanalítico / Jacques Lacan ; tradução Teresinha N. Meirelles do Prado ; texto estabelecido por Jacques-Alain Miller. — 1ª ed. — Rio de Janeiro : Zahar, 2025. — (Campo Freudiano no Brasil)

Título original : Le Séminaire de Jacques Lacan : Livre XV : L'Acte psychanalytique (1967-1968).
ISBN 978-65-5979-214-6

1. Psicanálise I. Miller, Jacques-Alain. II. Título. III. Série.

24-269500 CDD-150.195

Índice para catálogo sistemático:
1. Psicanálise 150.195

Eliete Marques da Silva – Bibliotecária – CRB-8/9380

EDITORA SCHWARCZ S.A.
Praça Floriano, 19, sala 3001 — Cinelândia
20031-050 — Rio de Janeiro — RJ
Telefone: (21) 3993-7510
www.companhiadasletras.com.br
www.blogdacompanhia.com.br
facebook.com/editorazahar
instagram.com/editorazahar
x.com/editorazahar

livro 15

o ato psicanalítico

1967-1968

Tradução:
TERESINHA N. MEIRELLES DO PRADO

Versão final:
ANGELINA HARARI

Sumário

Diretivas

Anexos

Introdução

I
Ato e Ação

Crítica a Pavlov
Ação, motricidade, descarga
Quem o sabia antes?
O representante da representação
O saber e suas consequências

Este ano escolhi como tema o ato psicanalítico.

É um estranho par de palavras que, para dizer a verdade, até aqui não foi usado. No entanto, aqueles que seguiram por certo tempo o que aqui enuncio seguramente podem não se surpreender com o que introduzo com esses dois termos.

Aqueles que se lembram do ponto no qual se encerrou o meu discurso do ano passado, no interior dessa lógica do fantasma, acerca da qual tentei acrescentar todos os delineamentos, aqueles que me ouviram falar com determinada ênfase, e em dois registros, sobre o que pode, sobre o que deve querer dizer o termo, também pareado com o ato sexual, esses podem, de certo modo, sentir-se já introduzidos à dimensão que representa o ato psicanalítico.

Contudo, é preciso que eu aja como se uma parte desta plateia não soubesse de nada e introduza hoje o que está em questão no uso que proponho.

1

A psicanálise, isso faz algo.

Isso está claro, pelo menos em princípio. Ao menos se supõe, pelo fato de que vocês estão aqui para me ouvir. Isso faz alguma coisa, não basta, mas é essencial, está no ponto central, é, propriamente dito, a visão poética da coisa.

A poesia também, faz algo. Inclusive observei superficialmente, pelo fato de ter me interessado nos últimos tempos pelo campo da poesia, que as pessoas se ocuparam bem pouco do que ela faz e a quem, mais especialmente — por que não? — aos poetas. Talvez, perguntar-se sobre isso fosse uma forma de introdução àquilo do ato que está em jogo na poesia. Mas esse não é o nosso propósito hoje, uma vez que se trata de psicanálise. Ela faz algo, mas certamente não no mesmo âmbito, ou plano, ou sentido, que a poesia.

Se devemos introduzir, e necessariamente no âmbito da psicanálise, a função do ato, é na medida em que o fazer psicanalítico implica profundamente o sujeito. Para falar a verdade — graças a essa dimensão do sujeito que se chama inconsciente e que para nós restabelece completamente o que pode ser enunciado acerca do sujeito como tal —, na psicanálise o sujeito está, conforme já formulei, colocado em ato.

Essa frase, em um tempo já antigo e em um grau de formulação ainda aproximativa, eu a introduzi em relação à transferência. A transferência, disse eu, não é outra coisa senão a colocação em ato do inconsciente. Ali isso era apenas uma aproximação, repito, e o que teremos a propor este ano sobre a função do ato da psicanálise nos permitirá trazer sobre ela uma precisão merecedora de inúmeros passos, entre eles alguns decisivos, assim espero, que poderemos dar depois.

Aproximemo-nos apenas por meio de certa evidência.

Ao nos mantermos no sentido que tem a palavra "ato", este pode constituir uma travessia. Em relação a quê? — deixemos isso de lado. No sentido de travessia, é certo que encontraremos o ato na entrada de uma análise. Ainda assim é algo que merece o nome "ato": decidir fazer o que se chama de uma psicanálise, com tudo o que isso implica, com certo envolvimento que essa decisão implica. Todas as dimensões que geralmente são aceitas no uso comum, no emprego corrente da palavra "ato", nós as encontramos ali.

Há também o ato pelo qual o psicanalista se instala como tal. Aí está algo que merece o nome ato, até e inclusive porque esse ato pode se inscrever em algum lugar — *Sr. Fulano de Tal, psicanalista.*

Não parece insensato, desmedido, fora de propósito falar de ato psicanalítico da mesma forma que se fala de ato médico. Nesse sentido, o que é o ato psicanalítico? Poderíamos dizer que ele pode se inscrever sob essa rubrica no registro da Previdência Social. Será que o ato analítico é, por exemplo, a sessão? Posso perguntar em que ele consiste, em que tipo de intervenção, pois afinal de contas não se redige uma prescrição. O que é o ato psicanalítico propriamente dito? Será que é a interpretação? Ou é o silêncio? Ou qualquer outra coisa que vocês queiram designar entre os instrumentos da função?

Na verdade, trata-se de esclarecimentos que não nos fazem avançar muito. Para passar ao outro extremo do ponto de apoio que podemos escolher para introduzir o ato psicanalítico, destacamos que, precisamente na teoria psicanalítica, fala-se de ação. Aliás, ainda não estamos em condições de especificar esse ato de tal maneira que possamos estabelecer o seu limite com relação ao que se chama de ação, termo geral e que, juro, não é inusitado na teoria psicanalítica.

Fala-se muito da ação, e ela tem um papel de referência. Aliás, esse papel é singular, pois um campo bastante vasto de teóricos que também se expressam em termos analíticos serve-se da ação com grande ênfase para explicar o pensamento, como se fosse por uma espécie de necessidade de segurança. Esse pensamento — do qual, por razões com as quais teremos que nos haver, não queremos fazer uma entidade que pareça mesmo excessivamente metafísica —, tentaremos explicá-lo por meio de um fundamento que, nesta ocasião, espera-se que seja mais real; e nos explicarão o pensamento como representando algo que se motiva, se justifica, por sua relação com a ação dizendo-nos, por exemplo, que ele é uma ação mais reduzida, uma ação inibida, uma ação esboçada, um pequeno modelo de ação, até mesmo que haja no pensamento algo como uma espécie de degustação do que poderia ser a ação que ele suporia, ou que ele torna imanente.

Essas falas são conhecidas de todos, não preciso ilustrá-las com citações, mas se alguém quiser ver mais de perto o que dou a entender, evocarei não só um célebre artigo, mas todo um livro escrito a respeito pelo sr. Rapaport, psicanalista da sociedade de Nova York. No caso, a referência não me parece mais clara do que isso a que a referimos. Tal fato é surpreendente para quem se introduz sem preconceito na dimensão da ação. Esclarecer o pensamento por meio da ação suporia, talvez, que tivéssemos primeiramente uma ideia menos confusa sobre o que constitui a ação do que aquela que se manifesta aqui, na medida em que, se meditamos a respeito por um instante, uma ação parece supor em seu cerne a noção de ato.

Sei bem que a ideia à qual se aferram, quero dizer, sobre a qual se apoiam energicamente aqueles que tentam formular as coisas no registro que acabo de mencionar é a de identificar a ação à motricidade. É por isso que temos que fazer aqui, no começo do que introduzimos, uma operação essencial, de simples elucidação ou varredura. Chamem-na como quiserem.

Afinal de contas, meu Deus, por que não?, é aceitável que, de maneira habitual, rotineira, queiramos aqui aplicar, ou mesmo apenas fingir aplicar, a regra de não explicar o inferior pelo superior — o que continua a ser chamado de inferior e de superior, aliás, sem tanto fundamento. Dizemos, já não se sabe muito bem por que agora, que o pensamento é superior e queremos explicá-lo a partir desse inferior que seria a mais elementar forma de resposta do organismo, ou seja, esse famoso círculo cujo modelo lhes forneci com o nome de arco reflexo. Trata-se desse circuito que, quando se é prudente, chama-se de estímulo-resposta e que é identificado ao par excitação sensorial, seja ela qual for, e desencadeamento motor, que aqui tem o papel de resposta.

Ora, sem sombra de dúvida, nesse famoso arco a resposta não é inevitavelmente e obrigatoriamente motora. Ela pode ser excretória, por exemplo, e até secretória. A partir do momento em que a resposta é que algo se borra, decerto a referência a esse modelo para tomar como ponto de partida o fundamento da função que podemos chamar de ação se mostra bem mais precária. De resto, pode-se notar que a resposta motora, se a fixamos apenas por meio da ligação definida pelo arco reflexo, tem realmente pouquíssima legitimidade para nos fornecer o modelo disso que se pode chamar de ação, pois, a partir do momento em que vocês a inserem no arco reflexo, o que é motor aparece igualmente como um efeito passivo, como uma pura e simples resposta ao estímulo, resposta que tem apenas um efeito de passividade. Um certo modo de conceber a resposta como uma descarga de tensão — termo corriqueiro também na energética psicanalítica — nos apresenta, portanto, a ação como nada mais que uma sequência, até mesmo uma fuga, consecutiva a uma sensação mais ou menos tolerável, digamos, no sentido mais amplo de estímulo, desde que façamos intervir outros elementos além daqueles introduzidos pela teoria psicanalítica com o nome de estímulo intermitente.

Cá estamos nós decerto em uma posição de não poder situar o ato por uma referência nem à motricidade nem à descarga. Pelo contrário, é preciso se perguntar por que a teoria tem, e ainda manifesta, uma inclinação tão forte a se servir dessas referências como apoios, para ali reencontrar a ordem original de onde partiria, onde se instalaria como um forro, o do pensamento.

Faço essa observação apenas porque teremos de nos servir disso. Por mais paradoxal que o que se produz na elaboração possa parecer ao ser visto a partir de certo ponto, isso não deixa de nos dar a ideia de que ali está uma motivação para sustentar esse paradoxo, e podemos extrair algum fruto dessa motivação. Eis o método em relação ao qual a psicanálise nunca está em falta.

É portanto um fato que a teoria analítica se apoia ocasionalmente em algo que ela é mais talhada do que qualquer outra para conhecer, que não passa de um curto-circuito em relação ao que deve ser estabelecido como o estatuto do aparelho psíquico. De fato, os textos de Freud — e, para além deles, todo um pensamento analítico — só podem se estabelecer inscrevendo-se, no intervalo entre o elemento aferente e o elemento eferente do arco reflexo, o famoso sistema Ψ dos primeiros escritos freudianos.

Contudo, o fato de a teoria analítica ter a necessidade de manter a ênfase nesses dois elementos, ao mesmo tempo que negligencia esse sistema, certamente demonstra algum paradoxo, o que nos incita a marcar o lugar dessa teoria em relação ao que podemos chamar, mais genericamente, de teoria psicologizante que diz respeito ao aparelho psíquico.

Vemos aqui manifestar-se claramente certo número de edifícios mentais que, alicerçados inicialmente sobre a experiência, de fato tentam servir-se desse modelo primeiro, o processo estímulo-resposta, dado como o mais elementar, ainda que o consideremos no âmbito da totalidade de um micro-organismo como a ameba, por exemplo — de certo modo fazendo disso uma homologia, a especificação por um aparelho que concentraria, pelo menos em certo ponto, poderosamente organizador, o efeito da realidade sobre o organismo, ou seja, sobre o arco reflexo no aparelho nervoso uma vez diferenciado.

Essa referência resulta de uma concepção claramente capenga do que pode estar em questão no ato. É de maneira interna que essa concepção é insatisfatória, pois se opõe totalmente àquilo com que temos que lidar, à posição da função do ato que evoquei inicialmente em seus aspectos de pura evidência, e a qual sabemos bem que é a que nos interessa na psicanálise. O fato de essa referência persistir em uma técnica, a psicanálise — que parece ser a menos apropriada para se recorrer, dado o que ela implica de uma dimensão totalmente distinta, radicalmente oposta a essa referência —, eis o que teremos que explicar na perspectiva que mencionei.

Falei há pouco do envolvimento, seja do analisado, seja do analista. Por que não, afinal de contas, trazer aqui a questão do ato de nascimento da psicanálise? Na dimensão do ato, efetivamente, aparece de imediato o que um termo como "envolvimento" implica, ou seja, a inscrição, em algum lugar, disso que constitui um ato. O fato de eu poder andar para lá e para cá falando com vocês não constitui um ato, mas se andar me fizer um dia atravessar um certo limiar em que eu me coloque fora da lei, nesse dia a minha motricidade terá valor de ato.

Afirmei aqui, nesta mesma sala, que tudo o que o termo "ato" pode apresentar de ambiguidades só seria reunido de modo satisfatório se recorrêssemos a uma ordem de evidência aceita, a dimensões propriamente linguageiras, com relação ao que está em questão no ato. Isso abrange toda a gama que evoquei inicialmente, inclusive, para além do que chamei na ocasião de ato notarial, termo que já mencionei, o ato de nascimento da psicanálise. Por que não? Foi assim que ele surgiu em algum momento crucial de minha fala, mas também, se nos detemos um pouco nisso, veremos abrir-se facilmente a dimensão do ato em relação ao estatuto mesmo da psicanálise.

Falei de inscrição. O que dizer a respeito? Não fiquemos perto demais dessa metáfora. No entanto, aquele cuja existência é consignada em um ato quando vem ao mundo, ele já estava ali antes do ato. A psicanálise não é um bebê, mas quando se fala de ato de nascimento da psicanálise — o que faz sentido, pois justamente um dia ela apareceu —, essa é a questão que se evoca: o campo que ela organiza, no qual ela reina, ao mais ou menos governá-lo, será que ele existia antes? Vale a pena evocar essa questão. É até mesmo essencial fazê-la nesse ponto de virada. Claro, há todas as chances de que esse campo existisse antes, certamente não contestaremos que o inconsciente tenha feito sentir seus efeitos antes do nascimento da psicanálise. Mas, mesmo assim, se prestarmos bastante atenção, podemos ver que a pergunta *Quem o sabia?* talvez não seja desprovida de importância aí.

Não tem essa pergunta outro alcance além da *époché*, a suspensão idealista, aquela que se fundamenta na ideia, tomada como radical, da representação como fundamento de todo conhecimento? O idealismo pergunta, a partir disso, onde, além dessa representação, está a realidade. A questão que coloco sob a forma de *Quem o sabia, o campo da psicanálise?* não tem absolutamente nada a ver com a antinomia falaciosa em que se fundamenta o idealismo. Não se trata de contestar que a realidade seja anterior ao conhecimento. A realidade sim, mas e o saber?

O saber não é o conhecimento. Para alcançar os espíritos menos preparados para suspeitar dessa diferença, basta eu aludir à arte de saber-viver [*savoir-vivre*], ou ao saber-fazer [*savoir-faire*]. Aqui, a questão acerca do que vem *antes* passa a fazer todo o sentido, pois o saber--viver ou o saber-fazer pode nascer em dado momento. E então — se é que a ênfase que ponho desde sempre na linguagem adquiriu para alguns de vocês o seu alcance —, está claro que, aqui, ganha todo peso a questão de saber, por exemplo, como era precisamente algo que podemos chamar de manipulação da letra, segundo uma formalização chamada de lógica, antes de nos termos envolvido com isso. O que seria o campo da álgebra antes da invenção da álgebra — antes de sabermos manipular uma coisa que é preciso chamar por seu nome, os algarismos [*chiffres*], e não apenas os números [*nombres*]?

Como não posso me estender, recorro àqueles, que suponho existir entre vocês, que leram suficientemente, em algum artigo de revista ou em obras de divulgação, como o sr. Cantor procede para lhes demonstrar que a dimensão do transfinito nos números não é redutível à da infinidade da sequência dos números inteiros. Por mais espantoso que isso lhes pareça, sempre se pode fabricar um novo número que não foi incluído inicialmente nessa sequência de números inteiros, e isso nada mais é do que uma certa maneira de operar com a sequência dos algarismos segundo um método que se chama de diagonal. Em suma, a ordem seguramente controlável que foi assim aberta e que tem direito à qualificação de verídica, tanto quanto qualquer outro termo, essa ordem estava ali desde sempre, à espera da operação do sr. Cantor? Aí está uma pergunta que tem seu valor, que tem todo o seu peso e que não tem nada a ver com a da realidade em relação à sua representação.

A operação é uma combinatória, e o que nela se desdobra de uma dimensão de verdade, aí está algo que deixa surgir, da maneira mais autêntica, a situação da verdade que ela determina antes que ali nasça o saber. É exatamente por isso que um elemento dessa combinatória pode vir a desempenhar o papel de *representante da representação*. A insistência com que defendo que o termo de Freud, *Vorstellungsrepräsentanz*, seja assim traduzido não é uma simples susceptibilidade pessoal. A cada vez que vejo ressurgir em uma ou outra marginalia a tradução por *representante-representativo*, legitimamente denuncio nisso uma intenção de confundir, em relação à qual cumpre saber por que fulano ou beltrano se toma por defensor disso em certa posição do campo analítico.

Nessa ordem, as querelas de forma não são anódinas, uma vez que com elas se instaura justo um pressuposto subjetivo que está propriamente em questão. Mais tarde traremos alguns pontos de fixação, e eles permitirão que nos orientemos a esse respeito. Mas esse não é meu objetivo hoje, quando se trata apenas de introduzir a função que desenvolverei diante de vocês.

À maneira de um marco, do qual vocês encontrarão ao mesmo tempo a indicação e o sentido quando tivermos que retornar a ele, indico-lhes apenas três pontos de referência. O primeiro é o termo "conjunto", na teoria matemática. Mostraremos a distância dele em relação ao termo "classe", em uso há bem mais tempo. Terceiro ponto a acrescentar: a função do objeto como *a*, que aqui adquire todo o seu valor de oposição subjetiva. Na distinção entre o conjunto e a classe, ela se insere por meio de certa diferença articulada, e que a implica na mesma ordem, a ordem das *posições subjetivas do ser*, que era o verdadeiro sujeito, o título secreto, do segundo ano do ensino que ministrei aqui com o nome de *Problemas cruciais para a psicanálise*.

É o que teremos de fazer, a seu tempo. Apenas o assinalo aqui.

2

Para hoje, quero retomar a referência fisiologizante para lhes mostrar algo que esclarecerá, talvez com o máximo de eficácia, o que entendo pelo termo "ato psicanalítico".

Já que fizemos tão facilmente a crítica da assimilação do termo ação ao de motricidade, talvez nos seja ainda mais fácil perceber o que há de falacioso no modelo do arco reflexo.

Costuma-se tomá-lo como suporte de algo que é corriqueiro, como por exemplo o desencadeamento de um reflexo tendinoso. Não se sabe por que esse funcionamento é chamado de automático, pois a automação tem na sua essência uma referência ao acaso, ao passo que o que está implicado na dimensão do reflexo é precisamente o contrário. Mas deixemos isso de lado.

O arco reflexo, não é óbvio que só conseguiríamos concebê-lo racionalmente como um funcionamento em que o elemento motor não deve ser situado em outro lugar senão nesse pequeno instrumento, o martelo, por meio do qual ele é desencadeado? O que se recolhe nada mais é do que um signo, no caso signo do que podemos chamar de integridade de um certo nível do aparelho medular. Nesse sentido, o que esse signo tem de mais indicativo é precisamente quando está ausente, ou seja, quando denuncia a ausência de integridade desse aparelho. De fato, no que diz respeito à sua integridade, ele não nos fornece grande coisa. Em contrapartida, quanto ao defeito, à lesão, o que tem valor positivo, sim, ali ele adquire todo o seu valor de signo.

O arco reflexo só possui entidade e significação ao ser isolado no funcionamento do organismo, isolado em relação a certo questionamento que podemos chamar de clínico, quem sabe? — ou mesmo, indo mais longe, desejo do clínico. Isso não confere a esse conjunto que chamamos de arco reflexo nenhum caráter especial que sirva de modelo para qualquer coisa que deva ser considerada fundamental, elementar, redução originária de uma resposta do organismo vivo.

Mas iremos mais longe. Iremos a uma concepção do reflexo infinitamente mais sutil do que esse modelo elementar, a saber, a que prevalece no que permitam-me chamar de ideologia pavloviana.

Pretendo questioná-la aqui, não sob o ponto de vista de uma crítica absoluta, mas pelo que ela nos sugere quanto ao que diz respeito à posição analítica. Certamente não cogito depreciar o conjunto dos trabalhos que estão inscritos nessa ideologia. Também não digo nada que se anteciparia demais ao dizer que ela procede de um projeto de elaboração materialista. Ela reconhece isso, trata-se precisamente de reduzir a referência, que poderia ser feita, do reflexo a alguma entidade da ordem do espírito — como se houvesse ali um terreno em que seria preciso ainda combater.

A pretensão da ideologia pavloviana é bem melhor adaptada do que essa primeira ordem de referência que indiquei com o arco reflexo, e que poderíamos chamar de referência organodinâmica. Essa pretensão é bem melhor adaptada porque se articula ao tomar o signo de uma função ordenada em torno de uma necessidade.

Todos vocês cursaram o secundário o suficiente, imagino, para saber o modelo corrente pelo qual Pavlov foi introduzido nos manuais e do qual nos servimos agora para fundamentar o que queremos dizer. A efetiva associação de um barulho de sineta, por exemplo, com a apresentação de um pedaço de carne diante de um animal, evidentemente um carnívoro, é considerada algo que obtém, após certo número de repetições, o desencadeamento de uma secreção gástrica, contanto que o animal em questão tenha de fato um estômago. Isso continua mesmo após o desfecho, a liberação da associação, a qual se dá, é evidente, no sentido da manutenção do simples som da sineta. O efeito facilmente se manifestava pelo desenvolvimento de uma fístula gástrica na qual se concentrava o suco emitido ao final de certo número de repetições, pela simples emissão do som da sineta.

Esse empreendimento pavloviano, ousarei qualificá-lo, em relação à sua pretensão, como extraordinariamente correto. O que cabe efetivamente explicar é a possibilidade das formas elevadas de tal funcionamento do intelecto. E isso, claro, a partir da captura, na organização viva, de um estímulo que aqui só adquire valor ilustrativo por não estar adequado à necessidade que nos interessa nessa questão. No campo da percepção, esse estímulo só se conota, propriamente falando, por estar de fato separado de qualquer objeto de fruição eventual.

Fruição (*fruition*) quer dizer gozo. Não quis falar a palavra "gozo" porque já coloquei certa ênfase nela, e não quero introduzi-la aqui em todo o seu contexto. *Fruto* [*fruit*] é o contrário de *útil*. Não é sequer de um objeto de uso que se trata, mas de um objeto do apetite, baseado em necessidades fundamentais do vivente. É na medida em que o som da sineta não tem nada a ver com qualquer coisa que possa interessar a um cão, por exemplo, pelo menos no campo em que seu apetite é despertado pela visão do pedaço de carne, que é legítimo que Pavlov o introduza no campo da experiência.

Só que, se digo que esse modo de operar é extraordinariamente correto, é muito precisamente porque Pavlov se revela ali, por assim dizer, estruturalista no início de sua experiência. Ele é estruturalista *avant la lettre*, de um estruturalismo na sua mais estrita observância, quer dizer, na observância lacaniana, na medida em que o que demonstra na sua experiência, o que de certa forma se pode assumir como implícito nisso, é muito precisamente isso: que o significante é o que representa um sujeito para outro significante.

Eis como ilustrar o que acabo de anunciar. O som da sineta aqui não representa nada mais que o sujeito da ciência, ou seja, o próprio Pavlov. Ele o representa para quem? Para quê? Claramente, para nada senão isso: que ele não é um signo, mas um significante, ou seja, a secreção gástrica. Esta só adquire seu valor precisamente pelo fato de não ser produzida pelo objeto que se espera que a produza. É um efeito de engodo. A necessidade em questão está adulterada. O que se produz no âmbito da fístula estomacal instala-se em uma dimensão na qual o que está em jogo, ou seja, o organismo, nessa ocasião, é enganado.

Logo, há demonstração. Se vocês olharem mais de perto, evidentemente, isso não é válido apenas com um cão, vocês podem fazê-lo também com uma espécie de animal completamente diferente. Todo esse experimento pavloviano não teria nenhum interesse se não se tratasse de edificar a possibilidade essencial da tomada do que deve ser definido como um efeito de significante em um campo que é o campo do vivo. A repercussão teórica desse experimento reside no fato de que ele permite conceber que, onde a linguagem está, não há nenhuma necessidade de buscar uma referência em uma entidade espiritual.

Mas quem cogita isso agora? E a quem isso pode interessar? É preciso destacar, no entanto, que o que se demonstra pela experiência pavloviana — ou seja, que não existe operação que sirva os significantes como tais que não implique a presença do sujeito — não é absolutamente o que um público leigo poderia pensar à primeira vista.

Essa prova do sujeito, não é de modo algum o cão quem a fornece, e nem sequer para Pavlov, pois ele constrói a experiência justo para mostrar que prescindimos perfeitamente de hipóteses sobre o que o cachorro pensa. O sujeito cuja existência é demonstrada, ou antes, a demonstração de sua existência, não é de modo algum o cão que a fornece, mas, como ninguém duvida, o sr. Pavlov, ele mesmo, pois é ele quem sopra a sineta, ele ou um de seus ajudantes, pouco importa.

Ponderando incidentalmente que o que está implicado nessa experiência demonstra a função do significante e sua relação com o sujeito, acrescentei que ninguém, evidentemente, tinha a intenção de obter por meio disso qualquer coisa da ordem de uma mudança na natureza do animal. O que quero dizer, e que não deixa de ter interesse, é que se obtém por meio disso uma modificação da ordem que é preciso supor que tenha acontecido no tempo em que se domesticou esse animal que é chamado de cão. De fato, é preciso admitir que o cachorro não é doméstico desde o início dos tempos. Logo, houve um momento em que se soube fazer desse bicho certamente não um animal dotado de linguagem, mas um animal acerca do qual talvez fosse interessante sondar se é possível dizer que, de algum modo, sabe que falamos, como parece ser o caso. Que sentido deve ser dado neste caso à palavra saber? É uma questão no mínimo tão interessante quanto a que é levantada pela montagem do reflexo condicional ou condicionado.

O que me chama a atenção, sobretudo, é que nunca recebemos dos experimentadores o menor testemunho sobre as relações pessoais, por assim dizer, que no entanto devem existir durante essas experiências entre o bicho e o experimentador. Não quero apelar para a instância da Sociedade Protetora dos Animais, mesmo assim admitam que isso seria bastante interessante. Talvez aprendêssemos ali algo sobre o que pode ser denominado neurose no âmbito dos animais, um pouco mais do que o que se registra na prática dessas estimulações experimentais, quando são pressionados a ponto de produzir vários distúrbios que vão desde a inibição até o latido descontrolado. Falamos de neurose sob o único pretexto de que isso é em primeiro lugar provocado, e em segundo lugar tornado completamente inadequado em relação às condições exteriores, como se o animal não estivesse há muito tempo fora de todas essas condições. Isso, evidentemente, não deve ser assimilado de modo algum ao que a análise pode permitir qualificar como constituindo a neurose em um ser que fala.

Em resumo, como vemos, o sr. Pavlov não apenas demonstra ser, na instauração fundamental de sua experiência, estruturalista, como eu disse, e da melhor observância, mas pode-se até dizer que o que ele recebe como resposta tem realmente todas as características do que definimos como fundamental na relação do ser falante com a linguagem, ou seja: ele recebe sua própria mensagem sob uma forma invertida.

Minha fórmula, emitida há muito tempo, aplica-se muito bem aqui, pois o que acontece? Primeiramente ele associou, como sequência, o barulho da sineta — para elucidar, por assim dizer — em relação à sequência fisiológica montada por ele no âmbito do órgão, uma fístula estomacal. O que obteve então? Uma sequência inversa, na qual se engancha a reação do animal a esse barulho de sineta que se apresenta.

3

Em tudo isso, há para nós apenas um mistério bastante tênue, o que, aliás, não diminui em nada o alcance dos benefícios que essa espécie de experimentação pôde produzir no âmbito desse ou daquele ponto do funcionamento cerebral. O que nos interessa é seu propósito.

Que ele seja obtido somente ao preço de certo desconhecimento do que constitui inicialmente a estrutura da experiência, aí está algo feito para nos alertar quanto ao que essa experiência significa como ato. O sujeito aqui, Pavlov, apenas recolhe nessa ocasião, sem perceber e do modo mais correto, o benefício de uma construção que é muito exatamente assimilável àquela que se impõe a nós, uma vez que se trata da relação do ser falante com a linguagem.

Em todo caso, eis o que merece ser evidenciado, nem que seja para ser desfalcado da ênfase demonstrativa, por assim dizer, de toda a operação.

Essa intenção de redução dita materialista, que se manifestou em todo o campo das atividades ditas científicas durante certo período histórico, merece ser tomada pelo que é, ou seja, como sintomática. Seria necessário que se acreditasse em Deus, exclamaria eu. Isso é tão verdadeiro que toda essa construção dita materialista — ou organicista, digamos ainda — em medicina é muito bem recebida pelas autoridades espirituais.

No final das contas, tudo nos conduz ao ecumenismo. Há uma certa maneira de operar a redução do campo divino que, em última instância, em seu último recurso, é absolutamente favorável a que os peixes sejam enfim recolhidos na mesma grande rede. Esse fato sensível, que se apresenta de modo manifesto diante de seus olhos, de todo modo deveria nos inspirar certo recuo no que diz respeito às relações com a verdade em certo contexto.

Nesse tempo prescrito, considerado relegado na ordem dos valores do pensamento, que se chama Idade Média, simples elucubrações de lógicos podiam levar a condenações maiores e, em um ou outro ponto de doutrina no campo em que operamos, no que se chamavam heresias, as pessoas rapidamente chegavam a estrangular, a massacrar umas as outras. Por que pensar que isso tenha sido efeito, efeito do fanatismo, como se diz? Por que invocar um registro assim — quando bastaria talvez concluir que esse ou aquele enunciado sobre as relações do saber podiam, nesse período, ser infinitamente mais sensíveis, quanto ao tema, a efeitos de verdade?

De todos esses debates que, a torto e a direito, são chamados de teológicos — teremos de retornar ao que é a teologia —, não nos restam mais do que textos que sabemos ler mais ou menos bem e que, em muitos casos, não merecem de modo algum o título de empoeirados. O que não suspeitamos é que isso talvez tenha tido consequências imediatas, diretas, no mercado, na porta da escola ou, se necessário, na vida doméstica, nas relações sexuais. Por que a coisa não seria concebível? Bastaria introduzir aqui uma dimensão diferente daquela do fanatismo — a da seriedade, por exemplo.

Em relação ao que se enuncia no âmbito de nossas funções docentes e do que se chama de a Universidade, as coisas, em seu conjunto, são tais que não é absolutamente escandaloso formular que tudo o que nos é distribuído pela *Universitas litterarum*, a Faculdade de Letras — que ainda tem grande influência sobre o que se chama nobremente de ciências humanas —, é um saber dosado de maneira tal que não tem, de fato, em nenhum caso, nenhuma espécie de consequência. Como se dá isso? É verdade que essa *Universitas* não equilibra muito bem os seus pratos, pois algo diferente se introduziu, que se chama Faculdade de Ciências.

Do lado da Faculdade de Ciências, em razão do modo de inscrição do desenvolvimento da ciência como tal, as coisas talvez não estejam tão distantes, pois ali verificou-se que a condição do progresso da ciência é que não se queira saber nada a respeito das consequências que o saber da ciência envolve no âmbito da verdade. Essas consequências são deixadas para que se desenvolvam sozinhas.

Durante um tempo considerável do campo histórico, pessoas que já mereciam verdadeiramente o título de sábios pensavam duas vezes antes de colocar em circulação certos aparelhos, certos modos de saber que haviam perfeitamente vislumbrado. Um certo sr. Gauss, por exemplo, que é bastante conhecido, tinha visões bastante antecipatórias em matemática, mas deixou que outros matemáticos as colocassem em circulação cerca de trinta anos depois, embora já estivessem em suas anotações pessoais. Talvez lhe tenha ocorrido que as consequências, no âmbito da verdade, mereciam ser levadas em consideração.

Tudo isso para lhes dizer que a complacência — enfim, a consideração — da qual goza a teoria pavloviana no âmbito da Faculdade de Ciências, em que tem o mais alto prestígio, talvez se deva a isto que destaco, ou seja, à sua dimensão fútil. *Fútil*, talvez vocês não saibam o que isso quer dizer. Aliás, eu também não sabia, até o momento em que me deparei casualmente com o emprego da palavra *futilis* em um trecho de Ovídio, no qual isso quer dizer propriamente *um vaso que foge*.

A fuga, espero tê-la cernido o suficiente, encontra-se na base do edifício pavloviano, ou seja, o que se deve demonstrar não tem que ser demonstrado, pois já está dito no início. Simplesmente, o sr. Pavlov se demonstra estruturalista nisso, ainda que ele mesmo não o saiba. O que evidentemente elimina qualquer alcance do que poderia pretender ser uma demonstração qualquer. Aliás, tudo o que há para demonstrar tem um interesse de fato bastante reduzido, dado que a questão de saber o que é Deus esconde-se totalmente em outro lugar. Para ser explícito, se vocês olharem de perto, tudo o que o funcionamento pavloviano oculta de fundamento para a crença, de esperança de conhecimento, de ideologia de progresso reside apenas nisso: as possibilidades que a experimentação pavloviana demonstra são supostas como já presentes lá no cérebro.

A partir da manipulação do cachorro no contexto da articulação significante se obtêm efeitos, resultados, que sugerem a possibilidade de uma complicação mais elevada de suas reações: aí está algo que não tem nada de espantoso, dado que essa complicação foi introduzida por nós. Mas o que está implicado está inteiramente nisso que eu evidenciava há pouco, a saber, se as coisas reveladas anteriormente já estavam lá.

O que está em questão quanto à dimensão divina, e em geral à dimensão do espírito, gira inteiramente em torno disso: o que supomos que já esteja lá antes de fazermos sua descoberta? Se se revela em todo um campo que seria, não fútil, mas superficial pensar que o saber já está ali à nossa espera antes que o façamos surgir, isso poderia ser de natureza a nos provocar um questionamento muito mais profundo.

É exatamente disso que vai se tratar em relação ao ato psicanalítico.

O tempo me obriga a enfatizar aqui a ideia que sustento diante de vocês hoje.

Na próxima vez, vocês me verão aproximar o ato psicanalítico desse modelo ideológico acerca do qual lhes disse que sua constituição paradoxal é feita do seguinte: qualquer um pode basear uma experiência em pressupostos que ele mesmo ignora profundamente. E o que significa que ele os ignore?

A dimensão da ignorância não é a única a ser colocada em jogo, quero dizer, em relação aos pressupostos estruturais da instauração da experiência. Existe outra dimensão, muito mais original, e à qual fiz alusão há muito tempo. Da próxima vez também vou me permitir introduzi-la.

15 de novembro de 1967

II

Babaquice da Verdade

Pavlov na psicanálise
O ato sintomático em Freud
Bagatelas sobre a transferência
Assexuar a verdade

Não posso dizer que a afluência de vocês este ano não cause problema. O que isso significa para um discurso que se dirige essencialmente aos psicanalistas? Se alguém duvidava disso, já repeti o bastante para que o soubesse.

É verdade que minha posição aqui, esta de onde lhes falo, demonstra suficientemente algo que aconteceu e que me situa em relação aos psicanalistas em posição excêntrica, essa mesma posição na qual, há anos, em resumo, eu apenas questiono o que tomei como tema este ano, o ato psicanalítico.

O que eu disse da última vez só podia encontrar esse rumor de satisfação que me chegou em relação à opinião geral da plateia, se assim posso dizer. Aqueles que vinham aqui pela primeira vez — forçosamente há alguns, dado o número — para ver, porque alguém lhes havia dito que não entenderiam nada, bem, tiveram uma boa surpresa.

Na verdade, conforme indiquei de passagem, falar de Pavlov como eu fazia na ocasião era estender a mão ao sentimento de compreensão. Como eu disse, nada é mais estimado que a empreitada pavloviana, especialmente na Faculdade de Letras, e é ainda por essa via que, de modo geral, vocês chegam a mim. Quer isso dizer que essa espécie de *satisfecit* me preenche de alguma forma? Certamente não, suspeitam vocês, já que também não é o que vêm buscar.

Para ir direto ao ponto, parece-me que, se algo pode explicar decentemente essa afluência, é algo que pelo menos não residiria no mal-entendido, ao qual não me presto, daí o modo de espera a que aludi há pouco. Aqueles que vêm é porque, no conjunto, têm o sentimento, em maior ou menor alto grau, de que aqui se enuncia algo que poderia, quem sabe, ter consequência. Ainda assim, é algo que não é mal-entendido e que me incita a me empenhar para corresponder ao que chamei de esta afluência.

Se é realmente assim, a afluência se justifica, uma vez que o princípio do ensino que qualificamos, para situar grosseiramente as coisas, como ensino de Faculdade é precisamente aquele em que qualquer coisa, de tudo o que diz respeito aos assuntos mais candentes, e até de atualidade, como política, por exemplo, seja apresentada, colocada em circulação de forma tal que não tenha consequências. Pelo menos essa é a função que há muito tempo o ensino universitário cumpre nos países desenvolvidos. Aliás, é por essa razão que a Universidade ali está em casa, pois onde ela não satisfaz, nos países subdesenvolvidos, há tensão. Portanto, ela realiza bem a sua função nos países desenvolvidos. Pois ela tem isso de tolerável: qualquer coisa que for proferida ali não ocasionará desordem.

Evidentemente, não é no plano da desordem que consideraremos as consequências do que digo aqui. Mas o público suspeita que em certo âmbito, que é precisamente o daqueles a quem me dirijo, a saber, os psicanalistas, há algo tenso. É efetivamente disso que se trata quanto ao ato psicanalítico.

Hoje vamos seguir um pouco mais adiante. Veremos o que acontece com aqueles que praticam esse ato, quer dizer — é isso que os define —, que são capazes de tal ato, e capazes de maneira tal que possam colocar-se ali como profissionais, como se diz nos outros atos, esportes ou técnicas.

1

Do ato psicanalítico, na medida em que dele fazemos profissão, resulta uma posição acerca da qual certamente é natural que nos sintamos assegurados pelo que sabemos, pelo que tiramos de nossa experiência.

Contudo — e esse é um dos interesses que trago este ano —, resultam da natureza própria a esse ato um campo cujas bordas nem sequer toquei da última vez e consequências quanto à posição a ser mantida, que são mais sérias que a simples habilidade de o exercer.

É aí que tem lugar, singularmente, o fato de que eu possa permitir que outros além dos analistas, que os não analistas, tenham uma concepção do que é esse ato que, ainda assim, lhes concerne. O ato psicanalítico diz respeito, e muito diretamente, direi, àqueles que não fazem dele profissão.

Se é verdade, conforme ensino, que desse ato resulta algo como uma conversão na posição do sujeito quanto à sua relação com o saber, como não admitir de imediato que se estabeleceria uma hiância realmente perigosa para que apenas alguns adquiram uma visão suficiente dessa subversão — já que o chamei assim — do sujeito? Será que é mesmo concebível, imaginável, que aquilo que é subversão do sujeito, e não deste ou daquele momento escolhido de uma vida particular, só se produza aqui ou acolá, e mesmo em determinado ponto de conjunção em que todos aqueles que não tivessem sofrido essa virada se reconfortariam mutuamente?

Que o sujeito seja realizável, claro, apenas em cada um não deixa menos intacto o seu estatuto precisamente como estrutura, e progredido na estrutura. A partir disso, já fica evidente que dar a conhecer — não fora da comunidade analítica, mas em certa relação com ela — o que se passa com esse ato que interessa a todos só pode permitir, no interior dessa comunidade, que se veja mais claramente o que é desejado quanto ao estatuto que podem se atribuir aqueles que fazem do desempenhar esse ato sua profissão.

Desse modo, a abordagem que cremos ter extraído este ano a partir de sua borda, conforme pudemos destacar da última vez, o que se impõe é precisamente distinguir, na medida do possível, ao folhear as páginas, vê-lo apresentado às vezes: o ato de motricidade. Os poucos degraus que logo tentamos ultrapassar não se apresentam em nenhum caso segundo uma progressão apodíctica. Não se pode pretender, e sobretudo não queremos pretender, proceder por uma espécie de introdução que fosse de escala psicológica de maior ou menor profundidade. Pelo contrário, é na apresentação dos acidentes em relação ao que se enuncia acerca desse ato que vamos buscar o raio de luz, diversamente situado, que nos permita perceber onde está verdadeiramente o problema.

Assim, ao falar de Pavlov, eu não buscava nenhuma referência clássica a esse respeito. Queria apenas lembrar o que está efetivamente pelos cantos de várias memórias, ou seja, a convergência entre o experimento pavloviano e os mecanismos de Freud. Ela está registrada em uma obra clássica, a de Dalbiez. Claro, isso sempre produz seu efeitozinho. Vocês não imaginam a alegria que tiveram alguns na época, como se diz, isto é, em torno de 1928 ou 1930, em que se falava da psicanálise na Sorbonne — dado o cenário da posição psicanalítica, o quanto ela se sentia precária.

Mas seja qual for o interesse dessa obra que, devo dizer, é feita com grande cuidado e cheia de observações pertinentes, a espécie de conforto que pode oferecer o fato de que o sr. Dalbiez articule — francamente! de modo pertinente — que há algo dos mecanismos do inconsciente que não se derroga em relação à psicologia, à psicologia pavloviana, permanece extremamente frágil. Por quê? Pelo que destaquei para vocês da última vez, a saber, que a ligação de significante a significante, na medida em que sabemos que é subjetivante por natureza, é introduzida por Pavlov ao instituir a própria experiência. A partir de então não há nada de espantoso ali, no fato de que o que se edifica ali junta-se a estruturas análogas à que encontramos na experiência analítica, visto que posso formular ali a determinação do sujeito como fundada na ligação de significante a significante.

Não ganharíamos grande coisa com uma aproximação desse tipo, alicerçada justamente no desconhecimento do que a fundamenta — dado que essas estruturas se encontram mais próximas uma da outra do que cada uma delas da concepção de Pierre Janet, e é esse ponto que Dalbiez enfatiza. Mas o que nos interessa ainda mais é Pavlov desconhecer a implicação estruturalista da aventura, disse eu mais ou menos humoristicamente — de modo algum humoristicamente quanto ao fato de que ela seja estruturalista, mas porque a chamei de estruturalista lacaniana. Foi nesse ponto que me detive, suspendendo minha pretensão sobre a questão — o que acontece com o que se pode aqui chamar, em certa perspectiva, de uma forma de ignorância?

Será que é suficiente? Não. O fato de que um experimentador não se pergunte sobre a natureza do que ele introduz no campo da experimentação — é legítimo que ele o faça, mas que não vá mais longe nessa questão de certo modo prévia — mesmo assim não vai nos fazer introduzir aqui as funções do inconsciente. É necessário algo mais que, na verdade, nos falta.

Vamos diretamente ao ponto. Talvez essa outra coisa nos vá ser entregue de maneira mais manejável por meio da afirmação que me foi recentemente relatada, de um psicanalista diante de um público — é sempre necessário considerar a que ouvidos se dirige uma afirmação qualquer: *Não admito nenhum conceito psicanalítico que eu não tenha verificado em um rato.*

Essa afirmação foi feita em uma época já distante, a um amigo comunista, e foi ele quem, cerca de quinze anos depois, me relatou o que ouviu. Mesmo para esse ouvido, que teria podido ver aí qualquer coisa como uma reminiscência, a afirmação parecia um tanto exagerada. A coisa foi-me relatada recentemente, sem que fosse dito o nome do psicanalista em questão. Longe de duvidar, pus-me a sonhar alto e, dirigindo-me a alguém que estava à minha direita nessa reunião, falei: *Fulano é absolutamente capaz desse tipo de afirmação.* Aconteceu que meu interlocutor me respondeu em seguida: *Sim, claro, foi ele quem me disse isso.* Até certo ponto, só ele poderia ter dito aquilo.

Não vou nomeá-lo aqui, é aquele que nos meus *Escritos* chamei de simplório [*benêt*]. *Benêt*, diz o excelente dicionário do qual lhes falo muitas vezes, o de Bloch e Von Wartburg, é uma forma tardia de *bento*, que por sua vez vem de *benedictus*, e sua acepção moderna é uma alusão fina que resulta da seguinte afirmação que consta do capítulo 5, parágrafo 3 de Mateus: *Felizes [heureux], benditos [bénits] os pobres de espírito.*

Não guardo necessariamente nenhum menosprezo em relação a uma pessoa que pode sustentar afirmações tão espantosas no enunciado teórico da psicanálise. Considero o fato sobretudo como um fato de estrutura que, na verdade, não possui propriamente a qualificação de pobreza de espírito. Foi para mim sobretudo um gesto caridoso imputar-lhe a sorte [*bonheur*] reservada aos chamados pobres de espírito. Estou mais ou menos convicto de que, ao tomar essa posição, não se trata de uma sorte [*heur*] qualquer, nem boa, nem má, nem subjetiva, nem objetiva, mas que na verdade ele deve se sentir sobretudo fora de qualquer sorte [*heur*] para chegar a tais extremos.

Da mesma forma, pode-se ver que seu caso está longe de ser o único. Se vocês se remeterem a certa página dos meus *Escritos*, no *Discurso de Roma*, verão que menciono o que afirma um certo Massermann, que tinha nos Estados Unidos a posição do que em Alain se chama de *um importante.*

Na mesma busca por conforto, sem dúvida, esse importante menciona gloriosamente pesquisas de um sr. Hudgins, sobre as quais eu havia me detido à época — isso já vai bem longe, é exatamente a época da afirmação que lhes relatei há pouco. Esse sr. Hudgins, de fato, poderia ter obtido um reflexo condicionado construído em um sujeito, este, humano, de tal modo que uma contração da pupila se produzisse regularmente ao se enunciar a palavra "*contract*". A esse respeito, estendo-me por duas páginas de ironia, pois na época era preciso fazer isso para ser ouvido, perguntando se a ligação assim pretensamente determinada entre o som e o que ele acredita ser a linguagem lhe pareceria igualmente sustentada se substituíssemos *contract* por *marriage contract*, ou *bridge contract*, ou *breach of contract*; ou ainda se concentrássemos a palavra até que ela se reduzisse à sua primeira sílaba. Essa ironia, evidentemente, é sinal de que há ali algo sobre cuja brecha não é inútil se manter, uma vez que outros a escolhem como ponto-chave da compreensão daquilo que está em questão. Talvez, afinal de contas, esse personagem me dissesse que só posso ver nisso uma contribuição para a dominância que concedo à linguagem no determinismo analítico. Isso mostra a que grau de confusão se pode chegar em uma certa perspectiva.

Vejam vocês, portanto, que falar do ato psicanalítico pode consistir em questionar primeiramente e a partir — claro, é necessário — do que se considera como algo a ser descartado o ato tal como é efetivamente concebido no círculo psicanalítico, somado à crítica que isso pode comportar.

2

Mas essa conjunção de duas palavras, *ato* e *psicanalítico*, também pode nos evocar algo bem diferente, ou seja, o ato sob o modo como opera psicanaliticamente, o que o psicanalista dirige de sua ação na operância [*opérance*] psicanalítica.

Agora, aqui, evidente, estamos em um nível completamente diferente.

Será que é a interpretação, será a transferência? A que somos assim levados? Qual é a essência disso que, do psicanalista como operante [*opérant*], é ato? Qual é a sua parte no jogo? Aí está algo sobre o que os psicanalistas não deixam de se questionar. Eis sobre o que eles adiantam proposições mais pertinentes, tomara, ainda que longe de serem unívocas, nem mesmo progressivas na sequência dos anos.

Há outra coisa, a saber, o ato, direi eu, tal como se lê na psicanálise. Para o psicanalista, o que é um ato? Para me fazer entender nesse plano, bastará que eu relembre o que cada um de vocês sabe, pois ninguém de nosso tempo ignora isso, ou seja, o que é chamado de ato sintomático, tão particularmente caracterizado pelo lapso da fala. Mas também tudo o que pertence a esse âmbito que pode, de modo geral, ser classificado no registro da ação cotidiana, como se diz, daí o termo tão lastimável de *Psicopatologia da vida cotidiana*, em seu centro, falando propriamente, do fato de que se trata sempre de sua face de ato, mesmo quando se trata do lapso de fala.

É aqui que adquire seu valor o lembrete que fiz acerca da ambiguidade, na base conceitual da psicanálise, deixada entre motricidade e ato. Se Freud favorece o deslocamento de uma à outra na sua chamada *Psicopatologia*, seguramente é por causa desse ponto de partida teórico.

No capítulo ao qual talvez eu tenha tempo de retornar daqui a pouco, e que diz respeito ao engano [*méprise*] — *Vergreifen*, tal como o designa —, ele destaca que é natural voltar àquele ponto depois de sete ou oito capítulos dedicados ao campo do ato no plano motor, conforme a linguagem, diz ele, nos indica.

Em contrapartida, nesse capítulo e no seguinte, dedicado às ações acidentais ou ainda sintomáticas, nunca se tratará senão da dimensão que situamos como constitutiva do ato, ou seja, a dimensão significante. Nesses capítulos, não há nada em relação ao ato que não seja introduzido assim: que ele é colocado como significante.

Contudo, não é tão simples. Se o ato adquire o seu valor, sua articulação de ato significativo, com relação ao que Freud introduz então como inconsciente, certamente não é porque ele se coloque, se mostre, como ato. É exatamente o contrário. Ele está ali como atividade mais do que apagada, e, conforme diz o interessado, atividade para tamponar um furo que só está ali se não se pensa nele, na medida em que não há preocupação com ele.

Para toda uma parte das atividades do sujeito, esse furo só está ali onde ele se expressa, para ocupar as mãos que se supõe distraídas de qualquer relação mental. Ou, ainda, esse ato vai pôr o seu sentido naquilo que se trata precisamente de alvejar, de fazer tremer seu sentido protegido da inabilidade, do fracasso. Eis o que é a intervenção analítica, o ato, portanto.

Essa inversão é semelhante àquela que fizemos da última vez em relação ao lado motor do reflexo que Pavlov chama de absoluto. Esse lado motor não está no fato de que a perna se estica porque vocês bateram em um tendão. Esse lado motor, é ali que mantemos o martelo para provocar o reflexo. Mas, se o ato está na leitura do ato, isso quer dizer que essa leitura é apenas acrescentada e que adquire seu valor de ato reduzido *nachträglich*, a posteriori? Vocês sabem que o destaque há muito tempo dado por mim a esse termo, que não apareceria no vocabulário freudiano se eu não o tivesse extraído do texto de Freud, eu fui o primeiro, e aliás por muito tempo o único, a dá-lo.

Esse termo tem o seu preço. Ele não é apenas freudiano. Ele é utilizado por Heidegger em uma perspectiva diferente, é verdade, quando se trata para ele de questionar as relações do Ser com a *Rede*. O ato sintomático, é preciso que ele já tenha nele mesmo algo que pelo menos o prepare para esse acesso, para aquilo que para nós, em nossa perspectiva, realizará sua plenitude de ato, mas a posteriori.

Insisto nisso, e é importante marcá-lo desde já: qual é o estatuto do ato? É preciso dizê-lo novo, e até inaudito, se lhe atribuímos seu pleno sentido, aquele do qual partimos, aquele que vale desde sempre.

3

E o que mais?

Depois das três acepções nas quais seguimos o psicanalista em seus atos de afirmação, ou seja, o que ele profere quando deve prestar contas do que está em jogo para ele no estatuto do ato, a contribuição das coisas fez com que recentemente chegasse ao nosso alcance o conjunto das comunicações feitas em determinado âmbito, que é o dos chamados psicanalistas de língua romana, sobre a passagem ao ato e também o *acting-out*, considerados sob o ponto de vista do psicanalista autorizado. Afinal de contas aí está — por que não? — um bom exemplo a se tomar.

Abri um dos relatórios, cujo autor se chama Olivier Flournoy, nome célebre, terceira geração de grandes psiquiatras, sendo a primeira a de Théodore e a segunda a de Henri. Vocês sabem o caso célebre que imortalizou Théodore na tradição analítica, essa clarividência delirante de nome maravilhoso com que ele fez toda uma obra, e a qual vocês não conseguiriam aproveitar muito caso um exemplar caísse nas suas mãos, mas acredito que, por ora, o livro não está muito presente nas livrarias.

Então, na terceira geração, esse garoto nos traz algo que consiste em olhar para uma parte do campo, aquela que não foi olhada por outro pesquisador, que falava do *acting-out*, e que se concentra no agir. E como ele acredita, sem dúvida não sem fundamento, que há um agir em relação à transferência, propõe sobre esse conceito algumas questões que também valem como proposições.

Não farei a leitura para vocês, pois nada é mais difícil de sustentar do que uma leitura diante de um público tão extenso. Contudo, para dar o tom do que se trata, tomarei o primeiro parágrafo, que se enuncia mais ou menos assim: *Dessa revisão da evolução recente das ideias das quais se retira atualmente a impressão de algo obscuro e insatisfatório... mas por que uma regressão implica a transferência, isto é, a ausência de rememoração e o agir sob a forma de transformação do analista, por projeção e introjeção, e por que não implica apenas uma conduta regressiva? Ou seja, sua própria estrutura. Em outras palavras, por que ela evoca a transferência? Por que uma situação infantilizante implica a transferência, e não uma conduta infantil baseada no modelo de uma conduta criança-pais, fazendo alusão a outro registro, que coloca em destaque o desenvolvimento e os antecedentes do desenvolvimento, e não mais a categoria própria à regressão que alude às fases assinaladas na análise e até mesmo* — acrescenta ele — *repetindo uma situação conflituosa e colocando nela as suas forças.*

Será que é suficiente para conferir a essa conduta o epíteto de transferência? A questão introduzida nesse tom inaugura, toda a sequência nos demonstra isso, um certo modo de questionar a transferência que toma as coisas de modo muito vivo e coloca em questão, tão radicalmente quanto possível, seu próprio conceito. Foi o que fiz há exatamente nove anos e quase um semestre, no que intitulei "A direção do tratamento e os princípios de seu poder". No terceiro capítulo desse texto, "Em que ponto estamos com a transferência?", na página 608 dos *Escritos*, vocês poderão ver que as questões são apresentadas e desenvolvidas em uma amplitude infinitamente maior, e de um modo que, na época, não tinha absolutamente equivalente.

Desde então isso seguiu o seu caminho. Certamente não digo que foi graças ao caminho aberto por mim, mas a uma espécie de convergência dos tempos. Alguém chamado Szasz, por exemplo, levantou as questões mais radicais em relação ao estatuto da transferência; de tal modo radicais que a transferência é por ele considerada tão absolutamente à mercê do estatuto mesmo da situação analítica que provavelmente é situada como o conceito que tornaria a psicanálise digna de objeção. De fato, as coisas estão em um ponto tal que um psicanalista da mais estrita observância e muito bem situado na hierarquia americana não encontra, para definir a transferência, nada melhor do que dizer que ela é um modo de defesa do analista. Se o analista inventa, forja o conceito de transferência, é para manter à distância as reações, quaisquer que sejam, que se venha a obter na situação e que poderiam parecer interessar-lhe por demais diretamente, concerni-lo, provir justo da sua responsabilidade. Esse conceito, em seu fundamento radical, é feito para lhe permitir decidir, julgar e, em suma, dizer que ele não tem nenhuma participação em tais reações, estando ali precisamente como analista. Cabe a ele apenas apontar o que essas reações têm de retomada de comportamentos anteriores, de etapas da vida passada do sujeito, que acontece de reproduzi-los, agi-los, em vez de os rememorar.

É disso que se trata, e com o que o sr. Flournoy se confronta, com alguma temperança, sem dúvida, dando o devido lugar à concepção, ao extremo da posição à qual parecem reduzidos aqueles que, no interior mesmo da psicanálise, acreditam-se em posição de teorizá-la.

A partir do momento em que essa posição extrema é introduzida, ela tem consequências, quero dizer que, para Szasz, em última análise tudo repousará sobre a estrita capacidade de objetividade do analista. Como isso não pode ser outra coisa ali senão um postulado, toda análise é dedicada a um questionamento radical, a uma necessária colocação em questão de todo ponto em que ela intervém.

Deus sabe que nunca fui tão longe no questionamento da análise, e por uma boa razão. É tão notável quanto estranho que, nos círculos mais ligados em manter socialmente o estatuto da psicanálise, as questões possam ser impulsionadas até o ponto em que não se trate de nada menos que saber se, em si mesma, a psicanálise é fundamentada ou ilusória.

Haveria aí um fenômeno muito perturbador se não soubéssemos que isso é apresentado no contexto norte-americano, não esqueçamos disso, em que o que se chama de informação está instituído sobre a base da total liberdade. Só que, seja qual for a amplitude de uma liberdade de pensamento, de uma liberdade de julgamento e de todas as formas nas quais ela se expressa, sabemos muito bem o que ela é, que, em suma, se pode dizer qualquer coisa, pois o que conta é o que já está instalado. Consequentemente, a partir do momento em que as sociedades psicanalíticas estão firmemente apoiadas em suas bases, pode-se também dizer que o conceito de transferência é uma ninharia. Não afeta ninguém. É disso que se trata.

É também aí que, para prosseguir em outro tom, nosso conferencista se perde. A partir de então, veremos o conceito de transferência reconduzido à discrição de uma referência ao que ainda se pode chamar de uma historieta, aquela da qual aparentemente surgiu a relação de Breuer, Freud e Anna O.

Entre nós, o episódio mostra coisas muito mais interessantes do que aquilo que se faz dele nessa ocasião. O que se faz dele vai muito longe, quero dizer que se valoriza muito a relação ternária. Destaca-se que foi no modo da transferência que Freud pôde primeiramente se proteger, defender-se, como se diz, colocar-se a salvo, ao dizer à sua noiva — pois há também a noiva, naturalmente, na explicação em pauta, pois não será nada menos do que aquilo que outro dia eu chamava de ato de nascimento da psicanálise —, ao dizer à sua noiva que são coisas que, claro, só podem acontecer com um cara como Breuer. Certo estilo de pertinência, e até mesmo de audácia barata, que fará com que a transferência apareça inteiramente ligada a essas conjunções acidentais.

O outro relato, o de um especialista em hipnose, enfatiza que, mais tarde, quando o incidente se reproduz com o próprio Freud, nesse momento a criada entra. Quem sabe o que teria acontecido se ela não tivesse entrado? E, então, o supereu criádico teve o seu papel, e permitiu a Freud restabelecer a situação ternária. Está escrito no relato — quando, ao sair da hipnose, uma mulher salta em seu pescoço, a defesa natural é dizer-se: *Mas eu a acolho como a uma filha.*

Essa espécie de frivolidade constitui cada vez mais a lei do que chamei há pouco de ato de afirmação do analista. Quanto mais alguém afirma frivolidades, mais angaria respeito.

Não seria inútil ver se haveria alguma relação entre essa meditação audaciosa e o que eu enunciava nove anos atrás. Sem dúvida, ela se vê em muitos sinais. É nesse sentido que lhes peço que tomem conhecimento disso, o que fará aumentar as vendas da próxima *Revue de Psychanalyse*, órgão da Sociedade Psicanalítica de Paris. Mas, na realidade, a questão permanecerá eternamente indecidida, já que o autor dessas linhas não fornece nenhum testemunho disso. Contudo, algumas páginas adiante, há algo, ou seja, no momento em que ele fala, que coisa!, do que está em questão, ocorre-lhe, pelo tom que ele passa a dar às coisas, dar uma contribuição pessoal, que consiste em valorizar o que ele nobremente chama de *relação intersubjetiva*.

Se alguém lê apressadamente o *Discurso de Roma*, pode acreditar que é disso que eu falo. Certamente é possível descobrir a dimensão da relação intersubjetiva por outros meios que não o meu texto, dado o contrassenso que consiste em acreditar que foi isso que reintroduzi em uma psicanálise que o ignorava demais ao ser feita por várias pessoas que me cercavam nessa época. Sendo formado por essas pessoas, pode-se de fato apresentar a experiência intersubjetiva como referência a ser lembrada nesse contexto.

É esse contexto intersubjetivo, escrevem, *que me parece original na análise; ele implode as camisas de força dos diagnósticos ditos "de afecção mental"; não que a psicopatologia seja uma palavra inútil, seguramente ela é indispensável para a interlocução dos indivíduos fora da experiência, mas seu sentido se esvanece durante o tratamento.* Vocês veem o tom — exceto que, embora a psicopatologia não seja um termo ilusório, e seguramente ela é indispensável, um parêntese se abre, pelo qual lhes pergunto o que a justifica ali — *a esse respeito, ao reler um escrito de Lacan, fiquei espantado de ver que ele falava do doente, ele, que se orienta sobretudo pela linguagem.*

Devo dizer que não sei em qual dos meus *Escritos* falo de doente, não é absolutamente o meu estilo. Em todo caso, não veria objeção nisso, mas a ideia de voltar a folhear as 950 páginas dos meus *Escritos* para saber onde falo do doente seguramente não me ocorreria. Em contrapartida, na página 70 desse relato, encontro: *o desejo, desejo disso que não se é, desejo que não pode ser satisfeito, ou mesmo desejo de insatisfação tal como Lacan, no mesmo escrito citado* — ah, alívio!, nós podemos ir ver —, *o apresenta com rapidez em relação à bela açougueira.* O que digo acerca da bela açougueira é bastante conhecido, pois é um trecho sobretudo brilhante, e se poderia esperar que seja a isso que essa notinha remete — de modo algum, nos remetemos à bela açougueira em Freud.

Bom. Para mim isto serve. Posso ir buscar, não a passagem da bela açougueira que vocês encontrarão na página 611 dos *Escritos*, mas isto de que se trata. Escrevo em "A direção do tratamento": "*Essa teoria* — tomo a segunda teoria da transferência —, *não importa a que ponto de aviltamento tenha chegado nestes últimos tempos na França* — trata-se da relação de objeto e, como me explico, trata-se de Bouvet —, *tem, como o geneticismo, sua origem nobre. Foi Abraham quem inaugurou seu registro, e a noção de objeto parcial foi uma contribuição original sua. Este não é o lugar de lhe demonstrar o valor. Estamos mais interessados em indicar sua ligação com a parcialidade do aspecto que Abraham desvincula da transferência, para promovê-lo em sua opacidade como a capacidade de amar, ou seja, como se esse fosse um dado constitucional do doente em que se pudesse ler o grau de sua curabilidade*". Passo-lhes a sequência, o "no doente" é, portanto, creditado a Abraham.

Peço desculpas por ter desenvolvido diante de vocês uma história tão longa. Era para fazer a ligação entre o que há pouco eu chamava de psicanalista em seus atos de afirmação e o ato sintomático, que eu enfatizava no instante anterior.

Em relação a erros dessa espécie, o que Freud nos traz justamente na *Psicopatologia da vida cotidiana*?

4

Freud se explica sabiamente em relação aos três erros que cometeu em *A interpretação dos sonhos*. E os associa expressamente ao fato de que, no momento em que analisava os sonhos em questão, ele reteve, colocou em suspenso, algo do progresso de sua interpretação.

Vocês verão isso no capítulo X, que é aquele dos erros, em relação a três desses erros, nomeadamente o da famosa estação Marburg, que era Marbach, o de Aníbal que ele transformou em Asdrúbal, e o de não sei qual Médici que ele atribuiu à história de Veneza, o que de fato é singular. Foi sempre porque ele retinha, em resumo, alguma verdade que foi induzido a cometer esses erros.

A referência à bela açougueira era dificilmente evitável, dado que se segue um pequeno trecho assim escrito: *Desejo de ter o que o outro tem para ser o que não se é; desejo de ser o que o outro é, para ter o que não se tem, e até mesmo desejo de não ter o que se tem* etc., ou seja, um extrato muito direto — um pouquinho amplificado e, devo dizer, de maneira que não o melhora — disso que escrevi justamente sobre a função fálica nesse "A direção do tratamento". Que se reconheça por meio desse erro, se não pela referência incontida a meu nome, mesmo se sob a rubrica de não sei qual tropeço incompreensível da parte de alguém que fala *sobretudo da linguagem*, como nos expressamos, não há aí algo que faz com que nos questionemos? Sobre o quê? Sobre o fato de que em relação a certo campo da análise não se possa, mesmo apoiando-se expressamente no que proponho, fazê-lo somente com a condição de o renegar, direi. Isso, por si só, nos traz um problema. Esse problema não é outro senão, no conjunto, o do estatuto que o ato psicanalítico recebe de certa organização coerente, que é, por ora, aquela reinante na comunidade que se ocupa dele.

Fazer essa observação, manifestar, em um âmbito que certamente não é o do inconsciente, o surgimento de um mecanismo que é justo aquele que Freud valoriza em relação ao ato, não direi o mais específico, mas o da nova dimensão do ato que a análise introduz — isso mesmo, quero dizer, fazer essa aproximação e colocar a questão acerca dela —, é um ato, o meu. Apenas peço desculpas pelo fato de que ele tenha me tomado, até se concluir, um tempo que pode lhes parecer desmedido.

Ainda que em uma plateia tão numerosa as coisas possam ressoar de mil modos deslocados, eu não gostaria, no entanto, que se desloque a noção que quero introduzir diante de vocês. Sem dúvida eu teria que retomá-la, pois ela tem sua importância, e não sem que, há muito tempo, um belo dia eu tenha anunciado a sua chegada sob essas formas-chave que emprego.

Elogio da babaquice. Faz muito tempo que produzi o projeto dessa obra eventual. Seria, em nossa época, coisa que mereceria o sucesso verdadeiramente prodigioso, em relação ao qual não se pode surpreender-se, que faz com que perdure na biblioteca de cada um, médico, farmacêutico, dentista, o *Elogio da loucura* de Erasmo, o qual, Deus sabe, não nos atinge mais.

O elogio da babaquice seria seguramente a operação mais sutil a conduzir. Na verdade, o que é a babaquice? Se a introduzo no momento de dar o passo essencial em relação ao ato analítico, é para fazer observar que a babaquice não é uma noção. É difícil dizer o que ela é. É algo como um nó — um nó ao redor do qual se edificam várias coisas e se delegam todos os tipos de poderes, algo seguramente estratificado, não se pode considerá-lo simples. Em certo grau de maturidade, como se diz, é mais do que respeitável. Talvez não seja o que merece maior respeito, mas seguramente o que o recebe.

Esse respeito, direi, vem de uma função particular absolutamente ligada ao que destacaremos aqui, uma função de *desconhecice* [*déconnaissance*] se me permitirem divertir-me um pouco. Ele *desbabaca* [*déconnaît*], digamos.* Será que não existe aí um criptomorfema? Será que não seria ao tomá-lo no presente que surgiria o estatuto solidamente estabelecido da babaquice? Acredita-se sempre que se trata de um imperfeito — *ele desbabacava a todo vapor*. Mas é que na verdade se trata aí de um termo que, como o *Eu minto*, sempre obstaculiza o emprego no presente.

Seja como for, seria difícil não ver que o estatuto da babaquice como instituído no *Ele desbabaca* não reveste apenas o sujeito que o dito verbo comporta. Há, nessa abordagem, algo de intransitivo e neutro, do tipo *Chove*, que fornece todo o alcance do referido morfema.

O *Ele* ou *Ela desbabaca* é isso por meio do qual se distingue o que chamarei de verdadeira dimensão da babaquice. É isso que merece ser atribuído a esse termo, ou seja, de chamar-se babaquice. E a verdadeira dimensão da babaquice é indispensável que seja apreendida como aquilo com que o ato psicanalítico tem que se haver. Isso é evidente nos capítulos que Freud situa nas rubricas do equívoco e dos atos acidentais e sintomáticos.

Se vocês olharem de perto, esses atos se distinguem, cada um deles, por meio de uma grande pureza. Trata-se, por exemplo, da célebre história de empunhar as chaves diante de uma determinada porta para a qual elas não servem. Porque Freud mostrou a significação e o valor que pode ter esse pequeno ato, Jones nos conta uma história semelhante que termina com a seguinte interpretação: *Eu adoraria estar aqui como em minha casa*. Algumas linhas adiante, estamos na conclusão de outra história, que interpreta o mesmo gesto dizendo: *Eu estaria melhor na minha casa*. Ainda assim não é a mesma coisa. Quanto mais pertinente é o registro da função do lapso, do insucesso no uso da chave, mais sua interpretação é vacilante, equívoca. De uma para a outra, será que não há a indicação que vocês encontrarão facilmente ao considerar mil outros fatos reunidos nesse registro, em especial as cerca de vinte ou trinta primeiras que Freud reúne para nós?

Aí está exatamente o interesse fascinante desses dois capítulos. De um lado, o que o ato nos transmite, seguramente ele nos mostra isso de uma forma significante, e pela qual o adjetivo que conviria

* Lacan faz aqui um jogo de palavras entre *méconnaissance*, conhecimento, e *connerie*, babaquice, para o qual não encontrei equivalente em português. (N. T.)

seria dizer que ele não é tão babaca. Não há a menor dúvida de que há ali, nesse ponto de surgimento do que há de original no ato sintomático, uma abertura, um traço de luz, algo inundante e que por muito tempo não será fechado. E, no entanto, tudo o que se tenta adaptar a isso como qualificação interpretativa já representa uma certa forma de *desconhecice* e de queda. Em mais de um caso, aqui absolutamente radical, isso só pode ser apreendido, é preciso dizer, como babaquice.

Qual é a natureza dessa mensagem acerca da qual Freud destaca que, ao mesmo tempo, ele não sabe que a envia para si mesmo e que, no entanto, garante que não seja conhecida? O que será que se aloja, em última instância, nesse estranho registro que, ao que parece, não pode ser retomado no ato psicanalítico sem que decaia de seu próprio nível?

É por isso que, antes de deixá-los, gostaria ainda de introduzir hoje esse termo escorregadio, escabroso, que não é facilmente manejável em um contexto social mais amplo, essa estranha palavra à qual se ligam na língua francesa injúria e pejoração: *le con* [cona].

Que se diga entre parênteses, não o encontrei nem no *Littré*, nem no *Robert*. Somente o Bloch e Von Wartburg, sempre lhe prestando homenagem, nos dá sua etimologia: *cunnus*, em latim.

Como desenvolver o que acontece, em francês, com a função dessa palavra, *le con*, contudo tão fundamental em nossa língua e em nossos intercâmbios? É o caso em que o estruturalismo poderia se articular pelo que liga uma à outra, a palavra e a coisa. Mas como fazer? Como fazer, a não ser introduzindo aqui um não sei o quê, que seria a interdição aos menores de dezoito anos, a menos que seja para os maiores de quarenta. No entanto, essa é a questão.

Alguém cujas palavras estão em um livro que se distingue pela especial ausência de babaquice — acho que ninguém nunca me fez essa observação —, ou seja, o Evangelho, disse: *Deem a César o que é de César e a Deus o que é de Deus*. Observem que ninguém nunca percebeu, naturalmente, que é notável dizer: *Deem a Deus o que ele colocou em jogo*. Pouco importa. Para o psicanalista a lei é diferente. Ela é: *Deem à verdade o que é da verdade e à babaquice o que é da babaquice*.

Bem, não é tão simples, pois elas se recobrem. Se há uma dimensão que é própria à psicanálise, não é tanto a verdade da babaquice quanto a babaquice da verdade.

O que isso quer dizer? Deixemos de lado os casos em que podemos asseptizar, o que equivale a dizer assexuar, a verdade, ou seja, em que, como na lógica, fazemos dela apenas um valor, designado por um V, e que funciona em oposição a outro, designado por um F. Por todo lado onde a verdade está envolvida em outra coisa, especialmente em nossa função de ser falante, ela se encontra sob a dificuldade da incidência de algo que é o centro do que ora designo pelo termo babaquice.

O que isso quer dizer — e lhes mostrarei da próxima vez que Freud o diz também nesse capítulo, ainda que alguém deixe passar — é que o órgão que confere, como se diz, sua característica ao atributo em foco é justamente marcado pelo que chamarei de uma *inapropriação* particular do gozo. É a partir disso que o que está em jogo no ato psicanalítico adquire todo o seu relevo, a saber, o caráter irredutível do ato sexual a qualquer realização verídica. De fato, o ato psicanalítico se articula em outro âmbito, precisamente em razão da deficiência da verdade ao se aproximar do campo sexual. O que nesse campo responde a tal deficiência, eis o que precisamos questionar em seu estatuto.

Para lhes sugerir o que está em questão, darei um exemplo. Certo dia recolhi, da boca de um charmoso garoto que tinha todo o direito ao que chamamos de uma vulva, a seguinte anedota. Havia lhe ocorrido uma desventura — ele tinha um encontro com uma garota que lhe deu um cano. *Entendi bem*, me disse ele, *que mais uma vez se tratava de uma mulher não acolhedora*. Ele chama isso assim.

Que babaquice charmosa é essa? Ele dizia isso assim, de coração aberto. Havia ouvido uma sequência de três palavras e as empregava. Mas suponham que ele tivesse feito de propósito — isso seria um gracejo. Na verdade, o simples fato de eu lhes relatar isso, de situá-lo no campo do Outro, de fato o transforma em um chiste. É muito divertido para todo o mundo, exceto para ele e para quem, com ele, recebe isso cara a cara. Mas a partir do momento em que alguém conta a história, é extremamente divertido. De modo que estaríamos completamente equivocados de pensar que ao babaca falta humor, mesmo que seja por uma referência ao Outro ao qual essa dimensão se acrescenta.

Para ser franco, nossa posição em relação a essa historieta divertida é exatamente aquilo com que temos de lidar cada vez que se trata de formalizar o que apreendemos como dimensão, não no âmbito de todos os registros do que se passa no inconsciente, mas no que diz respeito ao ato analítico propriamente dito.

Gostaria apenas de introduzir hoje esse registro certamente escabroso, como vocês podem imaginar. Mas, como vocês verão, ele é útil.

22 de novembro de 1967

III

Não o Analisado, Mas o Analisante

Crítica do caráter genital
Leitura do Mênon
A manipulação da transferência
Sobre o sujeito suposto saber
A finta do analista

No início de um artigo sobre a contratransferência publicado em 1960, um bom psicanalista ao qual daremos certo espaço hoje, o dr. Winnicott, escreveu que a palavra "contratransferência" deve ser remetida a seu uso original. A esse respeito ele considera a palavra "*self*", para opô-las. Uma palavra como *self*, diz ele, e aqui terei que utilizar o inglês, *naturally knows more than we do*, naturalmente sabe mais do que nós. É uma palavra que *uses us and commands us*, que nos toma, pode nos comandar, se me permitem dizer.

Essa observação tem o seu interesse, vindo de uma pluma que, meu Deus, não se distingue por uma referência especial à linguagem, como vocês verão. O traço me pareceu mordaz, e o será ainda mais pelo que terei a evocar hoje sobre esse autor, diante de vocês. Mas ele também tem seu mérito para vocês pelo fato de estarem integrados, quer suspeitem disso ou não, em um discurso que muitos de vocês, evidentemente, não podem ver no seu conjunto. Quero dizer que o que apresento este ano só tem seu efeito pelo que o precedeu.

Não é por essa razão que por abordá-lo agora, se esse é o caso de alguns de vocês, os submete menos ao seu efeito. Curiosamente, isso se deve ao fato de que, em resumo, esse discurso não lhes é dirigido diretamente — talvez vocês achem que insisto um pouco demais nesse sentido. A quem ele se dirige? Deus meu, repito isso a cada vez. A psicanalistas, e em condições tais que é preciso que lhes seja dirigido a partir de certa atopia. Atopia que seria a minha própria, e que portanto deve declarar suas razões.

São precisamente essas razões que se encontrarão um pouco mais acentuadas hoje.

1

Existe, por assim dizer, uma retórica do objeto da psicanálise. Afirmo que ela está ligada a um certo modo de ensino da psicanálise, que é o das sociedades existentes. Essa relação pode não parecer imediata, e por que o seria, de fato? Ao preço de certa investigação, pode-se, contudo, sentir necessidade disso.

Partirei de um exemplo do que chamarei de um saber normativo sobre o que é uma conduta útil, com tudo o que isso pode incluir de extensão sobre o bem geral e sobre o bem particular. Tomarei uma amostra que valerá o que for, mas que valerá pelo fato de que é típica e vem da pluma de um autor bastante conhecido.

Por menos iniciados que sejam no que é o método analítico, vocês devem saber de modo geral do que se trata — falar durante semanas e meses, na razão de várias seções por semana, e falar de modo particularmente desenvolto, em condições que se abstraem precisamente de qualquer ponto de vista que envolva a referência à norma, ao útil — para eu voltar a isso, talvez. Mas convém primeiramente se liberar do tema, de modo tal que, antes de retornar, o circuito seja o mais simples possível.

As linhas que escolhi foram extraídas do início de um artigo publicado em 1955. Eis de onde parte mais ou menos o autor para acrescentar ao conceito de caráter genital uma crítica sobre a qual não preciso me estender, pois é do estilo que se trata hoje. É um trecho do clássico sr. Fenichel que, conforme o próprio autor especifica, faz parte da base do ensino da psicanálise nos Institutos.

Um caráter normal, genital, é um conceito ideal, diz ele mesmo. Contudo, é certo que o acabamento da primazia genital inclui um avanço decisivo na formação do caráter. O fato de ser capaz de obter plena satisfação pelo orgasmo genital possibilita a regulação fisiológica da sexualidade, e isso coloca um termo ao *timing up*, ou seja, à barreira, ao represamento das energias instintuais, com seus efeitos infelizes sobre o comportamento da pessoa. Também faz algo para o pleno desenvolvimento do *love*, do amor e do ódio, acrescentemos entre parênteses — isso permite superar a ambivalência. Além disso, a capacidade de descarregar grandes quantidades de excitação significa o fim das *reaction formations*, das formações reativas, e um aumento da capacidade de sublimar.

O complexo de Édipo e os sentimentos inconscientes de culpabilidade de fonte infantil podem agora ser realmente ultrapassados quanto às emoções. Estas não são mais mantidas em reserva, mas podem ser valorizadas pelo *ego* e constituem uma parcela harmoniosa da personalidade total. Não há mais nenhuma necessidade de se proteger dos impulsos pré-genitais ainda imperativos no inconsciente, e sua inclusão na personalidade total — uso as palavras do texto —, sob a forma de traços ou de pressões da sublimação, torna-se possível.

Contudo, nos caracteres neuróticos, os impulsos pré-genitais conservam seu caráter sexual e perturbam as relações racionais com os objetos. Ainda que seja assim no caso dos *neurotics*, no caráter normal eles servem parcialmente à finalidade do pré-prazer ou do prazer preliminar, sob a primazia da zona genital. Mas, na medida em que vêm em uma proporção maior, elas são sublimadas e subordinadas ao *ego* e à *reasonableness*, a razoabilidade, acredito que não se possa traduzir de outro modo.

Não sei o que inspira em vocês um quadro tão encantador e se ele lhes parece apetitoso. Não me parece que alguém, analista ou não, possa levar a sério por um só instante esse estranho romance cor-de--rosa, por menos experiência que tenha dos outros ou de si mesmo. Falando apropriadamente, a coisa é falsa. Ela é absolutamente contrária à realidade e ao que a experiência ensina.

Nessa "Direção do tratamento" que eu evocava outro dia, me entreguei a certa zombaria em relação ao que poderia ter sido induzido, em outro contexto e sob uma forma literariamente muito mais vulgar — o tom acerca do qual se podia falar em certa data, a desse texto, em torno de 1958 —, sobre a primazia da relação de objeto e as perfeições que ela alcançava. A descrição das efusões de júbilo interno por ter atingido esse ponto culminante era, propriamente falando, ridícula. De que pluma ela teria saído então, nem sequer valeria a pena retomar aqui.

As pessoas não se perguntarão como enunciações assim podem manter um aspecto sério, pois estas não o têm para ninguém. Mas parecem responder a certa exigência relativa a uma espécie de ponto ideal, como se dizia no início do que foi enunciado aqui, que teria pelo menos a virtude de representar de modo negativo a ausência de todos os inconvenientes que seriam comuns de outros estados. Não vem à cabeça nenhuma outra ideia.

Isso deve ser destacado, na medida em que aí podemos apreender na sua essência o mecanismo pelo qual o psicanalista é de certo modo convocado, até mesmo constrangido, com fins que são abusivamente chamados de didáticos, a manter um discurso acerca do qual se poderia dizer, em suma, que não tem nada a ver com os problemas que sua experiência lhe propõe de maneira a mais aguda e a mais cotidiana. A coisa tem certo alcance, visto que poderia permitir perceber que um discurso do qual se extrai certo número de clichês — e dizer isso não é nada — não se encontra aí menos inoperante, até certo ponto, para reduzi-los. Isso é verdadeiro no contexto psicanalítico e mais ainda quanto à organização do ensino.

Claro, ninguém acredita mais em certo número de coisas, nem se sente confortável em certo estilo clássico. Mas, seja como for, em muitos aspectos e planos de aplicação, isso não muda nada. Do mesmo modo pode-se ver o meu discurso, em algumas das suas formas, das suas frases, de seus enunciados, e até de seus contornos, retomado em um contexto que não muda nada em relação ao que lhe é essencial.

A uma pessoa que em tempos mais recentes pudemos ver frequentar assiduamente o que eu tentava organizar aqui, muito tempo atrás eu havia perguntado: *Afinal de contas, dadas as suas posições gerais, que vantagem você pode ver em acompanhar minhas conferências?*. *Ora*, com o sorriso entendido de alguém que sabe muito bem o que quer dizer, *ninguém*, respondeu ele, *fala da psicanálise assim*. Diante disso, claro, ele tem material e escolha para adicionar a seu discurso um certo número de ornamentos, de floreios.

Isso não o impede, ocasionalmente, de relacionar de modo radical o estatuto, o ordenador da sessão analítica em si mesma — entendo: na sua natureza e, também, na sua finalidade —, com a tendência, que ele supõe constitutiva de certa inércia psíquica. Por uma espécie de inclinação, de deslizamento, tudo o que há de mais natural, se produziria um retorno à pretensa fusão, suposta na origem, entre a criança e o corpo materno. E é no interior dessa espécie de esquema que se produziria o quê? Meu famoso *Isso fala*.

Vocês veem o uso que se pode fazer de um discurso ao espalhá-lo seccionado de seu contexto. Ao dizer *Isso fala* em relação ao inconsciente, eu nunca quis falar estritamente do discurso do *analisado* — como se diz de modo inapropriado, seria melhor dizer *o analisante*, voltaremos a isso. Ninguém pode supor, de nenhuma forma, exceto na intenção de abusar de meu discurso, que haja qualquer coisa na aplicação da regra que provenha em si do *Isso fala* que o sugira, que o invoque. Pelo menos terei eu esse privilégio de ter renovado, depois de Freud e de Breuer, o milagre da gravidez nervosa. Se a convexidade do ventre materno pode representar o que se passa no interior do consultório do analista, o que se encontra efetivamente justificado em outro nível, esse milagre, eu o teria renovado, mas nos psicanalistas. Isso quer dizer que eu analiso os analistas?

Afinal de contas, alguém poderia dizer isso. É até mesmo tentador. Sempre existem uns espertinhos que encontram fórmulas elegantes como essa que resumem a situação. Graças a Deus, também erigi previamente uma barreira desse lado, lembrando, em um pequeno relatório que fiz de meu Seminário do ano passado, estas duas fórmulas: a de que *Não há*, na minha linguagem, *Outro do Outro* — nesse caso o Outro se escreve com maiúscula — e a de que *Não há*, para responder a um velho burburinho em meu Seminário de Sainte-Anne, *verdade sobre a verdade*. É uma pena, lamento dizer isso. Da mesma forma não se deve de modo algum considerar a dimensão de transferência da transferência, o que significa dizer que não há nenhuma redução transferencial possível, nenhuma retomada analítica do estatuto da própria transferência.

Quando faço afirmações desse tipo, fico sempre um pouco embaraçado com o número de pessoas que ocupam esta sala este ano, porque afinal de contas pode haver alguns que não têm a menor ideia do que seja a transferência. É inclusive o caso mais comum, sobretudo se ouviram falar dela. Vocês verão, na sequência do que tenho a dizer hoje.

Pontuemos aqui que, conforme já anunciei da última vez, a essência da posição do conceito de transferência é o que esse conceito permite ao analista. Alguns analistas, mencionei da última vez, não acreditam sequer que devem justificar o conceito de transferência — e, por favor, como isso é inútil — em nome de qualquer coisa que também lhes parece bastante frágil, ameaçada, ou seja, uma espécie de superioridade na possibilidade de objetivar, na objetivação, ou na qualidade da objetividade eminente que o analista teria adquirido e que lhe permitiria referir uma situação aparentemente presente a outras situações que a explicariam, pois ela não faria mais do que reproduzi-las. Isso carrega, portanto, uma tonalidade ilusória ou de ilusão.

Essa concepção que parece se impor, que parece até incluir uma certa dimensão de rigor para aquele que propõe o questionamento, a crítica, é puramente supérflua e inútil, pela simples razão de que a transferência, sua manipulação e sua dimensão como tais são o primeiro aspecto estritamente coerente com o que estou tentando produzir este ano, aqui com vocês, com o nome de ato psicanalítico. Fora do que chamei de manipulação da transferência, não existe ato analítico.

Não se trata de legitimar a transferência por meio de uma referência que estabeleceria sua objetividade, mas de perceber que não existe ato analítico sem essa referência. Claro que enunciar isso desse modo não é designar propriamente o que constitui a essência da transferência, motivo pelo qual temos que avançar mais.

O fato de ser necessário fazê-lo diante de vocês sugere no mínimo que esse ato analítico é precisamente o que teria sido menos elucidado pelo psicanalista — ainda mais porque foi o que foi mais ou menos eludido por completo. Por que não? Por que então não se questionar no momento de saber se a situação não é essa — já que, afinal de contas, esse ato só pode mesmo ser eludido? Algo que, desde Freud e seu questionamento da *Psicopatologia da vida cotidiana*, está ao alcance de nossos modestos entendimentos sob o nome de ato sintomático, de ato falho, quem cogitou dar o sentido pleno à palavra ato? E até mesmo, quem ainda considera isso?

Freud afirmou que a ideia de falha [*ratage*] não passa de um abrigo por detrás do qual se dissimulam os atos propriamente ditos, e isso não é nada, continuamos a pensá-los a partir da falha [*ratage*], sem dar pleno sentido ao termo "ato". Por que o mesmo não se daria com o ato analítico?

O que poderia nos esclarecer seria sermos capazes de dizer algo a respeito que vá mais longe. Em todo caso, talvez esse ato só pudesse ser eludido. O que acontece por exemplo quando se trata de ato é que ele seja absolutamente insuportável. Não insuportável subjetivamente, não sugiro isso, mas por que não insuportável como convém aos atos em geral, insuportável em alguma das suas consequências?

Como vocês veem, vou me aproximando aos poucos. Não posso dizer essas coisas em termos explícitos, não porque nesse caso eu não costume fazê-lo, mas porque aqui, nesse tema que é delicado, trata-se de evitar sobretudo o mal-entendido.

Essa consequência do ato analítico, me dirão vocês, deveria ser bastante conhecida pelo analista didático. Só que falo do ato do psicanalista. Na psicanálise didática, o sujeito que, como se diz, se submete a ela, o ato psicanalítico não faz parte dela. Isso não quer dizer que esse sujeito não poderia suspeitar do que resulta para o analista do que se passa na psicanálise didática.

Só que, aí está, até agora as coisas são de tal forma que tudo é feito para que lhe seja ocultado de modo radical o que é o final da psicanálise didática pelo lado do psicanalista. Esse mascaramento está necessariamente ligada ao que eu chamava há pouco de organização das Sociedades Psicanalíticas. Poderia ser um pudor sutil, uma forma delicada de deixar algo em seu lugar, supremo refinamento de polidez do Extremo Oriente. Não é nada disso. Quero dizer que não é absolutamente desse ângulo que as coisas devem ser consideradas, mas sobretudo daquele que incide sobre a própria psicanálise didática. É saber que, dessa separação que acabo de articular, resulta o mesmo *black-out* que existe no que diz respeito ao fim da psicanálise didática.

Ainda assim se escreveu certo número de coisas sobre a psicanálise didática e o término da análise. Elas são insatisfatórias, incompletas, por vezes bastante instrutivas por seus erros, mas nunca conseguimos formular estritamente — quero dizer, preto no branco — o que quer que seja, não digo qualquer coisa de válido, mas qualquer coisa, nada sobre o que pode ser o fim, em todos os sentidos da palavra, da psicanálise didática.

Deixo em aberto o ponto de saber se há uma relação, ou mesmo a relação mais estreita, entre esse fato e o fato de que nunca se articulou nada sobre o que é o ato psicanalítico.

Repito: se o psicanalista parece opor o mais alucinado desconhecimento ao ato psicanalítico, isso não se liga tanto à incompatibilidade subjetiva, ao aspecto insustentável subjetivamente, da posição do analista — o que certamente pode ser sugerido, Freud não deixou escapar —, mas ao que resultaria da aceitação da perspectiva do ato quanto à estimativa que o analista pode fazer do que, de sua parte, ele recolhe das sequências da análise, na ordem do saber.

2

Justamente em relação à transferência, ocorreu-me falar durante um semestre inteiro, talvez até um pouco mais, sobre o *Banquete*, de Platão. Isso não teve muita repercussão. Os psicólogos que estavam lá disseram: *Está bom por este ano, mas agora chega, heim! Não, não, não, não, não, não, entre pessoas sérias não é nessa água que nos banhamos.*

Como, afinal de contas, tenho aqui um público em que há, parece — ainda que eu não note tão bem depois de duas ou três vezes —, uma certa proporção de filósofos, espero que não se irritem demais comigo, que me concedam uma tolerância que vá tão longe quanto em Sainte--Anne, se pergunto hoje, pelo menos a alguns, se pode lhes interessar abrir um diálogo que se chama *Mênon*.

Aconteceu outrora que meu caro amigo Alexandre Koyré quis nos dar a honra e ter a generosidade de nos falar do *Mênon*. Asseguro-lhes que vocês não teriam nada a perder ao praticar isso um pouquinho. Só de reabri-lo eu encontrei no parágrafo 85, segundo a numeração de Henri Estienne:

Οὐκοὺν οὐδενός διδἀξαντος ἀλλ ἐρωτἠσαντος ἐπιστἠται, ἀναλαβων αὐτός ἐξ αὐτου τἠν ἐπιστἠμην

Ele saberá, portanto, sem ter tido mestre, graças a simples questionamentos, tendo encontrado por si mesmo e nele próprio a sua ciência.

E a seguinte réplica: *Mas encontrar por si mesmo e em si a sua ciência não é precisamente se relembrar?*

Essa ciência que ele tem agora, não é preciso que ele a tenha recebido em certo momento ou que sempre a tenha tido? Da maneira como está dito nesse texto, não temos certeza de que isso se aplique, mas, enfim, de todo modo, para analistas, colocar a questão nesses termos, será que não se tem o sentimento de que isso é feito para nos lembrar alguma coisa?

Na verdade, o *Mênon* é um diálogo sobre a virtude.

Chamar isso de *a virtude* não é pior do que outra coisa. Para muitos, essa palavra e as palavras que se parecem com ela desde então ressoaram de modo diferente através dos séculos. Certamente a palavra "virtude" tem agora uma abertura, uma ressonância que não é absolutamente a da *areté* de que se trata no *Mênon*, que estaria mais para o lado da busca do bem.

Ficamos impressionados de percebê-la hoje no sentido do bem proveitoso e *útil*, como se diz. Isso serve para nos fazer perceber que também nós fizemos aí um retorno, e que ele não deixa de ter relação com o que nos chegou depois desse longo desvio, ao se formular no discurso de um Bentham. Já fiz referência ao utilitarismo em um tempo já longínquo, no qual me encarregava de enunciar, ao longo de um ano, algo que se chamava *A ética da psicanálise*. Se recordo bem, era o ano letivo de 1959-60. Depois, no ano seguinte, foi *A transferência*.

Falo aqui há quatro anos, e se poderia fazer certa correspondência entre cada um desses anos e os anos do ensino anterior. Esse quarto ano corresponderia então ao sétimo e ao oitavo anos de meu Seminário anterior, ressoando de certo modo *A ética* e *A transferência*, algo que se lê no próprio enunciado de *O ato psicanalítico* e no fato de esse ato estar essencialmente ligado ao funcionamento da transferência. Aí está o que permitirá, pelo menos a alguns, se situar em certo ritmo, que é o meu.

Trata-se, portanto, da *areté*. Ela nos traz sua questão, de início, em um registro que não é absolutamente para desorientar um analista. O primeiro modelo do que essa palavra significa no texto socrático é a boa administração política, ou seja, a da cidade. Isso com relação ao que é do homem. Por outro lado, é curioso que apareça, desde o primeiro tempo, a referência à mulher, na medida em que a virtude da mulher é a boa organização da casa. Com isso, ambos estão no mesmo passo e no mesmo plano. Não há diferença essencial. E, de fato, se é assim que tomamos as coisas, por que não?

Lembro isso apenas porque, dentre as mil riquezas desse texto que nos serão sugestivas se quiserem lê-lo de ponta a ponta, vocês podem ver claramente que a característica da moral tradicional sempre foi eludir — mas isso é feito de maneira admirável —, escamotear desde o início, desde as primeiras réplicas, de modo que não há por que falar disso, da questão, assaz interessante para nós na medida em que somos analistas, de saber se não existe um ponto em que a moral do homem e a da mulher poderiam se diferenciar, no momento em que se encontram em uma cama, juntos ou separadamente. A questão nem sequer é levantada, ela é prontamente eludida em benefício de um questionamento mais público, mais ambiental, da virtude.

Pela forma como Sócrates procede, rapidamente se chega à questão de saber como se pode conhecer algo que não se conhece, uma vez que a primeira condição do saber é que se saiba do que se fala. Como se evidencia depois de um longo intercâmbio de réplicas com seu parceiro, que é o Mênon em questão, se não se sabe desde o início do que se fala, surge o que vem nas duas ou três frases que li para vocês há pouco, ou seja, a teoria da reminiscência.

Vocês sabem do que se trata, mas vou retomar. É tempo de desenvolver isso, de mostrar o que quer dizer, o que pode querer dizer para nós, em que isso merece ser destacado por nós.

O fato de dizer que a alma — pelo menos é a linguagem utilizada nesse diálogo — não faz nada quando só é ensinada a relembrar inclui, tanto nesse texto como no nosso, a ideia de uma extensão sem fim, ou ainda de uma duração sem limite no que diz respeito a essa alma. É um pouco o que, nós também, dizemos quando não se vê muito bem como isso pode se passar na ontogênese para que coisas, sempre as mesmas, e tão típicas, se reproduzam, e que nos encontramos mais ou menos sem argumentos aos quais nos referirmos — e apelamos para a filogênese. Não vejo muita diferença.

Onde vamos buscá-la, essa alma, para demonstrar que tudo o que ela pode aprender não passa de reminiscência? Em um escravo. Esse foi o gesto de Sócrates, bastante significativo à sua época: *Veja, Mênon, vou te mostrar.* Você tem aí na sua casa o seu escravo, ele nunca aprendeu nada, claro, você tem um escravo completamente cretino. No entanto, alguém o questiona, e com certa maneira de questioná-lo, de fato, chega-se a extrair dele, no domínio da matemática, coisas bastante sensatas, meu Deus, mas que não vão muito longe.

Trata-se do que é preciso fazer para produzir uma superfície duplicada daquela da qual se partiu, um quadrado. O escravo responderá sem pensar que basta que o lado do quadrado seja duas vezes mais longo para que a superfície seja quatro vezes maior. Assim, procedendo igualmente por questionamento, encontraremos bem rápido a boa forma de operar, que é pela diagonal, tomando um quadrado cujo lado é a diagonal do anterior.

Trata-se de pequenas diversões, recreações as mais primitivas que não vão longe, ao passo que já nessa época alguém podia chegar até a demonstrar o caráter irracional da raiz de 2. É que tomamos um escravo, um sujeito fora de classe, um sujeito que não conta.

O que vem a seguir é melhor e mais engenhoso. A questão levantada é a de saber se a virtude é uma ciência. Levando em conta o todo, é certamente o melhor trecho do diálogo — não existe ciência da virtude. Isso se demonstra facilmente pela experiência. Aqueles que têm como profissão ensinar, ou seja, os sofistas, são mestres bastante criticáveis. Quanto àqueles que poderiam ensinar, ou seja, aqueles que são eles próprios virtuosos — entendo virtuoso no sentido em que a palavra virtude é empregada nesse texto, ou seja, a virtude do cidadão é a do bom político —, é muito evidente, por mais de um exemplo, que eles não sabem sequer transmiti-la aos seus filhos. Eles lhes ensinam outra coisa.

No final, desembocamos nisso: a virtude está bem mais perto da opinião verdadeira, como se diz, que da ciência. Ora, a opinião verdadeira, de onde ela nos vem? Bem, ela vem do céu. Eis a terceira característica disso a que nos referimos, a saber, o que pode ser aprendido.

Vocês percebem o quanto isso está perto — sou prudente — da notação que faço com o termo sujeito. O que pode ser aprendido é um sujeito que já tem esse caráter primário de ser universal. Todos os sujeitos estão aí no mesmo ponto de partida. Sua extensão lhes é de natureza tal que lhes supõe um passado infinito e, portanto, provavelmente, um futuro não menos infinito, ainda que a questão da sobrevivência não esteja definida nesse diálogo.

Não estamos no mito de Er, filho de Armênio, mas seguramente o fato de que a alma tenha armazenado desde sempre e de maneira propriamente imemorial o que a formou a ponto de torná-la capaz de saber, eis o que aqui não é apenas inconteste, mas está no princípio mesmo da ideia de reminiscência.

Que esse sujeito seja fora de classe, aí está um outro termo. Que seja absoluto no sentido em que não é, está expresso no texto. A ciência marca sua diferença em relação ao que se chama ali opinião verdadeira, um termo que ecoa realmente tudo o que podemos dizer aqui e que não está marcado pela concatenação, pela articulação lógica própria ao estilo mesmo de nossa ciência. Há aí algo que faça com que ela seja bem mais da ordem da *poiêsis*, da poesia? É dito mais ainda. Aí está ao que somos levados pelo questionamento socrático.

Se cuidei tanto desse lembrete, foi para chamar a atenção de vocês, nesse ponto arcaico mas ainda presente do questionamento sobre o saber, para o que pode significar isso, que não foi isolado antes que eu o fizesse, precisamente a respeito da transferência, a saber, a função que tem, nem sequer na articulação de toda questão sobre o saber, mas nos pressupostos, o que chamo de sujeito suposto saber. As questões são colocadas a partir do que essa função tem em algum lugar — chamem-na como quiserem. Ela aparece aqui em todas as suas facetas, evidentemente por ser mítica. Em algum lugar, há algo que exerce a função de sujeito suposto saber.

Em relação a este ou aquele avanço, desenvolvimento, ímpeto de certo setor de nossa ciência, já adiantei esse ponto de questionamento — antes de ter sido forjada, por exemplo, essa ou aquela nova dimensão na concepção matemática do infinito, podemos concebê-la como já sabida em algum lugar? Sabida desde sempre? Essa é a questão. Não se trata de saber se a alma existia antes de encarnar, apenas se a dimensão do sujeito como suporte do saber deve ser, de certo modo, preestabelecida quanto às questões sobre o saber.

Quando Sócrates interroga o escravo, o que ele faz? Mesmo que não o faça no quadro, como é um desenho muito simples, pode-se dizer que ele traz o desenho do quadrado. Ele raciocina segundo o modo primário de uma geometria métrica, a saber, por decomposição em triângulos e contagem dos triângulos de superfície igual, de maneira que é fácil afirmar que o triângulo construído na diagonal terá apenas o número de quadradinhos necessários em relação ao número inicial. Se o primeiro número era de quatro triângulos, ao proceder dessa forma, haverá oito. Apesar de tudo, há muito tempo já se percebeu que esse procedimento não tem nada de demonstrativo. De fato, longe de Sócrates poder extrair argumento do fato de que o escravo nunca fez geometria e que depois disso ninguém lhe deu sermões, basta ver o modo como Sócrates organiza o desenho constitui um ensinamento de geometria dada ao escravo. Isso é bastante palpável.

Contudo, para nós a questão não reside aí. Ela deve ser considerada nos termos a seguir: se dizemos que já existe no espírito de seu parceiro tudo o que corresponde ao que Sócrates traz, ou seja, a um desenho, isso pode significar duas coisas, que expressarei da maneira a seguir.

Primeira possibilidade. O parceiro já tem na cabeça um desenho, não direi uma duplicação, ou, para empregar um termo mais moderno, o que se chama de função biunívoca, quer dizer, a possibilidade da aplicação do desenho de Sócrates sobre o dele, ou inversamente. Evidente, não é de modo algum necessário que se trate de quadrados corretos em nenhum dos casos. Digamos que, em um caso, trata-se de um quadrado segundo uma projeção de Mercator, ou seja, um quadrado, e no outro caso uma figura diferentemente retorcida. Não deixa de ser verdade que haja correspondência ponto por ponto, eis o que dá à relação disso que Sócrates traz com aquilo por meio do que o seu interlocutor responde um valor muito particular, que é o da decodificação. Isso interessa a nós analistas, pois de certa forma é o que quer dizer nossa análise da transferência na dimensão interpretativa. Se nossa interpretação funciona, é na medida em que liga de outro modo uma cadeia que, no entanto, já é uma cadeia de articulação significante.

E, depois, há a outra imaginação possível. No lugar de dois desenhos que não são, em primeira instância, o decalque um do outro, podemos supor uma metáfora; ou seja, que nada se vê, entendo que do lado do escravo, mas se diz, no entanto: *Aqui está um desenho. Você não vê nada, mas é preciso expô-lo ao fogo para que o desenho apareça, como se fosse traçado com essas tintas que chamamos de simpáticas.* Como se diz quando se trata de uma placa sensível, acontece então uma revelação.

Será que é entre esses dois termos que se dá a suspensão dessa re-tradução que está em questão para nós na análise? Digo "*re*" porque nesse caso a primeira inscrição significante já é uma tradução.

Será que a organização do inconsciente estruturado como uma linguagem é aquilo sobre o que nossa interpretação vem se aplicar? Ou será que, pelo contrário, nossa interpretação é uma operação de ordem totalmente diversa, que revela um desenho até então oculto?

3

Evidentemente, não é disso que se trata na análise — nem de um, nem de outro, apesar da primeira resposta que essa oposição talvez tenha sugerido a alguns a quem ensino.

Trata-se disso, que torna a tarefa muito mais difícil para nós: as coisas de fato estão relacionadas à operação significante, o que torna eminentemente possível a primeira referência, o primeiro modelo a dar, que é o da decodificação. Só que, aí está, o sujeito, digamos o analisante, não é essa coisa plana sugerida pela imagem do desenho. Ele próprio está no interior. O sujeito como tal já está determinado e inscrito no mundo como causado por certo efeito de significante.

Disso decorre que não esteja muito longe de ser reduzido a uma das situações anteriores. Falta apenas o seguinte: que o saber produza falhas em certos pontos que sempre podem ser desconhecidos. E são precisamente esses pontos que nos trazem questões com o nome de verdade.

Nessa referência, o sujeito é determinado de uma forma que o torna inapto para restaurar o que, por meio do efeito significante, se inscreve em sua relação com o mundo; nossa experiência demonstra isso. Em alguns pontos, é inadequado fechá-lo, completá-lo de maneira que seja satisfatório quanto ao seu estatuto de sujeito. E são esses pontos que lhe dizem respeito na medida em que deve se situar como sujeito sexuado.

Vocês não veem o que resulta disso quando a transferência se instala — como ela se instala de fato, pois está ali o movimento de sempre, movimento realmente instituído, da inerência tradicional? A transferência se instala em função do sujeito suposto saber, exatamente da mesma forma que sempre foi inerente a qualquer questionamento sobre o saber. Eu diria mais: pelo fato de entrar em análise, ele faz, melhor do que os outros, referência a um sujeito suposto saber.

Contrariamente ao que se acredita, isso não quer dizer que ele identifique esse sujeito suposto saber com o seu analista. O ponto nevrálgico do que pretendo designar hoje para vocês é que, imanente ao próprio início do movimento da pesquisa analítica, há esse sujeito suposto saber. Conforme eu dizia há pouco, ele é suposto saber melhor ainda, de forma que o analista se submete à regra do jogo. Quando ele responde do modo como deveria responder caso se tratasse do escravo de Sócrates, dizemos ao escravo para manifestar-se à vontade — o que evidentemente não se faz no âmbito da experiência menoniana.

A questão da intervenção do analista se instaura, de fato, na *suspensão* que mencionei há pouco: ou existem duas cartas que correspondem ponto por ponto, ou, contrariamente, uma só carta que, graças a essa ou àquela manipulação, é revelada na sua natureza de carta. É desse modo que tudo é concebido, por meio dos dados fornecidos no começo do jogo.

De que é feita a anamnese? Aquilo de que nos lembramos não são tantas coisas quanto na constituição da amnésia ou do retorno do recalcado, o que é exatamente a mesma coisa. Ou seja, nos lembramos do modo como as fichas são distribuídas, a cada instante, nas casas do jogo, quero dizer, nas casas em que se deve apostar. Da mesma forma, os efeitos da interpretação são recebidos no âmbito do estímulo que ela traz para a inventividade do sujeito, quero dizer, dessa poesia que mencionei há pouco.

Ora, o que significa análise da transferência? Significa alguma coisa, só pode ser a eliminação do sujeito suposto saber. Não existe, para a análise, e menos ainda para o analista, em parte alguma — e aí está a novidade —, sujeito suposto saber. Há apenas isso que resiste à operação do saber que faz o sujeito, ou seja, esse resíduo que se pode chamar de verdade.

É justamente aí que surge a pergunta de Pôncio Pilatos: o que é a verdade? Essa é a questão que trago para introduzir o que constitui o ato propriamente psicanalítico.

O que constitui propriamente o ato psicanalítico é, de modo muito singular, essa finta [*feinte*] por meio da qual o analista esquece que, na sua experiência de psicanalisante, pôde ver a função do sujeito suposto saber se reduzir ao que ela é. Disso decorrem, a cada instante, todas essas ambiguidades que transferem para alhures, por exemplo, para a função da adaptação à realidade.

A questão da verdade também é suscitada pelo fato de que cabe ao analista fintar [*feindre*] para que a posição de sujeito suposto saber seja sustentável, porque ali está o único acesso a uma verdade da qual esse sujeito será rejeitado para ser reduzido à sua função de causa de um processo em impasse. Esse algo que o ato do psicanalista comporta, e que não nomeio, mas que já esbocei com o nome de finta [*feinte*], pode se tornar olvido. É grave que o analista finte [*feigne*] olvidar que seu ato é a causa desse processo.

Pelo fato de ser um ato, acentua-se uma distinção que é aqui essencial que seja feita. O analista não deixa de precisar justificar a si mesmo quanto ao que se faz na análise, pois de fato algo se passa ali. É exatamente da diferença entre o fazer e o ato que se trata. Põe-se, atrela-se o analisante ao banco de um fazer. Ele faz alguma coisa. Chamem isso como quiserem, poesia ou manejo [*manège*], ele faz. E está bem claro que uma parte da indicação da técnica analítica consiste em certo "deixar fazer" [*laisser-faire*]. Mas isso é suficiente para caracterizar a posição do analista — quando esse "deixar fazer" envolve até certo ponto a manutenção intacta, nele, desse sujeito suposto saber, na medida em que ele conhece o declínio e a exclusão desse sujeito, e o que resulta disso do lado do analista?

O que resulta disso teremos que articular mais adiante. Mas terminarei indicando a analogia que se encontra, pelo fato de que, para avançar com esse novo viés de questionamento sobre o ato, devo me dirigir a esses terceiros que são vocês, nesse registro que já introduzi sob a função do número. O número não é a multiplicidade, pois não são necessários muitos para introduzir a dimensão do número.

Se foi em uma referência assim que introduzi a questão de saber o que se torna o estatuto do psicanalista, na medida em que seu ato o situa em um desequilíbrio radical em relação aos seus antecedentes, foi para lembrar-lhes que uma dimensão comum do ato é a de não comportar em seu instante a presença do sujeito. A passagem ao ato é aquilo para além do qual o sujeito reencontrará sua presença renovada, e nada mais.

Dado que me faltou tempo desta vez, na próxima lhes darei o exemplo em Winnicott pelo qual introduzi, a respeito do *self*, a ilustração de uma espécie de delineamento exatamente em relação a certo efeito do significante. Ele nos dará a ilustração do que acontece com o analista na proporção do interesse que ele tem por seu objeto. Ele nos fará tocar nisso, justamente, porque é alguém que se distingue como eminente na técnica por ter escolhido um objeto para ele privilegiado, aquele que ele qualifica mais ou menos como psicose latente, que de fato existe em certos casos. É toda a técnica analítica em si mesma que ele irá desautorizar de modo muito singular.

Ora, esse não é um caso particular, mas um caso exemplar. Se a posição do analista não se determina por nada além de um ato, ela só pode se registrar para ele como efeitos que são frutos de ato — para empregar essa palavra "fruto", cuja ressonância com fruição lembrei da última vez. O que o analista registra de mais significativo como experiência não poderia ultrapassar essa virada de sua própria presença que acabo de indicar.

É aí que se coloca a questão acerca do que é o ensino analítico. Quais seriam os meios para que possa ser recolhido o que, pelo processo desencadeado pelo ato analítico, é registrável como saber?

É na medida em que o ato psicanalítico é desconhecido que se registram os efeitos negativos quanto ao progresso do que de saber a análise pode totalizar.

Esse déficit em relação ao que pode ser totalizado pela análise, do que ela poderá armazenar de saber, nós o constatamos, podemos tocá-lo. Ele se expressa e se manifesta em várias outras passagens e em toda a amplitude da produção da literatura analítica.

29 de novembro de 1967

O Fim de uma Análise

IV

Os Dejetos da Produção Analítica

Do psicanalisante ao psicanalista
A insatisfação é um estatuto do gozo
Triângulos RSI
O Self *de Winnicott*

— *Diga-me, qual é a primeira coisa da qual você se lembra?*
— *O que você quer dizer? A primeira coisa que me vem à cabeça?*
— *Não, a primeira recordação que você tenha tido.*
Longa reflexão...
— *Devo tê-la esquecido.*
— *Justamente, a primeira que não tenha esquecido.*
Longa reflexão...
— *Esqueci a pergunta.*

Vocês terão minhas fontes. Essas poucas réplicas, eu as extraí para vocês de uma pequena peça bastante habilidosa e até mesmo penetrante, que me havia atraído por seu título. Ela contém dois personagens que para mim são plenos de sentido: *Rosencrantz e Guildenstern* — um e outro, nos diz o título — *estão mortos*.

Quisera fosse verdade! Mas não é. Rosencrantz e Guildenstern ainda estão aí.

Essas réplicas servem bem para evocar o desvio, a distância que há entre três níveis de *mathesis*, de apreensão sábia.

A primeira, a teoria da reminiscência, que presentifiquei para vocês da última vez pela evocação do *Mênon*, dá um exemplo disso. Vou centrá-la em um *Eu leio*, em uma prova reveladora.

A segunda, presentificada no tom — é a palavra adequada — do progresso de nossa ciência, é um *Eu escrevo*. Escrevo mesmo quando é para seguir o rastro de um escrito já perdido. O desprendimento da incidência significante como tal significa nosso progresso na apreensão do que é saber.

Quanto à terceira, ela nos é apresentada por essas réplicas muito bem forjadas que designam de certo modo sua própria posição, a delas, de ir se situar em um novo manuseio dessas marionetes essenciais à tragédia que é realmente a nossa, a de *Hamlet*. No passado, dediquei-me longamente à delimitação do lugar do desejo, designando assim o que até então podia parecer estranho: que, muito exatamente, ali cada um pode ler o seu.

Essas três réplicas designam o modo de apreensão que é próprio à análise e que começa pelo *Eu perco*. Perco o fio. Aí começa o que nos interessa, a saber, o campo do lapso, do tropeço, do ato falho. Quem se surpreende com isso ou arregala os olhos mostra que esquece por onde a análise entrou no mundo e nele deu os seus primeiros passos.

Lembrei-lhes a presença desse campo desde as minhas primeiras palavras deste ano, e teremos de retornar a isso, pois essa referência deve sempre ser mantida no centro de nossa visada se quisermos nos manter na direção quando se trata disto que este ano chamo de ato psicanalítico, na sua forma a mais essencial.

1

Vocês me viram, quase a cada vez, manifestar algum embaraço, pelo qual peço desculpas, e cujo motivo era nada mais que a amável presença de vocês. Esse embaraço envolvia a problemática de meu ensino. Faço-me novamente a pergunta, mas de uma forma que hoje se afina.

O que quer dizer isso que produzo aqui, faz agora quatro anos? É importante levantar essa questão. Será que é ato psicanalítico? Não. Este ensino se produzindo diante de vocês, sendo, portanto, público, não poderia ser, como tal, ato psicanalítico.

O que quer dizer, a partir do momento em que abordo essa temática? Será que significa que penso em submetê-lo aqui a uma instância crítica? É uma posição que, afinal, seria assumptível. Inclusive ela foi assumida algumas vezes, mesmo que não tenhamos nos servido desse termo: ato. É surpreendente que, a cada vez que foi feita por alguém do exterior, a tentativa só tenha produzido resultados bastante pobres. Ora, sou psicanalista, e no ato psicanalítico eu mesmo sou tomado. Pode haver em mim outro desígnio que não o de apreender o ato psicanalítico de fora? Sim. E eis como esse desígnio se institui.

Um ensino não é um ato, nunca foi. Um ensino é uma tese, tal como sempre foi muito bem formulado no tempo em que se sabia o que era um ensino na Universidade, nos bons tempos em que essa palavra tinha um sentido. Tese supõe antítese. Na antítese pode começar o ato. Quer dizer que espero isso dos psicanalistas? A coisa não é tão simples assim.

No interior do ato psicanalítico, minhas teses por vezes implicam consequências. É impressionante que essas consequências encontrem ali objeções que não pertencem nem à minha tese, nem a qualquer outra antítese formulável que não sejam os usos e costumes que reinam entre aqueles que fazem do ato psicanalítico profissão. É desse modo que, em alguns casos, um discurso que até aqui não se mostrou fácil de se contradizer entre aqueles que estão no ato psicanalítico encontre singularmente esse obstáculo, que não é contradição.

A hipótese que me guia ao prosseguir com esse discurso é a seguinte. Certamente não há indicação de criticar o ato psicanalítico, e vou dizer o porquê: trata-se, pelo contrário, de demonstrar, entendo, na instância desse ato, que ela desconhece que, se não saíssemos disso, iríamos mais longe. É preciso, portanto, acreditar que há nesse ato alguma coisa bastante insuportável, insustentável, para aquele que nele se engaja, para que a pessoa hesite em se aproximar, é preciso dizer, *de seus limites* — uma vez que pretendo introduzir uma particularidade topológica de sua estrutura, que afinal de contas é bastante conhecida para ser apreensível para cada um, ainda que quase nunca seja formulada.

Partamos da referência que forneci há pouco, a saber, que a primeira forma do ato que a análise tem inaugurado para nós é esse ato sintomático, acerca do qual podemos dizer que nunca é tão bem-sucedido senão quando é um ato falho. Quando o ato falho é suposto, é supervisionado, a verdade se revela — destaquemo-lo por essa palavra sobre a qual já insisti o suficiente para que seja revigorada.

É dessa base que partimos, nós analistas, para avançar. Sem isso, não haveria sequer uma análise possível, na medida em que todo ato, mesmo que não porte esse pequeno índice da falha [*ratage*], em outras palavras, mesmo que ele se atribua um ponto a favor quanto à intenção, ainda assim cai exatamente sob o mesmo princípio, a saber, que se pode levantar a questão de outra verdade, diferente da que foi veiculada por essa intenção. Donde resulta uma topologia que pode ser expressa da seguinte forma: ao esboçar apenas o caminho da saída, entra-se nele sem pensar nisso. E, afinal, a melhor maneira de entrar nisso de forma certeira é sair dessa para sempre.

O ato psicanalítico designa uma forma, um invólucro, uma estrutura tal que de certo modo suspende, à sua própria lei, tudo o que se instituiu, formulou, produziu até então como estatuto do ato. É também o que coloca aquele que, por um motivo qualquer, se envolve nesse ato em uma posição na qual é difícil contornar qualquer entrave, o que sugere, a partir de então, que algum modo de discernimento deve ser introduzido. Ao retomar as coisas desde o começo, é fácil destacar que, se não há nada tão bem-sucedido em relação ao ato quanto a falha [*ratage*], isso não quer dizer, contudo, que se estabeleça aí uma reciprocidade e que toda falha seja, em si mesma, o sinal de algum êxito, isto é, êxito do ato.

Nem todos os tropeços são tropeços interpretáveis. É evidente, e isso se impõe de início por uma simples observação que é igualmente a única objeção que já foi produzida no uso. Basta começar a introduzir a dimensão das cogitações analíticas junto a alguém de bom senso, como se diz, se é novo, se ainda não foi imunizado, se manteve algum frescor, para ouvi-lo responder: *Mas o que é que você acaba de contar?! Dizer tanta coisa sobre essas bobagens que conhecemos bem! Elas não têm qualquer apoio apreensível, elas são apenas negativas!*

Com certeza, ao se manter no âmbito desses fenômenos exemplares, o discernimento não tem regra definida e o debate permanece em suspenso. Não é inconcebível que aí o ato psicanalítico tenha seu peso, ou seja, aí onde pela primeira vez no mundo haja sujeitos para os quais ser psicanalista seja ato, quer dizer, que ali organizem, agrupem, deem prosseguimento a uma experiência, assumam suas responsabilidades de um modo que é um registro diferente daquele do ato, isto é, um fazer. Mas cuidado, esse fazer não é o deles.

A função da psicanálise se caracteriza claramente por isso: ela institui um fazer pelo qual o psicanalista obtém certo fim. Esse fim, ninguém pôde ainda fixá-lo — pode-se dizer isso, a se confiar na oscilação verdadeiramente desordenada da agulha quando se questionam os autores a esse respeito. Não é hora de lhes fornecer um leque dessa oscilação, mas vocês podem acreditar em mim, e verificar na literatura.

A lei, *a regra*, como se diz, que envolve a operação chamada de psicanálise estrutura e define um fazer, o do paciente, como ainda dizem, o do *psicanalisante*, conforme o termo que introduzi recentemente — etiqueta que se difundiu rapidamente, o que prova que não é tão inoportuno. Inclusive, ele é evidente. Dizer *o psicanalisado* deixa no acabamento da coisa todos os equívocos de quando se está em psicanálise. A palavra só tem o sentido de indicar uma passividade que não é de modo algum evidente. É antes o contrário, pois quem fala todo o tempo é o psicanalisante. Isso já é um indício.

A análise desse psicanalisante é levada a um termo no qual, acabo de dizer, ninguém definiu ainda estritamente o alcance de "fim" em todas as acepções dessa palavra, no entanto supõe-se que, talvez, um fazer seja exitoso. Fixar isso com uma palavra como *ser*, por que não? Esse termo continua sendo para nós bastante vago e, no entanto, bastante pleno, para que possa nos servir aqui de referência. O que seria o final de uma operação que seguramente deve se haver com a verdade, pelo menos no início, se a palavra "ser" não fosse evocável em seu horizonte?

É assim para o analista? Ou seja, aquele que é suposto haver atravessado tal percurso pelos princípios que ele supõe e que são fornecidos pelo ato do psicanalista. Inútil perguntar-se quanto a saber se o psicanalista tem o direito, em nome de alguma objetividade, de interpretar o sentido de uma dada figura ao longo dessa operação poética feita pelo sujeito. Desnecessário se perguntar se é legítimo ou não interpretar esse fazer como confirmação da transferência. Interpretação e transferência estão implicadas no ato pelo qual o analista dá suporte e autorização a esse fazer. É feito para isso. Mesmo assim, é dar algum peso à presença do ato, e isso mesmo que o analista não faça nada. Portanto, essa distribuição entre fazer e ato é essencial ao próprio estatuto do ato.

Onde apreender que o ato psicanalítico manifesta algum tropeço? O psicanalista, não esqueçamos, é suposto ter chegado a um ponto de ser em que, por mais reduzido que seja, produziu-se para ele essa extremidade que envolve a evocação da verdade e que o situa em posição de se tornar Arquimedes, capaz de mover tudo o que se desenvolve nessa estrutura primeiramente evocada, cuja chave é fornecida pela delimitação de um *Eu perco* pelo qual iniciei. Esse efeito de perda se reproduz para além da operação que centra o ato analítico?

Ao situar a questão nesses termos, imediatamente se evidenciará que não há dúvida de que é nas insuficiências, direi, da produção analítica que deve ser lido esse algo que responde à dimensão de obstáculo que buscamos situar.

Supõe-se que o ato psicanalítico marca o fim. É preciso supor esse ponto magistral, se quisermos poder falar de qualquer coisa que lhe diga respeito. Também não há nada de abusivo em evocar isso, quando os próprios analistas não se privam de fazê-lo, e são eles os mais propensos a cair no golpe da designação desse obstáculo, aí onde proponho irmos buscar a incidência que possa completar o apoio de nossa crítica, e até mesmo instaurá-la.

Não há nada de abusivo em falar desse ponto de virada, em falar da passagem do psicanalisante ao psicanalista, uma vez que essa referência é constante entre os psicanalistas, e dada como condição de toda competência analítica.

2

Colocar a literatura analítica à prova poderia ser um trabalho infinito, então já pontuei alguns exemplos no horizonte.

Diante de uma plateia tão ampla como esta, seria tão fastidioso quanto ineficaz considerar em detalhe o artigo de Rapaport publicado no *International Journal*, que citei no meu primeiro curso do ano, e que em francês poderia ser intitulado *Statut analytique du penser* [*Estatuto analítico do pensar*] — *Thinking*, particípio presente.

Vemos manifestar-se aí uma extrema boa intenção, como se diz. É uma espécie de achatamento de tudo o que, a partir do enunciado freudiano, pode se organizar em uma enunciação relacionada à função do pensamento na economia dita analítica. O surpreendente são as lacerações que se manifestam a todo instante.

Por exemplo, essa montagem — ou desmontagem, como quiserem — do *Thinking*, é impossível não fazer com que ela parta do processo primário e no âmbito do que Freud designa por alucinação primitiva. Esta, por sua vez, está ligada à primeira busca patética que supõe a simples existência de um sistema motor. A partir do momento em que não encontrasse o objeto da sua satisfação, ele seria responsável pelo processo regressivo que faz aparecer a imagem fantasmática daquilo que deve ser buscado.

Esse registro, que deve ser posto no âmbito do pensamento, é completamente incompatível com o que, no âmbito do processo secundário, é instaurado por um pensamento que é uma espécie de ação reduzida, uma miniatura de ação, que força a passar para um registro completamente diferente daquele que evoquei inicialmente, o do teste de realidade. A introdução dessa dimensão não deixa de ser notada de passagem pelo autor, que, prosseguindo o seu caminho de modo imperturbável, chegará a perceber que não só não há dois modos e dois registros de pensamento como há uma infinidade deles, que devem ser mais ou menos escalonados segundo estratificações da consciência antes notadas por psicólogos. Consequentemente, ele acaba reduzindo por completo o relevo do que foi trazido por Freud. É a isso que chamamos de redução da psicanálise à psicologia geral, o que quer dizer sua abolição.

Isso aí não passa de um exemplo leve. Cada um de vocês pode confirmá-lo como bem quiser. Se outros viam interesse em que se ministrasse um seminário no qual alguma coisa desse tipo seria acompanhada em detalhes, por que não? O importante, me parece, é que essa perspectiva de redução, com o consequente prejuízo, elude completamente o que é impressionante, extraordinário, notável, implicado na dimensão mesma do processo primário. É algo que pode ser expresso mais ou menos assim: não *No começo era a insatisfação*, o que não é nada, pois o importante não é que o indivíduo vivo corra atrás da sua satisfação, e sim que haja aí um estatuto do gozo que seja a insatisfação.

Isso está implicado na teoria de Freud. Pouco importa que ele tenha ou não se expressado desse modo, ele o fez assim, ou seja, formulou o princípio de prazer como nunca havia sido formulado antes, pois, desde sempre, o prazer servia para definir o bem, ele era em si mesmo a satisfação — exceto que ninguém podia acreditar nisso, porque todo o mundo soube desde sempre que estar no bem não é sempre satisfatório.

Trata-se de ver qual é a coerência dessa ênfase com aquela que é indicada primeiramente na dimensão da verdade.

3

Abri casualmente uma revista — não sei o que é, uma revista de periodicidade semanal ou trimestral — na qual vi assinaturas ilustres, uma delas vinda de um lado do horizonte em que a batalha divina está no seu auge, precisamente a batalha pelo bem.

Seu artigo começava por uma espécie de invocação em torno de *o simbólico, o imaginário e o real*, e sobre a luz que essa tripartição pela qual sou responsável havia trazido ao mundo. E conclui corajosamente: *Para nós, isso diz o que diz, o real é Deus.*

Eis como se pode dizer que sou uma contribuição para a fé teológica.

Mesmo assim, isso me incitou a esboçar alguma coisa para aqueles que são muitos a ver que o simbólico, o imaginário e o real se misturam. Se tomamos esses termos de um modo que não seja absoluto, podemos indicar isso. O simbólico, vamos colocá-lo, se quiserem, assim. O imaginário, vamos colocá-lo por ali. E o real — é completamente idiota — assim:

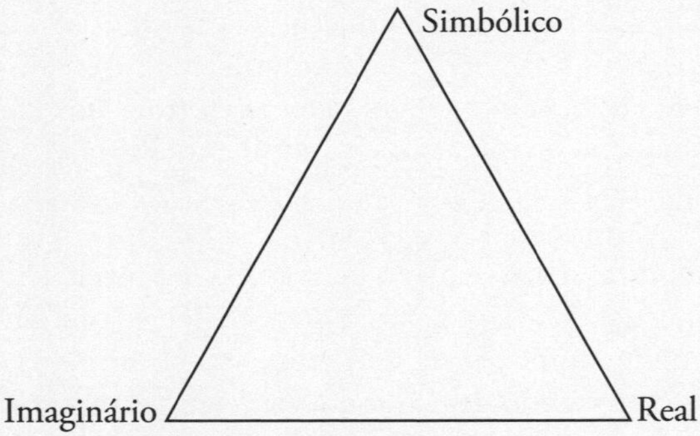

O triângulo RSI

Parece que realmente não haveria nada a fazer aí, sobretudo não um triângulo retângulo. Sim, talvez — enfim, para nos permitir colocar um pouco as questões.

Vocês também não vão andar com isso em um papel dizendo: *Em qual quadrado estaremos?*

Se vocês se lembrarem do que ensino em relação ao sujeito como determinado por dois significantes, ou mais exatamente como determinado por um significante que o representa para outro significante, por que não colocar o sujeito barrado como uma projeção do lado oposto ao vértice do simbólico? Isso permitirá perguntar o que acontece com o sujeito entre o imaginário e o real.

Por outro lado, há o I do traço unário, aquele do qual partimos para ver como se produz efetivamente a incidência do significante no desenvolvimento, a saber, o mecanismo da primeira identificação. Nós o colocaremos também como uma projeção, dessa vez diante do imaginário.

A terceira função me será fornecida pelo pequeno *a*, que é algo como uma queda do real no vetor que se estende do simbólico ao imaginário.

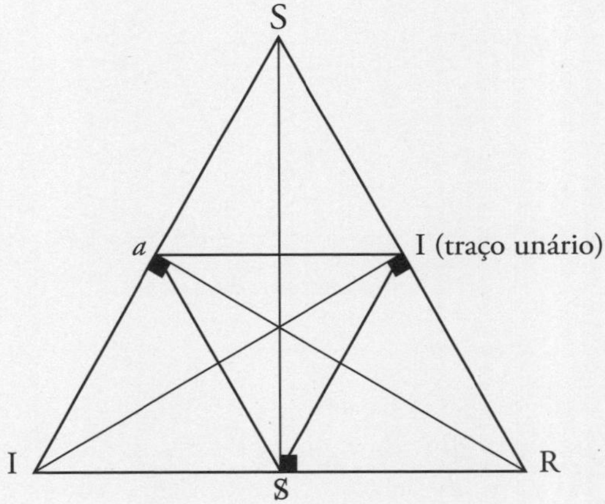

Sujeito barrado, I, a

Se existe o vetor que liga o simbólico ao imaginário, é porque o significante pode muito bem tomar seu material — o que faria obstáculo a isso? — de funções imaginárias, ou seja, da coisa mais frágil, a mais difícil de apreender no que diz respeito ao homem; não que não haja nele imagens primitivas destinadas a nos fornecer um guia na natureza, mas, justamente, como o significante se apropria delas, é sempre muito difícil situá-las na sua crueza.

Da mesma forma, pode-se levantar a questão acerca do que representam os vetores que ligam cada um dos três topos inicialmente referidos. Esse pequeno jogo tem seu interesse. De fato, desde que falamos do ato analítico, só pudemos reevocar as dimensões em que se desdobraram nossas referências em relação à função do *sintoma*. Nós o situamos como fracasso do que é sabível, fracasso do saber, o que sempre representa alguma *verdade*. O polo terceiro, nós o poríamos aqui, a saber, o *gozo*:

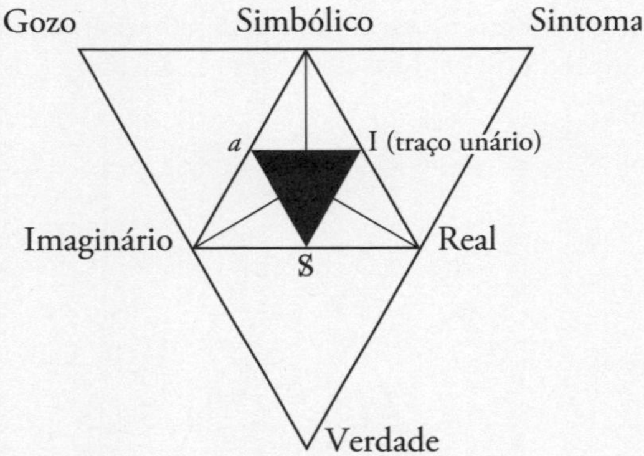

Sintoma, verdade, gozo

Isso traduz um certo laço fundamental do espírito humano com o imaginário. Introduz algo que pode nos ajudar à guisa de pontos cardeais. Talvez pudesse servir de suporte a cada vez que eu evocasse um desses polos. Por exemplo, trago hoje a questão que pode e deve ser feita de início, acerca do que é o ato analítico em relação à verdade.

Será que o ato analítico se ocupa da verdade? Parece que sim, mas quem ousaria se ocupar da verdade sem atrair zombaria? Em alguns casos eu banco Pôncio Pilatos. Ele só teve um erro, diz Claudel em uma bela imagem, o de fazer a pergunta: *O que é a verdade?*; pois pegou mal, ele foi o único a tê-la formulado diante da Verdade. Isso o deslocou um pouco. Daí resulta — foi Claudel quem inventou isso — que depois, quando ele passeava, todos os ídolos viam seus ventres se abrir em uma grande derrocada, com um grande barulho de máquina caça-níqueis. Não faço a pergunta, nem em semelhante contexto, nem com tamanho vigor, para obter esse resultado, mas, enfim, às vezes chega perto.

O psicanalista não se ocupa da verdade. Ele não o faz porque nenhum dos polos é passível de julgamento com base no que representa em relação aos nossos três vértices iniciais. Deve-se saber que a verdade não está ali desse modo. A verdade é, no lugar do Outro, a inscrição do significante. Certamente o gozo tem relação com o real, mas, justamente, o princípio do prazer é feito para separá-los. Quanto ao saber, é uma função imaginária, incontestavelmente uma idealização. É isso que torna delicada a posição do analista, que está no meio, ali onde o lugar do desejo é o vazio, o furo.

Contudo, isso implica certo número de pontos-tabu, de certo modo, pontos de disciplina. Uma vez que temos de responder àqueles que vêm consultar o analista em busca de mais segurança, bem, acontece, meu Deus, de fazermos uma teoria das condições de segurança à qual deve chegar alguém que se desenvolve normalmente. Esse é um belo mito. Há um artigo de Erik Erikson sobre o sonho da injeção de Irma que não é construído de modo diferente. Ele enumera por etapas como se deve edificar a segurança do rapazinho que teve de início uma avozinha conveniente, aquela que aprendeu sua lição nos livros dos psicanalistas, e há um escalonamento que nos fornecerá, absolutamente no vértice, um QI perfeitamente garantido. Isso é passível de ser construído. Tudo é passível de construção em termos de psicologia. Trata-se de saber em que o ato psicanalítico é compatível com dejetos assim.

Essa palavra não deve ser tomada como casual. É preciso acreditar que o ato psicanalítico tem algo a ver com o dejeto. Poderíamos imediatamente situá-lo nessa carta, uma vez que carta há, se for socrático. Ela não tem alcance maior do que aquela que eu evocava no outro dia sobre *Mênon*, ela tem um alcance de exercício. Observem por exemplo que certas produções teóricas em psicanálise não têm em nenhum caso função em relação à prática, que mesmo os analistas mais efervescentes nessas construções não as respeitam menos. Salvo excesso ou exceção, nenhum psicanalista, quando intervém, acreditará nessas construções, em geral otimistas. A partir disso, convém situá-las por sua relação ao ponto natural do dejeto, a saber, o *a*.

Isso também pode nos servir para avançar em relação ao que constitui a relação do psicanalista com esse outro termo. Por exemplo, poríamos a idealização de sua posição social do lado do I:

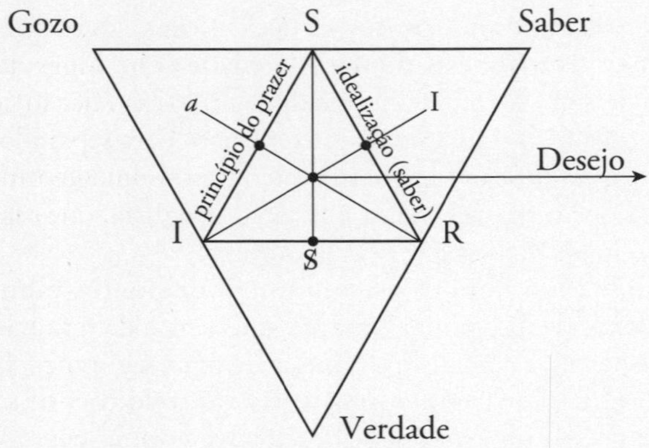

Sintoma, verdade, gozo

Em suma, a inauguração de um método de discernimento quanto ao que são as produções do ato analítico, e a parte da perda — talvez necessária, não afirmo isso — que ele implica, pode ser de natureza a iluminar com uma luz vívida o que é o ato analítico, o estatuto que ele supõe e suporta na sua ambiguidade manifesta. E por que se deter em um ponto qualquer da extensão dessa ambiguidade antes de retornar ao nosso ponto de partida, por assim dizer? Se é verdade que não há meio de sair disso, talvez fosse melhor examiná-lo bem.

Este ano vamos tentar fornecer uma primeira imagem de sua comprovação.

Para tanto, não pegarei os piores exemplos. Evidentemente, há dejeto e dejeto. Existem dejetos ininterpretáveis. E, ainda, tomem cuidado que a designação de ininterpretável não é tomada aqui no sentido próprio.

4

Tomemos um autor excelente, o sr. Winnicott. Devemos a ele uma descoberta das mais refinadas, à qual rendo homenagem com prazer.

Nunca deixarei de retornar à minha recordação sobre o que o objeto transicional, tal como ele o nomeou, pôde trazer de recurso no momento em que eu me questionava sobre a maneira de desmistificar a função do objeto dito parcial, tal como a vemos sustentada pela teoria a mais abstrusa, a mais mistificadora, a menos clínica, das pretensas relações desenvolvimentistas do pré-genital em relação ao genital.

A simples introdução desse pequeno objeto que é chamado pelo sr. Winnicott de objeto transicional, a simples presença desse pedacinho de pano com o qual o bebê se aparelha desde antes do drama do desmame, em torno do qual se acumulou tanta nebulosidade confusa, constitui o apoio, o arco fundamental da relação entre a criança e a mãe, que em seguida só é desenvolvida em termos de relação dual. De fato, isso imediatamente sofreu interferência das funções desse pequeno objeto cujo estatuto Winnicott articula para nós.

Cabe ainda precisar que o desmame, quando o examinamos, não é necessariamente um drama. Conforme observava alguém que não deixa de ser perspicaz, a pessoa que talvez mais sinta o desmame é a mãe.

No ano que vem retomarei esses traços cuja descrição se pode dizer que é exemplar. Basta ler o sr. Winnicott para traduzir isso — pode--se ver, de certo modo, nesse pedacinho de fralda ou de lençol, nesse pedaço surrado ao qual a criança se agarra, a relação com o primeiro objeto de gozo. Isso não é pouca coisa.

O primeiro objeto de gozo não é de modo algum o seio da mãe. Não está ali de modo permanente, mas sempre ao alcance — é o polegar da mão da criança. Como os analistas podem descartar a tal ponto de sua experiência o que lhe é trazido, primeiramente, sobre a função da mão — a tal ponto que, para eles, o humano [*humain*] deveria ser escrito como *hu-mão* [*hu-main*]?

No número 5 dessa revista que por muito tempo foi considerada minha e que se chama *La Psychanalyse*, encontramos uma tradução do artigo de Winnicott sobre esse objeto transicional. Leiam. Nada é mais cansativo do que uma leitura, e menos propício a manter a atenção, mas, dos que quiserem lê-lo até a próxima vez, quem não entenderá que tudo isso é para dizer o que é o objeto pequeno *a*?

Ele não está nem no interior nem no exterior, não é nem real nem ilusório. Ele não entra em nada de toda essa construção artificiosa que o senso comum da análise edifica em torno do narcisismo, vendo aí algo totalmente diferente daquilo para o que é feito. A teoria do narcisismo não é feita para distinguir duas versões morais — a saber, de um lado o amor de si e de outro o do objeto, como se diz —, e sim, lendo-se o que Freud escreveu sobre o *Real Ich* e o *Lust Ich*, para nos demonstrar que, conforme já indiquei aqui, o primeiro objeto é o *Lust Ich*: a mim a regra do meu prazer, e que permaneça assim.

Então, toda essa descrição tão preciosa quanto precisa do objeto *a* carece apenas de uma coisa: que vejamos que tudo o que se diz a respeito nada mais designa senão o broto, a ponta, a primeira saída da terra do quê? Do que o objeto *a* comanda, a saber, o sujeito. O sujeito como tal funciona primeiramente no âmbito do objeto transicional.

Certamente não está aí a prova para diminuir o que pode ser produzido em torno do ato analítico. Mas vocês verão do que se trata quando Winnicott leva as coisas mais longe, isto é, quando ele não é mais o observador do bebezinho, algo de que é mais capaz que qualquer outro, ao situar sua própria técnica em relação ao que ele busca de modo patente, conforme lhes indiquei da última vez no início da conferência, a saber, a verdade.

Esse *Self*, Winnicott fala a respeito dele como algo que está ali desde sempre, por detrás de tudo o que se passa, antes mesmo que o sujeito seja situado de algum modo. Uma situação de falta é capaz de gelá-lo. Quando, nos primeiros dias, nos primeiros meses do bebê, o ambiente não é mais apropriado, algo pode funcionar fazendo um *freezing*, um congelamento do *Self*. Está aí algo que apenas a experiência é capaz de definir. Aí, ainda, em relação às consequências psicóticas da situação, há algo que Winnicott viu muito bem.

O *Self*, por haver congelado, constitui o falso-*Self*. Por detrás desse *freezing*, nos diz ele, o *Self* aguarda. O sr. Winnicott aí volta por um processo de regressão, o qual será objeto de meu discurso da próxima vez, para lhes mostrar a relação com o agir do analista. Por detrás, esse falso-*Self* aguarda o quê? A verdade, para recomeçar. Quando já temos na teoria analítica o *Real Ich*, o *Lust Ich*, o *Ego*, o *Id*, todas essas referências bastante articuladas para definir nosso campo, quem não vê que a adjunção desse *Self* não representa nada além da verdade? Isso é confessado no texto com o emprego das palavras *false* e *true*. Mas quem não vê também que não existe outro *true-Self* por detrás dessa situação, a não ser o próprio sr. Winnicott, que se coloca aqui como presença da verdade?

Isto não é de forma alguma depreciar aonde isso o leva, por dizer que é conduzido a sair do ato analítico. Como vocês verão da próxima vez, essa é uma posição que se admite como tal. Ele assume de modo confesso *responder a todas as necessidades do paciente*, conforme expressa outro analista.

Não estamos aqui para entrar no detalhe dessa posição, mas apenas para indicar como o mínimo desconhecimento do ato analítico — e como não haveria, se este ainda nem foi definido? — leva imediatamente quem o assume — e tanto melhor que ele seja mais seguro, mais capaz, e cito esse autor porque considero que não há nenhum que chegue perto dele na língua inglesa — à negação, preto no branco, da posição analítica.

Isso por si só me parece confirmar, dar início e até mesmo apoiar o método que introduzo, que procede pela crítica das expressões teóricas a respeito do estatuto do ato psicanalítico.

6 de dezembro de 1967

V

O Percurso de uma Análise

No começo
O Eu não posso *do analista*
No final da análise
A queda do sujeito suposto saber
O analista reduzido ao objeto a

Apresento-lhes meus votos pelo novo ano, como se diz. Por que novo? Ele é no entanto como a lua — quando termina, recomeça. Esse ponto de término e de recomeço, poderíamos situá-lo em qualquer lugar — diferentemente da lua, talvez, que foi feita, como cada um sabe e, como uma locução familiar lembra, não é para qualquer um.

Há um momento em que a lua desaparece, razão para depois declará-la nova. Mas em relação ao ano, assim como a muitas outras coisas e, geralmente, ao que se chama de real, não há um começo atribuível. No entanto, é preciso que tenha um começo, a partir do momento em que foi denominado *ano*, em razão da marcação significante da parte desse real que ocorre definir como ciclo.

Esse ciclo não é absolutamente exato, assim como todos os ciclos no real. Mas, a partir do momento em que é apreendido como ciclo, há um significante que não cola totalmente ao real. Corrigimos isso ao falar, por exemplo, de *grande ano*, em relação a uma pequena coisa que varia de ano a ano, até se completarem vinte e cinco mil e oitocentos anos. Resumindo, a gente se recicla.

E então, o começo do ano, onde situá-lo? É aí que está o ato. É pelo menos uma das maneiras de abordar o que é o ato, estrutura acerca da qual, se procurarem bem, vocês perceberão que, sem dúvida, falou-se pouco. O novo ano me dá a oportunidade de abordá-la por essa perspectiva.

1

Um ato está ligado à determinação de um começo, e muito especialmente onde é preciso que se realize um, precisamente porque aí não há um.

É por isso que, em suma, tem certo sentido o que fiz no começo: apresentar a vocês os meus votos de feliz ano-novo. Isso entra no campo do ato.

Claro que é um pequeno ato, um resíduo de ato extremamente laico. Mas não esqueçam que esses pequenos salamaleques que fazemos, inclusive sempre mais ou menos em vias de cair em desuso, mas que persistem, são um reflexo de coisas das quais falamos como se tivessem passado, a saber, os atos cerimoniais que se praticavam em um contexto do que se pode chamar de Império. Nesse dia, o imperador manipulava a carruagem com as próprias mãos, porque era de fato essencial a certa ordem do império que sua fundação fosse marcada e renovada no início de cada ano.

Vemos aparecer aí a dimensão do que se chama de ato tradicional, aquele que se funda em certa necessidade de transferir algo que é considerado essencial na ordem do significante. Que fosse preciso transferi-lo pressupõe aparentemente que a coisa não se transfere sozinha, que começo é efetivamente renovação, algo que, mesmo por meio de uma oposição, abre a porta para o seguinte: que é concebível que o ato constitua, se podemos nos expressar desse modo, sem aspas, um verdadeiro começo.

Esse é o horizonte de todo funcionamento do ato. Basta evocá-lo para perceber que é aí que reside sua verdadeira estrutura. Isso, que é absolutamente evidente, mostra inclusive a fecundidade do mito da Criação. Há nele, de fato, certa relação entre a quebra que se produziu na evolução da ciência no início do século XVII e o advento do verdadeiro alcance do mito da Criação, que levaria dezesseis séculos para chegar, na sua verdadeira incidência, ao que se pode chamar, ao longo dessa época, de ciência cristã. É um pouco surpreendente que essa observação — que, sublinho, não é minha, mas de Alexandre Koyré — ainda não tenha sido admitida pela consciência comum. Nunca seria demais insistir nisso.

No começo era a ação, diz Goethe, um pouco mais tarde. Acredita-se que é a contradição da fórmula joanina: *No começo era o Verbo*. É isso que necessita ser olhado um pouco mais de perto. Se vocês entrarem na questão pelo caminho que acabo de tentar lhes abrir de um modo familiar, está claro que não há entre essas duas fórmulas a menor oposição — no começo era a ação porque sem ato simplesmente não poderia se tratar de começo. A ação está no começo porque não poderia haver começo sem ação.

Até aqui nunca foi enfatizado de fato, como é necessário, que não existe ação que não se apresente, primeiramente e sobretudo, com uma extremidade significante. Sua extremidade significante é o que caracteriza o ato. Sua eficiência de ato não tem nada a ver com a eficácia de um fazer. É algo que pertence a essa extremidade significante.

Pode-se começar a falar de ato simplesmente, sem perder de vista que, de um lado, seja no campo analítico, a saber, em relação ao ato falho, que tenha justamente aparecido que um ato que se apresenta ele mesmo como falho seja um ato, e unicamente por isso, por ser significante; e, em seguida, que um analista preside — limitemo-nos por ora a esse termo — uma operação dita psicanálise que, em seu princípio, determina precisamente a suspensão de todo ato. É bastante curioso que seja um psicanalista quem possa enfatizar pela primeira vez o tema do ato, mais exatamente, aquilo que constitui seu traço estranho e, portanto, problemático e duplo.

No momento em que vamos enveredar pelo caminho de questionar de maneira mais precisa, mais insistente do que já pudemos fazer nas seções introdutórias do trimestre passado, o que constitui o ato psicanalítico, quero mesmo assim apontar, um pouco mais do que pude fazer nestas primeiras palavras, que em nosso horizonte sabemos o que pode estar em jogo em qualquer ato.

Esse ato cujo caráter inaugural mostrei há pouco, seu padrão é veiculado por nós através da meditação vacilante que prossegue em torno da política, pelo chamado ato do Rubicão, por exemplo. Por trás dele, outros se perfilam — a noite do 4 de agosto; o Jogo da Pela; as Jornadas de Outubro. Onde está, aqui, o sentido do ato?

Certamente sentimos que o ponto no qual se suspende primeiramente a interrogação é o sentido estratégico dessa ou daquela travessia. Graças a Deus, não foi à toa que evoquei primeiramente o Rubicão. É um exemplo bem simples, e marcado por dimensões do sagrado. Atravessar o Rubicão não tinha para César uma significação militar decisiva. Em contrapartida, atravessá-lo era entrar na terra-mãe, a terra da República. Abordá-la era uma violação. Algo ali havia sido atravessado. Não sem intenção. Não por acaso, eu me vejo perfilando por trás disso o sentido dos atos revolucionários. O ato está no momento em que Lênin dá determinada ordem? No momento em que foram lançados ao mundo significantes que dão a esse sucesso específico na estratégia o seu sentido de começo já traçado? Em que a consequência de certa estratégia poderá vir a assumir o seu lugar e adquirir o seu valor de signo?

Vale a pena levantar essa questão aqui, em certo começo, pois no modo como vou avançar no terreno do ato há também certa travessia, ao evocar a dimensão do ato revolucionário e ao destacá-lo por esse aspecto que é diferente de toda a eficácia da guerra e que se chama suscitar um novo desejo.

2

Um toque de teu dedo no tambor
desencadeia todos
Os sons e dá início à nova harmonia.
Um passo teu recruta os novos homens, e os põe em marcha.
Tua cabeça avança: o novo amor!
Tua cabeça recua
*— o novo amor!**

Acho que nenhum de vocês deixa de entender esse texto de Rimbaud, que não termino, e que se chama "Uma razão". É a fórmula do ato.

O ato de colocar o inconsciente, pode ele ser concebido de outra forma? E especialmente a partir do momento em que lembro que o inconsciente é estrutura de linguagem. Já que lembrei isso sem que se registrassem abalos profundos naqueles a quem interessa, retomo e falo de seu efeito de ruptura no *cogito*.

Ocorre que posso, em certo campo, formular: *Penso*. Isso tem todas as características dele — o que sonhei na noite passada e perdi esta manhã, e mesmo ontem, por algum tropeço incerto, aquilo em

* Tradução de Lêdo Ivo para Arthur Rimbaud, "Uma razão". In: *Uma temporada no inferno/ Iluminações*. Rio de Janeiro: Francisco Alves, 1982. (N. T.)

que toquei sem querer, fazendo o que se chama de dito espirituoso, por vezes sem fazê-lo de propósito. Será que, nesse *Penso*, eu estou aí?

É absolutamente certo que a revelação do *penso* do inconsciente implica que o que o *cogito* de Descartes nos faz tocar da implicação do *logo sou* — todo mundo sabe isso, quer tenha feito psicanálise, quer não, basta abrir um livro para ver do que se trata — é uma dimensão que chamarei de desativação. Onde mais seguramente penso, ao me dar conta disso, *eu estava ali*. Mas é exatamente no mesmo sentido do emprego muito específico do imperfeito em francês, que produz toda a ambiguidade da expressão: *um instante mais tarde e a bomba explodia* — o que quer dizer que, justamente, ela não explode. Já utilizei esse exemplo, extraído de observações do linguista Guillaume, mas a experiência me ensina que não é inútil repetir.

Permitam-me acrescentar essa nuança ao *wo Es war* alemão, que não a implica, e renovar assim a utilização que se pode fazer do *wo Es war soll Ich werden*. Onde isso era, onde não é mais do que ali porque não sei o que pensei, *soll Ich werden* — *Ich*, faz tempo que destaquei, só pode ser traduzido por *sujeito* —, o sujeito deve advir. Só que: ele o pode? Eis a questão.

Em outras palavras, *Onde isso era* — traduzamos — *devo devir* — continuem — *psicanalista*. Como o psicanalista vai poder encontrar o seu lugar nessa conjuntura? Ela é a conjuntura disjuntiva que articulei expressamente no ano passado ao título da lógica do fantasma, uma disjunção muito especial, que é a que introduzi há mais de três anos ao propor uma inovação para o termo "alienação". Essa alienação propõe uma escolha singular cujas consequências articulei — *a bolsa ou a vida, a liberdade ou a morte*. Por ser uma escolha forçada, é forçosamente perdedora. A última coisa que introduzimos aqui para mostrar sua relação com o ato psicanalítico é: *Ou não penso, ou não sou*. Conforme fiz há pouco, acrescentem ao *soll Ich werden* o termo que está em questão no ato psicanalítico, o termo "psicanalista", e façam funcionar essa pequena máquina. Não se deve hesitar: se de um lado não sou psicanalista, disso decorre que não penso.

Isso não tem um interesse apenas humorístico, deve nos levar a algum lugar, e particularmente a nos perguntarmos o que aconteceu com nossa experiência do ano passado. O que chamarei de nossa suposição inicial, que é constituída pelo *Ou não penso, ou não sou*, como se dá que ela seja confirmada não apenas eficaz mas necessária ao que chamei no ano passado de uma lógica do fantasma — a saber, uma lógica tal que conserva em si a possibilidade de compreender o que é o fantasma e sua relação com o inconsciente?

Para *estar aí* como inconsciente não é preciso ainda que eu pense como pensamento o que é meu inconsciente. Onde penso, é por não estar mais em mim. Não estou mais ali, da mesma forma que quando peço a quem atende à porta que diga: *Ele não está*. É um *Eu não estou* na medida em que ele se diz. É isso que constitui sua importância. É isso que faz com que, como psicanalista, eu não possa pronunciá-lo — vejam o efeito que isto produziria na minha clientela.

É também isso que me encurrala na posição do *Não penso*. Se o que introduzo aqui como lógica é passível de ser acompanhado em seu verdadeiro fio, *Não penso* poderia ser esse *falso-ser* que é o ser de todos nós. Nunca estamos tão sólidos em nosso ser, dado que não pensamos, cada um sabe disso.

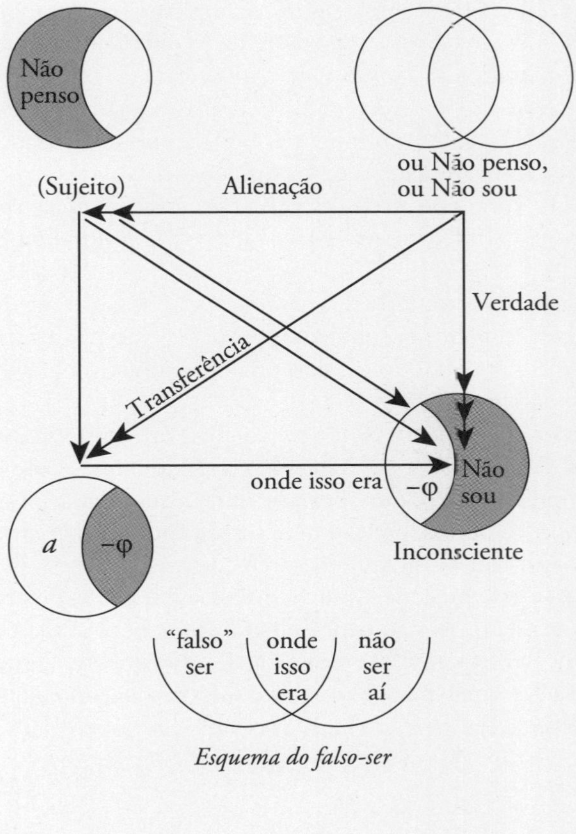

Esquema do falso-ser

3

Ao desenhar os dois círculos e sua interseção, marquei *falso-ser* com todas as aspas da prudência, para dizer-lhes que não devem se alarmar demais. Apenas gostaria, mesmo assim, de assinalar que há duas falsidades distintas.

Todo mundo sabe que entrei na psicanálise pela marteladinha [*balayette*] que se chamava estádio do espelho. Comecei por situá-lo — porque afinal de contas estava em Freud, está dito, referido, ordenado por ele —, e me servi disso para fazer um suporte. Inclusive, isto foi bem mais rapidamente enfático do que eu poderia fazer ao longo de enunciações que poupavam as sensibilidades, que não há amor que não pertença à dimensão narcísica.

Se sabemos ler Freud, o que se opõe ao narcisismo é o que se chama de libido objetal, que concerne ao objeto *a*, que está embaixo à esquerda. A libido objetal não tem nada a ver com o amor, pois o amor é o narcisismo, e os dois se opõem (a libido objetal e o narcisismo).

Logo, quando falo do *falso-ser*, não se trata do que vem se alojar ali, de certo modo por cima, como as cracas no casco do navio. Não se trata do ser inflado pelo imaginário. Trata-se de algo que está por baixo e que lhe dá lugar. Trata-se do *Não penso* na sua necessidade estruturante, na condição de inscrito nessa posição inicial sem a qual não teríamos sabido, no ano passado, coisa nenhuma da lógica do fantasma.

É uma posição cômoda, esse *Não penso*. Apenas o ser inflado de que eu falava há pouco encontra aí o seu lugar. Tudo leva a isso, o preconceito médico de modo geral, o preconceito psicológico ou psicologizante, não menos.

Observem pelo menos isso: o psicanalista está particularmente sujeito a esse *Não penso*, pois é habitado por tudo o que acabo de destacar como preconceitos, qualificando-os por sua origem. Além disso, ele tem sobre os outros, por exemplo sobre os médicos, a vantagem de que, se posso dizer assim, quando o preconceito médico o ocupa — e Deus sabe se esse preconceito o ocupa, isso para considerar somente ele —, justamente ele não pensa nisso. Os médicos ainda se preocupam, o psicanalista não. Ele o toma assim justamente na medida em que há essa dimensão de que isso não é um preconceito. Já que se trata de não pensar, ele está ainda mais à vontade com isso. Vocês já viram, salvo exceção, um psicanalista se questionar sobre o que foi Pasteur na aventura médica? Pasteur não é um tema na moda, mas justamente isso poderia ter chamado a atenção de um psicanalista. Nunca se viu isso. Veremos se a coisa muda.

Qual é o ponto inicial nesse esquema? Mesmo assim é preciso levantar a questão, propor esse pequeno exercício, se o ato em si está sempre em relação com um começo, conforme entrevimos no início, pois esse é o eixo de nosso avanço hoje.

Esse começo lógico, foi de propósito que eu não o trouxe à questão no ano passado. Devíamos ter deixado isso em suspenso como mais um ponto da lógica do fantasma. Vamos destacá-lo com o termo *Arkhé*. É um *initium*, um começo, mas em que sentido? Seria no sentido de um zero em um pequeno aparelho de medição? Um ser, por exemplo, pura e simplesmente? Perguntar-se isso não é mau começo. Ao fazer essa pergunta desse modo, imediatamente se vê que está excluída a possibilidade de que seja um começo no sentido de não marcado.

O simples fato de precisarmos questionar esse ponto de *Arkhé* para saber se é o ponto zero permite-nos ver com clareza que pelo menos ele já está marcado. Isso caminha bem. De fato, parece bastante satisfatório de ver, pelo efeito da marca, o *Ou não penso, ou não sou* tornar-se *Ou não sou essa marca, ou não sou nada além dessa marca*, ou seja, *Não penso*. Para o psicanalista, isso se aplica muito bem. Ou ele tem o rótulo, ou então ele não é.

Só que não devemos nos deixar enganar por isso. Como acabo de destacar, no âmbito da marca, vemos apenas o resultado necessário da alienação, a saber, que não há escolha entre a marca e o ser. Se isso deve se marcar em algum lugar, é justamente no alto à esquerda do esquema. O efeito alienatório já se produziu, e não nos surpreendemos de encontrar ali, sob a forma de origem, o efeito da marca. De fato, isso já está indicado na dedução do narcisismo que fiz em um esquema que pelo menos uma parte de vocês conhece, aquele que coloca o eu ideal e o Ideal do eu em relação de interdependência.

Continua em suspenso saber a natureza do ponto de partida lógico, na medida em que ele se sustenta, na conjunção anterior à disjunção, entre o *Não penso* e o *Não sou*. O ano passado era nosso ponto de partida e, se posso dizer, o ato inicial de nossa dedução lógica. Só poderíamos reter isso depois dessa abertura, a hiância sempre necessária, a ser reencontrada em cada exposição do campo analítico, que nos fez, depois de edificar a lógica do fantasma, passar o último trimestre em torno do ato sexual, visto que ele se define precisamente por ser uma aporia.

Retomemos então, a partir do ato psicanalítico, a interrogação sobre o que é o *initium* da lógica do fantasma. É por isso que hoje escrevi no quadro essa vertente que articulei no ano passado com os termos operação alienação, operação verdade e operação transferência, para fazer deles os três termos do que se pode chamar de um grupo de Klein. Exceto pelo fato de que não vemos aqui o que constitui para cada uma a operação retorno. Pelo modo como estão inscritos, com essas indicações vetoriais, isso é apenas, se posso dizer, a metade de um grupo de Klein.

Retomemos o ato no ponto delicado em que o vemos na instituição analítica e voltemos ao começo, na medida em que isso quer dizer hoje que o ato institui o começo.

4

Começar uma análise é ou não um ato? Certamente que sim!

Só que quem pratica esse ato? Já assinalamos há pouco o que fazer psicanálise implica em termos de renúncia ao ato para aquele que nela se envolve. A partir de então é muito difícil atribuir-lhe a estrutura do ato. Uma psicanálise é uma tarefa. Alguns dizem até que é um ofício. Não sou eu quem diz isso, mas praticantes que, de todo modo, entendem do assunto. É preciso ensinar-lhes seu ofício, a essas pessoas que têm que seguir a regra, ou não, seja lá como vocês as definam. Enfim, por aqui não se diz *o ofício do psicanalisante*. Eles vão começar a dizer agora, pois a palavra se espalha.

Então, se existe ato, é preciso provavelmente procurá-lo alhures. Não precisamos nos esforçar muito para dizer que, se não está do lado do psicanalisante, ele está do lado do psicanalista. Não há lugar para dúvida.

Só que isso se torna uma dificuldade depois do que acabamos de dizer. O ato de postular o inconsciente, será que o psicanalista deve reafirmá-lo a cada vez? Será que é realmente possível? Sobretudo se consideramos que reafirmá-lo a cada vez seria dar-lhe a cada vez uma nova ocasião de não pensar?

Deve haver outra coisa aí, uma relação entre a tarefa e o ato que talvez ainda não tenha sido apreendida, que talvez não o possa ser.

Talvez seja necessário fazer um desvio. Vemos imediatamente onde ele nos é fornecido — em outro começo, naquele em que alguém se torna psicanalista.

É preciso que levemos em conta o que está ali nos dados. É preciso confiar nesse domínio, acreditando no que se diz. Ser psicanalista, todo mundo sabe, começa no final de uma psicanálise. Basta tomar isso como nos é dado. Se quisermos entender algo, é preciso partir daí, desse ponto que é aceito por todos na psicanálise.

Então partamos das coisas tal como elas se apresentam. Chegou-se ao final uma vez, é ali que cumpre deduzir a relação que isso tem com o começo de todas as vezes. Chegou-se ao final de sua psicanálise uma vez, e é esse ato tão difícil de apreender no começo de cada uma das psicanálises que nós garantimos. Isso deve ter uma relação com esse final que acontece uma vez.

Aqui, é preciso pelo menos se servir do modo como se formula o final da psicanálise na lógica elaborada no ano passado. O final da psicanálise supõe uma certa realização da operação verdade, ao termo de uma espécie de percurso. Se essa operação faz realizar, a partir do sujeito instalado em seu falso-ser, algo de um pensamento que envolve o *Não sou*, ela não se dá sem que ele reencontre, como convém, sob uma forma cruzada e invertida, sua posição de mais verdadeiro, sua posição sob a forma do *Onde isso era* no âmbito do *Não sou*.

Essa posição é reencontrada nesse objeto *a*, acerca do qual muito fizemos, me parece, para lhes dar o sentido e a prática. E, por outro lado, nessa falta que subsiste no âmbito do sujeito natural, do sujeito do conhecimento, do *falso-ser* do sujeito, essa falta que, desde sempre, se define como essência do homem e que se chama desejo, mas que no final de uma análise se traduz por essa coisa não só formulada, mas encarnada, que se chama castração. Costumamos etiquetá-la com a letra $(-\varphi)$.

Segundo uma relação que se inverte da esquerda para a direita, o *Não penso* do sujeito alienado ao *Onde isso era* do inconsciente, na descoberta do *Onde isso era* do desejo, vem corresponder ao *Não sou* do pensamento inconsciente. Isso, ao se reverter, é propriamente o que suporta a identificação entre o *a* como causa do desejo e o $(-\varphi)$ como posição a partir da qual se inscreve a hiância própria ao ato sexual.

Vocês podem ver isso claramente, há dois *wo Es war*, dois *Onde isso era*, e que correspondem inclusive à distância que escinde na teoria o inconsciente e o isso.

Há o *Onde isso era* inscrito no âmbito do sujeito e que permanece fixado ao sujeito como falta. O outro *Onde isso era* tem um lugar oposto, embaixo à direita, está inscrito no lugar do inconsciente e permanece fixado ao *Não sou* do inconsciente como objeto, objeto de perda. O objeto perdido inicial de toda a gênese analítica, aquele que Freud repisa em todos os tempos do nascimento do inconsciente, ele está ali, esse objeto perdido, causa do desejo. Teremos de vê-lo no princípio do ato.

Isso é apenas um anúncio. Não vou justificá-lo imediatamente, ainda precisamos percorrer um trecho antes de ter certeza, precisamos nos deter nisso por um tempo. Aliás diremos que em geral só vale a pena se deter por um tempo em algo para perceber o tempo que se passou sem saber disso. Para retomar, em vez de dizer *passado*, mais vale dizer *passante*, e, se me permitirem brincar com as palavras, *passo-sem o saber** [*pas-sans le savoir*]. Ou seja: com o saber, isso é passado. Justamente, o saber, é porque lhes expus o resultado de meus esquemas do ano passado, que suponho que vocês saibam, se é que não há nisso algum abuso. Sim, foi com esse saber que o passei, esse tempo, rápido demais, isto é, na pressa. Como vocês sabem, a pressa é justamente o que deixa escapar a verdade. Aliás, isso nos permite viver.

A verdade é que a falta, no alto à esquerda, é a perda, embaixo à direita. Mas a perda, por sua vez, é a causa de outra coisa. Chamamos a isso *causa de si*, evidentemente, com a condição de que vocês não se enganem. Deus é causa de si, nos diz Spinoza. Acreditava ele dizer algo tão certo? Por que não, afinal? Era alguém muito poderoso. É certo que o fato de atribuir a Deus a causa de si dissipou toda a ambiguidade do *cogito*. O que lhes exponho poderia ter pretensão semelhante, pelo menos na mente de alguns.

Se a expressão "causa de si" quer dizer algo é precisamente nos indicar a relação que o si mantém com a causa — ou o que chamamos assim, em outras palavras o sujeito. É preciso que todo mundo chegue a esse ponto, pois mesmo no universo anglo-saxão, em que não se entende nada de nada quanto a essas questões, a palavra *Self* teve de ser sacada, uma palavra que não se adapta em lugar nenhum na teoria analítica, pois nada lhe corresponde. A experiência analítica nos

* Homofonia passante (*pas-sans*). O passo designa igualmente a negação (*pas*) e o passo (*pas*). (N. T.)

lembra isso, o sujeito depende dessa causa que o divide e que se chama objeto *a*. Isto é o que designa o que é importante destacar — que o sujeito não é causa de si, ele é consequência da perda, e seria preciso que ele se colocasse na consequência da perda, aquela que constitui o objeto *a*, para saber o que lhe falta.

É por isso que digo que estávamos indo rápido demais na enunciação, tal como eu a havia feito, dessas duas pontas da diagonal — da esquerda para a direita e de cima para baixo — dos dois termos desmembrados da primeira divisão. Supõe-se que se saiba disso no enunciado: que o *Onde isso era* é falta a partir do sujeito. Ela só o é verdadeiramente se o sujeito se faz perda. Ora, é isso que ele não pode pensar em fazer a si mesmo. *Penso*, diz ele, *logo sou* — ele se rejeita de modo invencível no ser desse falso ato que se chama de *cogito*.

O ato do *cogito* é o erro sobre o ser, tal como vemos na alienação que dele resulta, alienação do corpo, que é rejeitado na sua extensão. A rejeição do corpo, para fora do pensamento, é a grande *Verwerfung* de Descartes. Ela é designada por seu efeito, a saber, que ele reaparece no real, isto é, no impossível.

É impossível que uma máquina seja um corpo. É por isso que o saber o prova, cada vez mais, desmembrando-a em peças soltas. Estamos imersos nessa aventura, não preciso fazer alusões a isso.

Mas deixemos nosso Descartes de lado por hoje e voltemos à pontuação que precisamos dar ao nosso desenvolvimento.

5

O sujeito do ato analítico não pode saber nada do que se apreende na experiência analítica, exceto que nela opera o que chamamos de transferência. A transferência, eu a restaurei completamente ao remetê-la ao sujeito suposto saber.

O fim da análise consiste na queda do sujeito suposto saber e na sua redução ao advento do objeto *a* como causa da divisão do sujeito. Esse objeto ocupa a posição do sujeito suposto saber. É ele quem, com o psicanalisante, joga fantasmaticamente a partida em relação ao sujeito suposto saber, ou seja, o analista, que, ao final da análise, vem a suportar não ser nada além desse resto — esse resto da coisa caída que se chama objeto *a*. É em torno disso que nossa questão deve girar.

Não devemos ver isso? O analisante que chegou ao final da análise não opera a passagem — o ato, se é que se pode chamar assim — que o leva a se tornar o psicanalista senão pelo ato que recoloca em seu lugar o sujeito suposto saber. Vejamos agora essa posição em que ele está, porque pode ser ocupada. Mas só o é na medida em que aquele que até então garantiu o sujeito suposto saber por meio de seu ato — ou seja, o psicanalista — reduziu-se a esse objeto *a*.

Aquele que, ao final de uma análise didática, retira, por assim dizer, a luva desse ato, não podemos omitir que ele o faz ciente de que seu analista se tornou, na própria realização [*accomplissement*] desse ato, esse resíduo, esse dejeto, essa coisa rejeitada. Ao restaurar o sujeito suposto saber, ao recuperar a tocha do analista, não há como não se instalar o *a*, mesmo que de modo intocado, no sujeito suposto saber.

Esse sujeito suposto saber, que ele só pode retomar, porque essa é a condição de todo ato analítico, ele sabe, nesse momento em que está nisso que chamei de passe, que aí é o des-ser que, por meio dele, o psicanalisante atingiu o ser do analista. Digo, sem tocá-lo, que é assim que ele se envolve. De fato, desse des-ser instituído no ponto do sujeito suposto saber, ele, o sujeito no passe, no momento do ato analítico, nada sabe — justamente porque se tornou a verdade desse saber. Uma verdade que é alcançada *passo-sem o saber*, conforme eu dizia há pouco, e isso é incurável — somos essa verdade.

No começo, o ato analítico funciona com o sujeito suposto saber falseado, por assim dizer, pois ele se revela agora o que era bem simples de ver imediatamente, a saber, que é ele quem está na *Arkhé* da lógica analítica. Se aquele que se torna analista pudesse ser curado da verdade que ele se tornou, ele saberia marcar o que aconteceu de mudança no sujeito suposto saber. Essa mudança é o que marcamos em nosso grafo com o significante de A barrado [S(Ⱥ)]. Seria preciso dar-se conta de que o sujeito suposto saber, no final da análise, é reduzido ao mesmo *Não ser aí* [*N'y pas être*] que é o que caracteriza o próprio inconsciente. Essa descoberta faz parte da própria operação verdade.

O questionamento do sujeito suposto saber, a subversão do que ele implica, diria eu, todo o funcionamento de saber, eu já interroguei várias vezes diante de vocês desta forma: *Então esse saber, seja aquele do número transfinito de Cantor ou o do desejo do analista, onde estava ele antes que soubéssemos?* Apenas a partir daí se pode, talvez, proceder a uma ressurgência do ser.

Sua reinterpelação poderia se dar a partir do significante do Outro enfim esvaecido em direção ao que o substitui, a saber, o objeto *a*, já que também é do seu campo, do campo do Outro, que esse significante foi arrancado. Mas isso se daria com a condição de perceber que o ser, tal como pode surgir de qualquer ato que seja, é ser sem essência — como são sem essência todos os objetos *a*. É isso que os caracteriza.

Esses objetos sem essência estão no ato, sendo ou não reevocados, a partir dessa espécie de sujeito que, como veremos, é o sujeito do ato, de todo ato, eu diria. Como o sujeito suposto saber no fim da experiência analítica, é um sujeito que, no ato, não está aí.

10 de janeiro de 1968

VI
Tornar-se Dejeto

Des-ser do sujeito suposto saber
O ato em falso
Hegel, Aristóteles, Kant
Lógica da psicanálise
Tornar-se psicanalista

Ao falar do ato psicanalítico, tenho, por assim dizer, duas ambições, uma longa e outra curta. A curta é necessariamente a melhor. A longa, que não pode ser descartada, é a de esclarecer o que é o ato. A curta é saber em que o ato é do psicanalista.

Já falei do psicanalista em alguns escritos passados, e disse que partia apenas disso: que há psicanalista. A questão de saber se há *o* psicanalista também não deve de modo algum ser posta em suspenso, trata-se de saber como há *um* psicanalista. É uma questão que se apresenta aí mais ou menos nos mesmos termos do que em lógica é chamado de questão da existência.

O ato psicanalítico, se é um ato, nos coloca a questão de articulá-lo, de dizê-lo, o que é legítimo, e, até, indo mais longe, de dizer o que o ato implica em termos de consequências, na medida em que o ato é, ele mesmo, por sua própria dimensão, um dizer. O ato diz algo. Foi daí que partimos desde o ano passado.

Essa dimensão é percebida desde sempre. Ela está presente no fato, na experiência. Basta evocar por um instante expressões marcantes, frases que agiram, como aquela de *agir segundo sua consciência*, para captar do que se trata. Agir segundo sua consciência é aí uma espécie de ponto mediano em torno do qual se pode dizer que girou a história do ato, ou que se pode tomar como ponto de partida para situá-la. Agir segundo sua consciência, por que e diante de quem?

A dimensão do Outro, na medida em que o ato vem atestar algo, não é mais eliminável. Isso quer dizer que está aí o verdadeiro ponto de virada, o centro de gravidade? Será que podemos, mesmo por um instante, sustentar isso de onde estamos? Ou seja, de onde a consciência como tal é questionada? Questionada acerca da medida que pode dar a quê? Seguramente não ao saber, nem à verdade.

É desse ponto que recomeçamos, nos precavendo quanto ao que ainda não está definido, ao que ainda não está realmente delimitado, ao que apenas foi introduzido aqui, e nem sequer está suposto: o ato psicanalítico. Precisamos reexaminar o ponto de equilíbrio em torno do qual gravita a questão do que é o ato.

1

No horizonte da questão do ato certamente há um rumor que vem de longe. Ele vem dos tempos que chamamos de clássicos.

Sabemos tudo o que em nossa Antiguidade foi dito acerca do sujeito do ato exemplar, do ato meritório. Nesse plutarquismo, se quiserem, seguramente sentimos que há um pouco de estima de si demais ao entrar no jogo. E, no entanto, será que estamos tão distanciados disso?

Nossa vantagem hoje não poderia se apoiar em nada além disso: que retomamos a questão do ato em um discurso sobre o sujeito e que a mais rigorosa disciplina nos fez estreitar o ponto de apoio desse sujeito, impondo que tomássemos como certa apenas a dimensão por meio da qual ele é o sujeito gramatical.

Entendamos bem que isso não é novo. Já no ano passado, em nossa apresentação da lógica do fantasma, marcamos na sua posição a posição do *Não penso*, essa forma do sujeito que aparecia como que em fragmento no campo reservado a ele. A dimensão da gramática, nós a encontramos no fantasma, acerca do qual vimos que poderia ser literalmente dominado por uma frase que só se concebe, só se mantém a partir da dimensão gramatical — *Ein Kind wird geschlagen*, "Uma criança é surrada".

Em nome do princípio de que não há metalinguagem, que situamos como disciplinar, a própria lógica deve ser extraída desse dado que é a linguagem. É para nós o dado mais certo. Foi também em torno dessa lógica que fizemos girar a tripla operação à qual demos a forma — como tentativa, ensaio, adivinhação, risco — do grupo de Klein.

No encadeamento pelo qual abordamos essas três operações, começamos por marcar os termos alienação, verdade e transferência. Certamente são apenas marcações. Ao percorrê-las em certo sentido, somos forçados — para nos situar, para suportar o que elas podem representar para nós — a dar-lhes outro nome, com a condição, é claro, de que percebamos que se trata do mesmo trajeto.

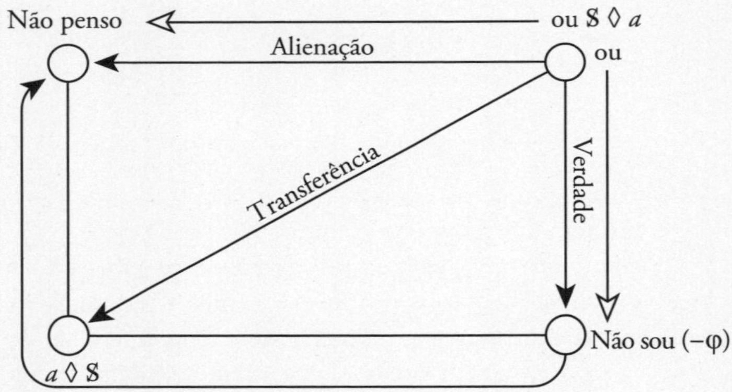

Entre dois sujeitos

A subversão do sujeito, já a articulamos o suficiente nos últimos dez anos para que concebamos qual é o sentido que esse termo adquire no momento em que dizemos que é daí que devemos retomar a função do ato.

Nesse tetraedro, tudo se dá entre o sujeito gramatical, o *Eu* da ação, aquele que está inscrito na noção mesma de ato, no modo como nos é presentificado, e o sujeito articulado nos termos escorregadios, sempre prestes a nos escapar, de um deslocamento, de um salto para um dos extremos.

Lembro-lhes as funções dos termos em jogo. No alto à direita, a posição do *ou-ou*, de onde parte a alienação originária, aquela que desemboca no *Não penso*. Para que isso possa ser escolhido — e o que quer dizer essa escolha? —, o *Não sou* articula aí o outro termo. Há também os vetores, ou mais exatamente as direções nas quais são tomadas as operações fundamentais que lembrei há pouco: alienação, verdade e transferência. O que isso quer dizer? Para onde nos conduz?

O ato psicanalítico, nós o situamos por consistir em ser o suporte da transferência. Não dizemos que ele é o suporte daquele que realiza o ato, o psicanalista, portanto, implicitamente. Essa transferência seria uma pura e simples obscenidade, duplicada por algaravias, se não lhe devolvêssemos seu verdadeiro nó pela função do sujeito suposto saber. Fizemos isso depois de um tempo, demonstrando que tudo o que se articula, por sua diversidade, como efeito de transferência só poderia se organizar se estivesse relacionado a essa função realmente fundamental, presente por todo lado, em tudo o que diz respeito a qualquer progresso de saber. Ela adquire aqui seu valor pelo fato de a existência do inconsciente questioná-la — questão nunca trazida como tal, por estarmos sempre aí, como se diz, implicitamente. A resposta passa até despercebida — a partir do momento em que há saber, há sujeito. E é preciso alguma defasagem, alguma fissura, algum abalo, algum momento de manobra nesse saber, para que de repente se perceba que ele sabia antes — para que, assim, esse saber se renove. Isso apenas se destaca no momento em que a coisa se passa, mas é o campo da psicanálise que o torna inevitável.

O que acontece com o sujeito suposto saber quando temos que nos haver com essa espécie de impensável que no inconsciente nos situa um saber sem sujeito? Podemos evidentemente não perceber e continuar considerando que o sujeito está implicado nesse saber, pura e simplesmente sob a condição de deixar escapar tudo o que diz respeito à eficiência do recalcamento.

O recalcamento não é concebível de outro modo senão deste: que o significante presente no inconsciente e suscetível de retorno está precisamente recalcado pelo fato de que não implica sujeito, de que não é mais o que representa um sujeito para outro significante, de que se articula com outro significante sem, contudo, representar o sujeito. Não há outra definição possível da função do inconsciente, na medida em que o inconsciente freudiano não é apenas um implícito, ou um obscurecido, ou um arcaico, ou um primitivo. O inconsciente está sempre em um registro completamente diferente, no movimento que se instaura como fazer pelo ato de suportar ou de aceitar suportar a transferência.

A questão é saber o que esse sujeito suposto saber se torna. Em princípio, o psicanalista sabe isso, sabe o que ele se torna. Seguramente ele cai. Algo que está implicado teoricamente na suspensão do sujeito suposto saber, nesse traço de supressão, nessa barra sobre o S que a simboliza no devir da análise e manifesta-se no fato de que algo se produz em uma posição que decerto não é indiferente ao psicanalista, uma vez que é na sua própria posição que essa coisa surge. Essa coisa se chama objeto pequeno *a*.

O objeto pequeno *a* é a realização dessa espécie de des-ser que atinge o sujeito suposto saber. Não há dúvida de que seja o analista como tal que venha a essa posição. Isso se manifesta em todas as inferências em que ele se sentiu implicado, a ponto de não poder fazer nada além de infletir seu pensamento sobre sua prática no sentido da dialética da frustração. Isto se deve ao fato de que ele próprio se apresenta como a substância da qual se faz joguete e manipulação no fazer analítico. Mas isso é justamente desconhecer o que há de distinto entre esse fazer e o ato que o institui.

Esse ato, parti dele há pouco, definindo-o como aceitação, suporte fornecido pelo psicanalista ao sujeito suposto saber, e isso ainda que ele saiba que esse sujeito suposto saber está votado ao des-ser. Trata-se, portanto, de um ato em falso, por assim dizer, pois ele não é o sujeito suposto saber, pois não pode sê-lo. E, se há alguém que sabe disso, é o psicanalista, acima de todos.

Por que não lhes lembrar imediatamente as coordenadas do ato em outros registros, em outros enunciados, com o risco de ser necessário voltar a elas para torná-las familiares?

É o sujeito já alienado — em certo sentido ingênuo da alienação, sentido que o psicanalista sabe ser definido pelo *Não penso* — que o psicanalista põe na tarefa analítica, a de um *Penso* que adquire toda a sua ênfase pelo fato de que ele sabe que o *Não penso* é inerente ao estatuto do sujeito. Ele o põe na tarefa de um pensamento que se apresenta de certo modo — em seu próprio enunciado, na regra que lhe é dada por ele — como admitindo a verdade fundamental do *Não penso*. O sujeito associa, e livremente. Ele não busca saber se está inteiramente presente nisso como sujeito, se se afirma nisso. A tarefa cujo estatuto é fornecido pelo ato psicanalítico já implica a destituição do sujeito. Para onde isso nos conduz?

Não é preciso passar seu tempo esquecendo o que Freud articula expressamente sobre o resultado da operação. Isso tem um nome, e

Freud não nos poupou de dizê-lo. Sobretudo, deve-se destacar que, como experiência subjetiva, isso nunca havia sido isolado, antes da psicanálise. E se chama castração.

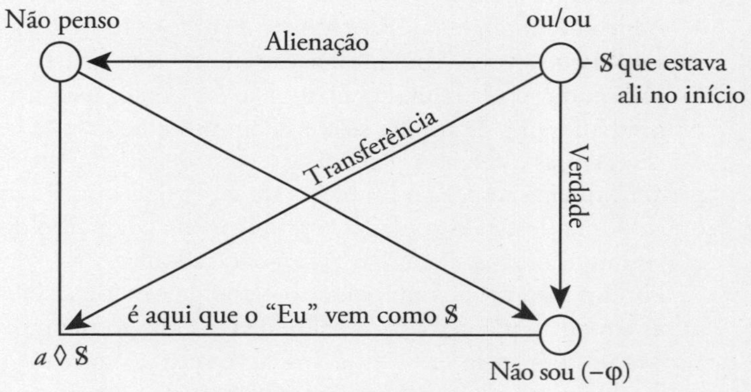

A castração no tetraedro

Se a castração deve ser tomada na sua dimensão de experiência subjetiva, é porque em parte alguma o sujeito se realiza, a não ser por essa via. Ele só se realiza exatamente como falta. Isso quer dizer que a experiência subjetiva desemboca nisso que simbolizamos pelo (−φ).

Todo uso da letra se justifica por demonstrar que não basta recorrer à sua manipulação para não se enganar; desde que se saiba servir-se dela, podemos tentar acrescentar aí um *existe.*

Esse *existe*, no começo da minha fala de hoje eu o evocava em relação ao psicanalista. Mas o que está em questão aqui é o *existe* de uma falta, e temos de dar-lhe encarnação no que lhe confere efetivamente seu nome: a castração. É que o sujeito se dá conta de que não tem um órgão disso que chamarei de gozo único, unário, unificador. Trata-se daquilo que torna *uno* o gozo na conjunção de sujeitos de sexo oposto.

Insisti nesse ponto no ano passado, ao destacar que não há realização possível do sujeito como elemento, como parceiro sexuado, naquilo que se imagina como unificação no ato sexual. Há incomensurabilidade.

Essa incomensurabilidade, tentei circunscrevê-la com vocês no ano passado utilizando o número áureo, porque é o símbolo que permite que ela opere de modo mais amplo. É algo sobre o qual não pude insistir, porque é do registro matemático. Foi o pequeno *a* que retomei, não sem intenção, para simbolizá-lo por meio do número áureo.

A incomensurabilidade do pequeno *a* em relação ao 1: é aí que está em jogo o que aparece como realização subjetiva ao final da tarefa psicanalítica, ou seja, a falta. Essa falta não é o órgão. Isso não deixa de ter um panorama de fundo, se consideramos que o órgão e a função são duas coisas diferentes. Para dizer a verdade, são tão diferentes que periodicamente retorna o problema de saber qual função dar a cada órgão. É aí que está o verdadeiro problema da adaptação do vivo — quanto mais órgãos ele tem, mais embaraçado fica.

Por um instante abandonamos o plano da experiência lógica para saltar em outro plano, o da relação do vivo consigo mesmo, o que só abordamos por meio desse esquema da aventura subjetiva. Portanto, temos de lembrar que, sob o ponto de vista do vivo, tudo isso pode ser considerado, afinal, como um artefato. Que a lógica seja o lugar da verdade não muda nada aí, pois a questão que vem à tona é justamente esta, à qual não poderíamos dar todo o destaque em seu tempo: o que é a verdade?

Essas duas linhas — a primeira que vai do *ou-ou* para o *Não penso*, a outra que a partir desse ponto se direciona para o *Não sou* — traçam o que designei como a tarefa. É o caminho percorrido pelo psicanalisante na medida em que ele fala, sujeito ingênuo que também é o sujeito alienado, até a realização da falta.

No início, no alto e à direita, essa falta não está, eu os fiz notá-la da última vez, aquela em relação à qual sabemos que virá no lugar do *Não sou*, embaixo e à direita. A falta que estava ali no início é aquela sobre a qual se sabe, desde sempre, que é a essência mesma desse sujeito que algumas vezes é chamado de homem. Do homem, é o desejo que é, já dissemos, a essência. O que se passa no decurso de uma análise? Simplesmente essa falta faz um progresso essencialmente lógico na articulação de sua função de *organum*, na realização como tal da falta fálica, $(-\varphi)$.

Esse progresso envolve o fato de que a perda seja realizada em outra parte. Ela o é precisamente no âmbito do des-ser do sujeito suposto saber. Foi daí que parti, pois a perda estava lá primeiramente, nesse mesmo ponto de partida, antes mesmo que o trajeto fosse percorrido.

Freud sempre formulou isso de maneira expressa: a perda do objeto está na origem do estatuto do inconsciente.

Aquele que dá seu suporte à transferência está ali abaixo da linha assim designada. Ele sabe de onde partiu. O que não quer dizer que esteja a par. Ele sabe muito bem que não está ali, que não é o sujeito suposto saber. Mas o que ele sabe é que reencontra o des-ser que o sujeito suposto saber sofre, e que, afinal, é ele, o analista, que dá corpo, sob a forma do objeto pequeno *a*, ao que esse sujeito se torna.

Assim, como é de esperar, como está de acordo com toda noção de estrutura, a função de alienação que estava no início, e que nos fazia partir do topo do sujeito alienado, no final encontra-se igual a si mesma, como se diz, no sentido de que o sujeito se realizou em sua castração pela via — alienada — de uma operação lógica. O sujeito remete ao Outro esse objeto perdido, ele o descarrega no analista, cuja função é esta.

Na gênese, podemos conceber que é desse objeto perdido que se origina toda a estrutura. No processo em questão, o pequeno *a* vem aqui, embaixo à direita, e se separa do (–φ), que, no final da análise, é idealmente a realização do sujeito.

2

Há um segundo tempo nessa enunciação que faço.

Abro aqui um parêntese para situar aquilo diante do qual me detive há pouco ao fazer a respeito dele o que deveria ter feito, uma introdução. Darei agora um lembrete sobre ele.

Se me refiro ao *cogito* de Descartes, não é por acaso, nem por uma brincadeira de colegial, nem pela ideia de tomar um ponto familiar acerca do qual alguém lhes fez cócegas no cérebro no final do ensino médio. É porque ele carrega em si um elemento particularmente favorável para realojar ali a sutileza freudiana. Certamente não é preciso demonstrar aí qualquer coerência histórica, como se tudo isso pudesse ser reunido de século a século em uma espécie de progresso, quando é evidente demais que, se há algo que isso evoca, é sobretudo a ideia de labirinto. Que importa? Deixemos Descartes.

Ao olhar de perto esse *cogito*, observem que o sujeito que ali é suposto como ser pode muito bem ser aquele do pensamento, mas de qual pensamento, em suma? Desse pensamento que vem a rejeitar todo saber. Não se trata do que fazem a partir de Descartes aqueles que meditam sobre a imediatez do *Sou* para o *Penso*, evidência que, a seu critério, eles tornam consistente ou fugidia. Trata-se do ato cartesiano ele mesmo, na medida em que é um ato.

O que nos é relatado e dito? Que é precisamente ao dizê-lo que o *cogito* é ato. O *Sou* é o ponto em que se acaba a suspensão de todo saber possível, mas o que o assegura? É o fato de ser um pensamento do *cogito*? Ou será que é a rejeição do saber?

Vale a pena formular a questão se se pensa naquilo que nos manuais de filosofia é chamado de sucessores. Fala-se da posteridade de um pensamento filosófico tomando-o como se fosse apenas a retomada de pedaços de melaço [*melasse*] para com ele fazer outra mistura [*mélange*], quando se trata a cada vez de uma renovação, de um ato que não é necessariamente o mesmo.

Se apreendermos Hegel, encontraremos ali ainda, como por todo lado, a suspensão do sujeito suposto saber, exceto pelo fato de que não é à toa que esse sujeito está destinado a nos fornecer o saber absoluto ao fim da aventura. Para ver o que isso quer dizer, é preciso olhar um pouco mais de perto e — por que não? — olhar no início.

No início da *Fenomenologia do espírito*, que se institui expressamente por se engendrar a partir da função de ato, há um saber que deverá traçar seu caminho até se tornar esse impecável saber absoluto em relação ao qual podemos nos perguntar — não sem razão de fazê-lo, dado que Hegel o formula — o que poderá manter aí o sujeito, mesmo que por um só instante. Será que a mitologia da luta até a morte por puro prestígio não torna visível que esse saber de origem que nos é apresentado como tal é o saber da morte? Ou seja, uma outra forma, extrema, radical, da suspensão do sujeito suposto saber como fundamento mesmo do sujeito do saber.

Ao tornar a interrogar isso sob o ponto de vista das consequências, é fácil para nós perceber que o que a experiência psicanalítica propõe como objeto pequeno *a* — na via de meu discurso, na medida em que ele só faz apontar e resumir o que dessa experiência se articula por todo lado, e lhe dar seu sinal e seu sentido — é o que, na desordem e na confusão que o engendram, esse objeto *a*, não vemos que ele vem à mesma posição em que está, no âmbito de Descartes, a rejeição do saber e no âmbito de Hegel, o saber como saber da morte?

Seguramente sua função está aí. Esse saber da morte está articulado precisamente na luta até a morte por puro prestígio, na medida em que ela funda o estatuto do senhor. De fato, o senhor não se institui de outro modo senão renunciando ao gozo em um ato decisivo para se fazer sujeito da morte. Da mesma forma, pode-se dizer que é da luta até a morte que decorre a *Aufhebung* do gozo.

É aqui que surge a objeção que podemos fazer a essa construção, como já destaquei em momento oportuno. Resta, de fato, um paradoxo inexplicado em Hegel. É para o senhor, nos diz ele, que o gozo retorna dessa *Aufhebung*. Algumas vezes perguntamos: E por quê? Se for para não renunciar ao gozo que o escravo se torna escravo, por que não ficaria com o gozo afinal? Por que ele retornaria ao senhor, cujo estatuto é justamente o de haver renunciado a ele? A menos que lhe retorne sob outra forma, mas então talvez possamos exigir um pouco mais do que o truque de Hegel, mais do que a maestria hegeliana para nos darmos conta disso.

Não seria um teste frágil poder perceber que a dialética freudiana nos fornece um manejo mais rigoroso, mais exato e mais de acordo com a experiência do que aquele que se refere ao devir do gozo depois da primeira alienação.

Trata-se do masoquismo. Já indiquei isso o bastante para que se saiba o que quero dizer aqui. Certamente não podemos nos deter nisso hoje, mas era preciso que o começo fosse indicado no seu devido lugar.

Apresento aqui apenas um caminho a retomar. Por ora, sigamos nosso caminho em função do que é o ato psicanalítico.

3

Até aqui não fizemos nada além de demonstrar o que o ato psicanalítico engendra por seu fazer. Para dar um passo adiante, voltemos ao único ponto em que o ato pode ser questionado, ou seja, seu ponto de origem.

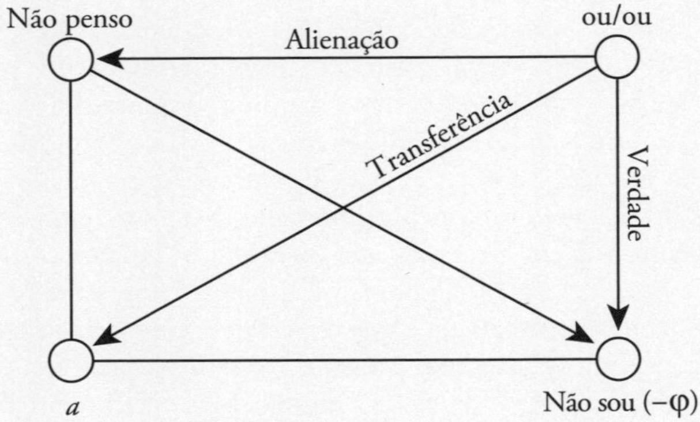

Esquema do tetraedro

O que nos é dito? Já evoquei isso da última vez — é ao termo de uma psicanálise que se supõe concluída que o psicanalisante pode se tornar psicanalista. Não se trata de modo algum de justificar a possibilidade dessa junção, mas de situá-la como articulada e submetê-la à prova de nosso esquema tetraédrico.

Encontra-se abaixo à direita o sujeito que cumpriu a tarefa ao final da qual se realizou como sujeito na castração, como falha produzida no gozo da união sexual.

O trajeto do analisante

Por uma rotação ou uma báscula em certo número de graus (a 180°, tal como está desenhado na figura), devemos ver o que se realizou voltar à posição de partida — com a diferença de que o sujeito que volta acima à esquerda sabe o que é a experiência subjetiva, e que essa experiência implica também que à esquerda reste o que se tornou aquele cujo ato é responsável pelo caminho percorrido. Em outros termos, para o analista, tal como o vemos surgir no âmbito de seu ato, já há saber sobre o des-ser do sujeito suposto saber, na medida em que essa é a posição inicial necessária de toda essa lógica.

É exatamente por essa razão que se impõe a questão do que significa para ele esse ato que há pouco definimos como ato em falso. Qual é a medida de esclarecimento de seu ato, dado que ele já é agora, ele próprio, a verdade desse ato, na medida em que percorreu o caminho que lhe é permitido? Foi a questão que formulei da última vez ao dizer que uma verdade conquistada *pas-sem o saber* [*pas-sans le savoir*] é uma verdade que qualifiquei como incurável.

A báscula de toda a figura é apenas para poder explicar a conquista, fruto da tarefa, que constitui a passagem do sujeito à posição daquele que atravessa o ato a partir do qual essa tarefa pode se repetir. O sujeito barrado que estava no início acima à direita, no *ou/ou* do *Ou não penso, ou não sou*, vem aqui no alto à esquerda.

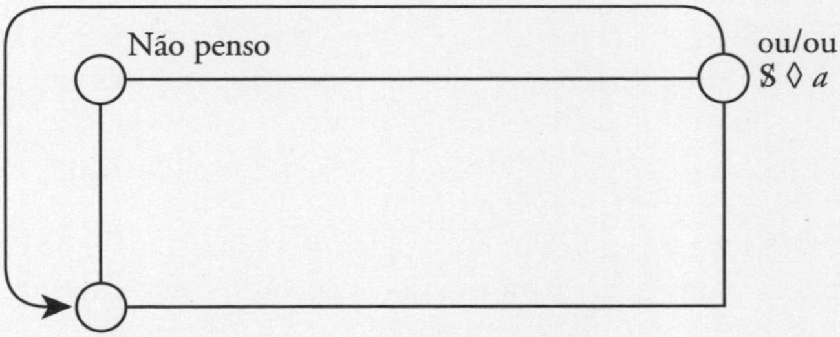

Báscula

Efetivamente, a partir do momento em que o psicanalista faz uma intervenção significante, o ato se mistura com a tarefa que ele sustenta. É por isso que, por menos que seja, ele age propriamente no decorrer da tarefa. Espera-se dele que seja capaz dessa imisção significante que não é suscetível de nenhuma generalização que possa, estritamente falando, ser chamada de saber.

O que a interpretação analítica engendra só pode ser evocado de uma forma que lhes peço notar o quanto é contrária a tudo que até aqui foi qualificado como universal. É, por assim dizer, essa espécie de particular que é chamado de chave universal. É a chave que abre todas as caixas. Como diabos concebê-la? E o que significa oferecer-se como aquele que dispõe de algo que de início só pode ser definido como um particular qualquer? O que dizer do estatuto daquele que, no ponto $\$$ do sujeito, pode fazer com que exista algo que responda na tarefa, e não no ato fundador, ao sujeito suposto saber?

Essa é a questão que deixo aqui apenas esboçada e que por sua vez lança outra: o que é preciso que seja possível para que haja um analista? Repito: isso de que partimos, no ponto acima e à esquerda do esquema, era preciso que houvesse ali algum psicanalista para que toda essa esquematização fosse possível, para que a lógica da psicanálise existisse.

Quando, depois de ter percorrido ele mesmo o caminho psicanalítico, o psicanalisante se põe ali, ele já sabe aonde o conduzirá o caminho que percorrerá novamente como psicanalista: ao des-ser do sujeito suposto saber, a não ser nada além do suporte do objeto pequeno *a*.

É preciso lembrar aqui que uma das coordenadas do ato psicanalítico é precisamente excluir da experiência todo ato, toda injunção de ato. Àquele que é chamado de paciente — o psicanalisante, para nomeá-lo — é recomendado esperar tanto quanto possível para agir, e, se algo caracteriza a posição do psicanalista, é precisamente que ele só age no campo da intervenção significante que delimitei há pouco. Esta não é uma oportunidade de percebermos que o estatuto de todo ato sai disso totalmente renovado?

Caberá a nós percebermos, pelos vestígios, o que queremos dizer quando falamos do estatuto do ato, sem que possamos sequer nos permitir acrescentar: do ato humano.

Se há algum lugar onde o psicanalista ao mesmo tempo não se conhece e é também o ponto em que ele existe, seguramente é na medida em que ele é sujeito dividido, inclusive em seu ato. Dividido, ele não o é menos ao final, onde é esperado, pois o objeto pequeno *a* de que se trata não é o seu, mas aquele que, dele como Outro, requer o psicanalisante, para que, com ele, seja dele rejeitado. Não está aí uma figura que nos abre para o que se passa no destino de todo ato, e isso sob diversas formas?

É através da figura do herói que, desde sempre, a Antiguidade tentou situar em toda a sua amplitude e em toda a sua dramaticidade o que é um ato. Decerto não porque nesse mesmo tempo o saber não fosse orientado para outros vestígios, pois é também o tempo em que se buscou em um bem a razão do ato sábio — e, na verdade, não há nada ali que deva ser menosprezado.

O fruto do ato — aí está o que parecia fornecer à ética a sua primeira medida —, retomei-o oportunamente, a começar pela ética de Aristóteles. A *Ética a Nicômaco* parte do pressuposto de que há um bem no âmbito do prazer e que uma sucessão adequada seguida no registro do prazer nos levará à concepção do Soberano Bem. Fica evidente que estava ali, a seu modo, uma espécie de ato que tem seu lugar no encadeamento de todo ato filosófico. O modo como podemos julgá-lo não tem nenhuma importância aqui.

Aquele era também um tempo em que sabemos que se aparelhava um questionamento completamente diferente sobre o que se passava com o ato, isto é, uma interrogação trágica. Esta se remetia a um divino obscuro. Se há uma dimensão, uma força que não era suposta saber, ela é exatamente a da *Ananké* antiga, na medida em que estava personificada naquelas espécies de lunáticos perigosos que eram os deuses.

Meçam a distância percorrida entre essa perspectiva do ato e aquela de Kant. Se há algo que de outro modo torna necessário o nosso enunciado do ato como um dizer é exatamente a condição que lhe é dada por Kant, de que deve ser regulada por uma espécie de máxima que possa ter alcance universal. É também o que tive o prazer de caricaturar ao associá-la a uma regra tal como enunciada pela fantasmagoria de Sade.

Entre esses dois extremos, falo de Aristóteles e de Kant, a referência ao Outro, considerada como tal, é aquela igualmente burlesca, fornecida pela direção religiosa, pelo menos na sua forma clássica. O limite do ato aos olhos de Deus seria dado pelo que se chama de intenção reta. Será possível iniciar um caminho de engodo mais estabelecido do que situar essa medida no princípio do valor do ato? Pode a intenção reta em um ato, em qualquer coisa, apagar por um só instante a questão acerca do fruto desse ato?

Freud não foi o primeiro a nos permitir sair desses círculos fechados. Sobre o valor de uma boa intenção, temos uma crítica absolutamente eficaz, explícita e manejável, naquilo que Hegel articula sobre a lei do coração ou do delírio da presunção. Não basta se levantar contra a desordem do mundo para não se fazer permanentemente o suporte dessa desordem através desse mesmo protesto. Temos vários modelos disso, fornecidos pelo pensamento, justamente aquele que sucedeu o ato do *cogito*. Quando a ordem, surgida a partir da lei do coração, é destruída pela crítica da *Fenomenologia do espírito*, o que vemos senão o retorno, que só posso qualificar como ofensivo, da astúcia da razão?

É aí que temos de perceber que toda essa linhagem de reflexão desembocou muito especialmente em algo que é chamado de ato político. Ela engendrou, efetivamente, não apenas meditações políticas, mas atos políticos — e nisso eu não faço distinção alguma entre a especulação de Marx e o modo como ela foi posta em ato neste ou naquele contorno da Revolução. Decerto eram atos, no sentido de que se tratava de um dizer, e precisamente em nome de Fulano de Tal, e que trouxeram certo número de mudanças decisivas. Não seria possível reexaminar esses atos no mesmo registro que aquele no qual desemboca hoje o que se esboça do ato psicanalítico, em que ao mesmo tempo ele é e não é?

Da última vez ensinei-os a reler a palavra de ordem que Freud dá à análise do inconsciente: *wo Es war*, diz ele, *soll Ich werden*. Em virtude dessa fórmula, o que designo para vocês pode ser dito da seguinte maneira, se me permitirem escrever esse *S* com a barra, *Wo $\cancel{S}$ tat*, ali onde o significante agia, com o duplo sentido de que ele acaba de cessar de agir e que ia justamente agir — não o *soll Ich werden*, mas *muß Ich*, eu que ajo, eu que lanço ao mundo essa coisa à qual alguém poderia se endereçar como a uma razão, *muß Ich (a) werden*, eu, pelo que introduzo como nova ordem no mundo, devo tornar-me o dejeto.

Essa é a nova forma sob a qual lhes proponho questionar o que em nossa época é o estatuto do ato, na medida em que a questão pode ser novamente formulada a partir do ato psicanalítico, este ato tão singularmente aparentado a certo número de introduções originais, dentre as quais está em primeiro lugar o *cogito* cartesiano.

17 de janeiro de 1968

VII
O Ato e o Fazer

Do sujeito suposto saber ao objeto a
A resistência do psicanalista
A análise é um artefato
Lógica e gramática

Hoje haverá algo um pouco modificado em nosso pacto.

Entende-se que, de acordo com as convenções de intercâmbios, vocês me dão sua presença em troca de algo que esperam, que supostamente sairá de certo fundo e, até certo ponto — trata-se de saber qual — lhes será destinado. Em suma, vocês esperam uma aula, um curso.

Acontece de vez em quando de eu me perguntar a quem me dirijo e de onde isso fala. Vocês sabem o quanto sou cuidadoso em insistir no fato de que não poderia perder de vista, nem por um instante, a referência original de que esse discurso sobre a psicanálise se endereça a psicanalistas. O fato de haver, entre os que estão aqui reunidos para ouvir algo, tanta gente que não seja psicanalista por si só requer certo número de explicações.

Estaríamos enganados a esse respeito se nos contentássemos com explicações históricas, a saber, do encontro, ou dos encontros, dos efeitos de impulso, em uma multidão, disso que fez com que eu me encontrasse ao alcance de ser ouvido em outros lugares que não aquele de onde eu era originalmente. Claro, isso não basta para explicar as coisas. É aí que se podem comparar as referências da história e da estrutura — pois, afinal de contas, o que em geral se chama de história é essa desordem. Evidentemente há razões de estrutura.

Pareceu-me, por algumas pequenas amostras, provas, que tive, que ao menos alguns perceberam a importância do que havia sido formulado da última vez. Isso permite reunir em um ponto nodal o que começou a ser articulado por mim desde o começo de nosso ano e que, evidentemente, podia ter deixado uma impressão vaga, sobretudo quando se fala da ideia de que o que é dito em primeiro lugar são necessariamente os princípios. Em muitos casos somos forçados a proceder de outro modo, mesmo quando se tem uma referência estrutural e, sobretudo, mesmo quando se tem essa referência, uma vez que é da natureza da estrutura não poder ser fornecida de início. É preciso conquistá-la, caso contrário não vejo por que há cerca de quinze anos eu não teria partido de um esquema do tipo grupo de Klein, como aquele em relação ao qual tento por ora articular o que é o ato na perspectiva que abre o ato psicanalítico.

Haverá hoje um ponto de parada, cuja oportunidade não passa de um pretexto, o que no entanto não quer dizer que seja de menor importância. Está previsto que nos dias 31 de janeiro, 28 de fevereiro, 27 de março e 29 de maio só entrarão no Seminário os convidados. A plateia será mais reduzida, de modo a permitir uma conversa.

Isso foi previsto para dar um mínimo de algo que sempre foi difícil de manejar, a regra dos seminários fechados, com tudo o que eles comportam de complicações no modo de seleção. Sempre se estabelece nas coisas dessa ordem uma espécie de concorrência. O lugar aonde não se tem vontade de ir, começa-se a desejá-lo a partir do momento em que o coleguinha vai. Tudo isso não facilita o princípio da acolhida, mas é preciso se ocupar de estabelecer um meio de intercâmbio que tenha uma relação interna um pouco diferente. Pensei nisso hoje porque ninguém sabia — eu tinha meus motivos para não avisar — certamente que, além das pessoas da minha Escola que estavam cientes, não foram muitos os candidatos que se manifestaram.

Eis como pretendo resolver as coisas. Algo alheio à série faz com que no dia 31 eu não esteja presente. Isso não é motivo para não haver seminário fechado. Estava combinado que, à medida que forem manifestando o desejo, os membros da chamada Escola Freudiana de Paris, da qual todos sabem que me ocupo, virão até aqui no dia 31 de janeiro, e de maneira absolutamente legítima, pois também são psicanalistas. Ainda não pedi a alguém que organize esse encontro. Peço isso agora ao dr. Melman.

Havia estabelecido o princípio de que viriam a essa reunião apenas os membros da Escola que se manifestaram aqui de maneira regular o suficiente para saber o que enunciei até então. Vocês verão o quanto isso se justifica, pois darei a essa reunião um objeto cuja ideia não é unicamente a minha, longe disso. Direi mesmo que ela me foi dada pelo dr. Melman, que a propôs a mim recentemente. Trata-se de um trabalho a ser feito em torno do Seminário deste ano, de particular importância, porque é difícil imaginar que seja possível tocar em um ponto mais central para os psicanalistas do que o do ato psicanalítico, desde que essa palavra tenha um sentido.

Dei a esse sentido uma forma cuja visão espero ter se delineado o suficiente até agora. Pode-se articular isso seguindo certo número de questões sobre as quais é preciso saber se podemos responder e se são de fato questões. É precisamente o que está em aberto. Dei a este Seminário sua articulação inicial, por meio da qual podemos ver manifestar-se em seu interior alguns brancos e, em outros pontos, espaços preenchidos, ou mesmo excessivamente preenchidos, ou então absolutamente transbordantes. Daí um desequilíbrio, por não ter podido levar em conta outros aspectos. É precisamente esse o interesse da introdução do que chamamos de estrutura.

É curioso que ainda tenhamos que considerar se pode haver uma questão no plano do princípio da estrutura. Sou forçado a dizer isso em razão de certas manifestações recentes que aconteceram entre os psicanalistas. Há coisas que realmente não tive tempo de olhar, e não há garantia de que eu vá olhar de perto, mas, claro, as repercussões disso chegaram até mim. Percebe-se que essas pessoas providas de autoridade psicanalítica, de certo prestígio, praticantes honoráveis, como se diz, às vezes manifestam de modo muito singular o ponto em que as coisas estão.

Houve um tempo em que, em todo um círculo, todo mundo sabe disso, era até proibido ir se meter ao alcance de fala maldosa. E depois houve o tempo, tempo fabuloso — mas é preciso dizer que as coisas caminham lentamente nesse meio tão particular — do Congresso de Bonneval. Vocês se dão conta? 1960. Há pessoas aqui que nessa época tinham catorze anos. É imemorial, empoeirado, inacreditável. É preciso dizer que levaram cerca de seis anos para publicar as Atas.

Agradeço muito às pessoas da minha Escola por terem feito uma revista, que claramente não é a minha, que permitiu esse efeito de depósito de dejetos. Não se poderia despejar isso em outras partes, não é o lugar. Em certa revista que se chama *Francesa de Psicanálise*, está fora de questão discutir o que eu ensino, e é compreensível, pois ali não se fala de psicanálise. Então, no porta-trecos ao lado podem-

-se despejar os refugos para discutir a respeito do que eu digo sobre o significante e tudo o que falo há quatro anos, que ultrapassou amplamente a questão de saber se, no início, trata-se de significante ou não.

Há pessoas que, para discutir o que eu ensino, acharam formidável retornar ao Congresso de Bonneval. Era um túnel, o famoso túnel em que os negros lutavam sem saber quem desferia os golpes. Havia as elucubrações as mais bizarras. Havia uma pessoa chamada Lefèbvre, pessoas inacreditáveis. Havia também pessoas das mais simpáticas, dentre elas nosso caro amigo Merleau-Ponty, que interveio nessa ocasião. Mas naquele momento estava todo mundo fora da casinha. Tratava-se apenas de que, pela primeira vez, fosse discutido publicamente o que eu ensinava havia sete anos em Sainte-Anne, para um pequeno círculo.

É assim que as coisas se produzem, e é o que torna perceptível que em todo discurso há efeitos de ato. Se houvesse apenas a dimensão do discurso, deveria se espalhar mais depressa. É justamente isso que cumpre tornar a destacar — o discurso que é o meu, salta aos olhos que ele tem essa dimensão de ato no momento que falo do ato. Se olhamos de perto, é a única razão da presença das pessoas que estão aqui, pois é difícil entender, particularmente em relação a um público jovem, o que elas viriam buscar, uma vez que não estamos no plano da prestação de serviços universitários.

Não posso lhes dar nada em troca da sua presença. O que os diverte é que vocês sentem que algo acontece, que não estamos de acordo.

Isso já é um comecinho na dimensão do ato.

1

Só sei disso por ouvir dizer, mas, enfim, me afirmam que os autores dos quais eu falava há pouco são desse tipo que faz objeção a essa estrutura que nos deixaria, a nós, que somos pessoas, tão desconfortáveis. O ser da pessoa padeceria com isso. É realmente fabuloso.

Receio que estejamos aí em algo que merece, sem dúvida, análise e atenção, pois, justamente, o que diz respeito ao ser da pessoa do psicanalista só pode de fato ser apreendido quando o situamos na estrutura.

O pequeno tetraedro do qual partimos nos últimos tempos presta-se a uma multiplicidade de traduções — sejam sensíveis a isso. Aqui, em cima e à direita, o *ou-ou*. Diagonalmente opostos, a resistência, *Não penso* e esse bravo inconsciente, *Não sou*.

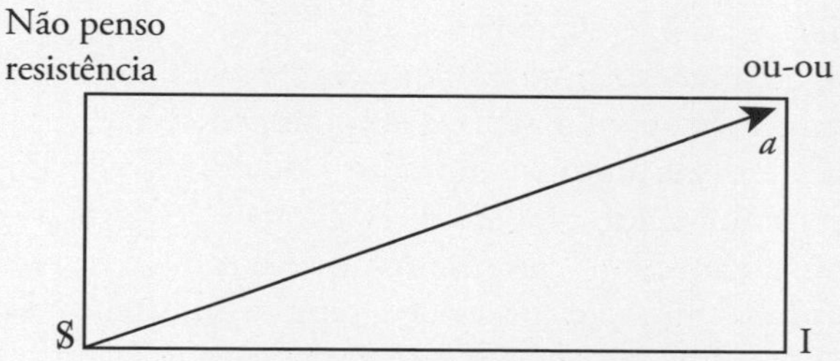

Tetraedro simplificado

O *Não penso*, ainda assim, não é um lugar reservado ao psicanalista. O psicanalista revela sua necessidade, o que é absolutamente outra coisa. Ele a revela no fato de que, se é necessário a alguém só se ocupar de pensamentos de não pensar, o que dizer dos outros? É nisso que esse ponto de partida, acima e à direita, é instrutivo. É o ponto da escolha forçada, definição que dei da alienação em seu caráter revisado. A alienação, do modo como lhes explico aqui, constitui um pequeno aperfeiçoamento conferido à noção de alienação tal como ela foi pontuada inicialmente, antes de nós, no âmbito da produção, ou seja, da exploração social.

O *Não penso* é o que nos permite dar um sentido ao termo "alienação", que até agora foi manipulado de forma bastante abjeta. Isso reduzia a posição do psicanalisante a uma atitude que qualificarei como depreciada quando este, que em certo vocabulário é chamado a torto e a direito de paciente, resistia — o que reconduz a análise a algo que ela seguramente não é, e que ninguém cogitou fazer, a saber: uma operação de extração do coelho para fora da toca.

Dizem: *Ele resiste*. O que resiste em análise, claro, não é o sujeito. O que resiste é evidentemente o discurso, e, de forma muito precisa, tendo em vista a escolha de que se trata. Se o sujeito renuncia à posição do *Não penso*, é em direção ao polo oposto, o do *Não sou*, que é, propriamente falando, inarticulável. É certo que o que se apresenta de início na resistência é que o discurso não poderia chegar a ser algo. O quê?

Às pessoas que nos falam do ser da pessoa para com isso fazer objeção à estrutura, gostaríamos realmente de pedir que articulem o que se torna para elas o que nessa ocasião chamam de ser. Não se vê muito bem onde elas o situam. Elas falam por si mesmas. Há um certo modo de situar o ser da pessoa nos outros, que é uma operação de perfumaria bastante cômoda.

Esse ato de uma estrutura bastante excepcional que é o ato psicanalítico, trata-se de apontar em que ele pode presidir certa renovação — pois pode haver aí alguma renovação — da função do ato esclarecido que continua sendo o ponto de orientação de nossa bússola. Se uso o termo "esclarecido", não é sem acrescentar-lhe uma ressonância da *Aufklärung*. É também dizer que é sempre na direção do mesmo norte que nossa bússola aponta — e aí endosso esse norte —, mas ele pode se apresentar para nós em termos estruturados de modo um pouco diferente.

Se defini e articulei dois polos da posição do analista, e não apenas um, é na medida em que não lhe recuso de modo algum o direito à resistência. Não se vê por que o psicanalista estaria destituído disso.

O psicanalista é aquele que instaura o ato psicanalítico, ou seja, que dá sua garantia à transferência, isto é, ao sujeito suposto saber. Ele é suposto haver atravessado a experiência psicanalítica de maneira que o mínimo que se pode dizer, sem antes entrar nos debates doutrinais, é que ela deve ser, digamos, um pouco mais avançada do que nos tratamentos, de tal modo que ele deve saber o que envolve o ato psicanalítico e o sujeito suposto saber, acerca do qual lhes expliquei da última vez, porque é aqui que ele vem no esquema. Toda a sua vantagem sobre o sujeito psicanalisante, a única que ele tem, é saber pela experiência o que envolve o sujeito suposto saber, isto é, que o traçado, o vetor, a operação do ato psicanalítico devem reduzi-lo à função do objeto *a*. É o que, ao termo de uma análise, aquele que a fundou, essa análise, em um ato, a saber, o psicanalista, assim se tornou.

Tornou-se precisamente por isso: ao termo, ele se conjugou com o que não era inicialmente, falo na subjetividade do psicanalisante. No início, ele não era sujeito suposto saber. No final da análise ele se torna isso, por hipótese, direi, pois na análise, se está ali para saber algo. É no momento em que se torna analista que ele se reveste igualmente, para o psicanalisante como sujeito, da função que ocupa na dinâmica o objeto *a*.

O objeto *a* é um objeto particular no sentido de que oferece uma certa diversidade. Inclusive ela não é muito ampla, já que podemos fazê-la quádrupla, com algo vazio no centro. Esse objeto *a* como vazio é absolutamente decisivo para tudo na questão relativa à estrutura do inconsciente.

2

Permitam-me voltar um instante ao que há pouco era meu questionamento.

Alguns ainda estão ali na borda, eu sei, hesitando sobre o que há de admissível ou não em uma teoria suficientemente desenvolvida para que não seja mais questão de discutir o princípio, mas apenas de saber se, nesse ou naquele ponto, sua articulação é correta ou criticável. Essa hesitação incide sobre o estatuto significante do ato.

Parece-me difícil, da maneira como vou dizê-lo, que seja possível não ver do que se trata, o que não quer dizer que isso poderia ter sido dito de forma tão simples antes. Afirmo que a análise quer dizer que, no que vocês chamem como quiserem — um ser, como eles dizem, ou um devir, ou qualquer coisa, algo que é da ordem do vivo —, existem, sejam eles quais forem, acontecimentos que têm consequências.

Então, é ou não verdade? Aos olhos de qualquer um que está aqui, mesmo daqueles, se houver algum, que vieram pela primeira vez, não está a questão pura e simplesmente definida?

O termo "consequência" tem aqui todo o seu peso. Existe consequência concebível fora de uma sequência significante? Pelo simples fato de que algo tenha se passado, ele permanece no inconsciente, e podemos encontrá-lo, à condição de pegarmos um pedaço que permita reconstituir uma sequência. Existe alguma coisa que possa acontecer a um animal que seja imaginável de se inscrever nessa ordem?

Na verdade, tudo o que se articulou na análise desde o início é dessa ordem — trata-se apenas de articulações biográficas, de biografias, na medida em que elas se referem a algo articulável em termos significantes. A dimensão de consequência é impossível de ser extraída, de ser expulsa. Não se pode reduzi-la a nenhuma noção de plasticidade ou de reatividade ou de estímulo-resposta biológicos, pois nenhum desses elementos é da ordem do que se conserva em uma sequência. Nada do que pode se operar de fixação, de transfixação, de interrupção e até mesmo de aparelhagem em torno do que não é um aparelho, e especialmente nervoso, é por si só capaz de responder a essa função de consequência. Seu estatuto, sua estabilidade, a manutenção da linha sobre a qual se inscreve, implicam outra dimensão, que é propriamente a da estrutura.

Retorno agora ao ponto em que havia chegado quando me interrompi para fazer esse lembrete. Cá estamos nós então nesse ponto $\$$ que situa o que é especificamente o ato psicanalítico, visto que foi em torno dele que a resistência do psicanalista se suspendeu.

Nessa estruturação, a resistência do psicanalista se manifesta no fato de que ele se recusa ao ato. Isso é absolutamente constitutivo da relação analítica, absolutamente original para o estatuto da função analítica. Todo psicanalista sabe disso, e a coisa acaba por ser sabida mesmo por aqueles que não se aproximaram do campo da análise.

Há toda uma zona que o analista circunda e deixa em branco, aquela na qual ele é frequentemente convocado pelo paciente à intervenção como ato. Ele pode vez por outra ser chamado a tomar partido, a estar do lado de seu paciente em relação a alguém próximo, ou seja quem for o outro, e até simplesmente a realizar essa espécie de ato, que é de fato um ato, que consiste em intervir por uma aprovação, ou o contrário, ou ainda a aconselhar. É muito precisamente o que a estrutura da psicanálise deixa em branco.

É por essa razão que situei na mesma diagonal ato e transferência. Digo *diagonal* para criar uma imagem, mas não devemos nos deixar levar por isso, pois o que se passa nessa linha não tem mais direito de chamar-se diagonal do que o que se passa nas outras, dado que basta girar o tetraedro para fazer delas linhas horizontais ou verticais. Não há na transferência nada de mais diagonal do que na alienação ou no que chamo de operação verdade. Se existem diagonais, é por razões de esquema, razões de imaginação, pois é mais cômodo representar assim.

É porque o ato permanece em branco que a linha na qual ele se inscreve pode também, em outra direção, ser ocupada pela transferência, ou seja, pela marcha em direção ao que é o horizonte, a miragem, o ponto de chegada do fazer psicanalisante, uma vez que esse ponto é definido pelo sujeito suposto saber. No início, $\$$, o psicanalisante toma o seu cajado e abastece o seu alforje para ir ao encontro, ao encontro marcado com o sujeito suposto saber. A meticulosa interdição que o analista se impõe do lado do ato é a única a permitir isso. Se não se impusesse essa interdição, ele seria apenas um trapaceiro, pois sabe em princípio o que será, na análise, do futuro do sujeito suposto saber.

Como se tem mais ou menos a experiência original disso, a análise é um artefato. A partir de certo momento, talvez ela não apareça mais na história senão como um episódio extremamente limitado, o caso extremamente particular de uma prática que calhou de abrir um modo completamente diferente das relações de ato entre os humanos. Não será, contudo, privilégio seu, pois a relação do sujeito com o ato se modifica ao longo da história. Acredito ter fornecido da última vez indicações suficientes a esse respeito.

Não é o que se repete nos manuais de moral ou de sociologia que pode nos dar uma ideia do que são efetivamente relações de ato em nossa época. Por exemplo, não será, claro, pela maneira como os professores lhes falam de Hegel que vocês poderão mensurar a importância do que ele representa como virada em relação ao ato. Talvez o pequeno livro de alguém que acredito ter visto neste Seminário uma época, e que o enviou a mim por esse motivo, pudesse, em certo plano, em certo campo, lhes dar a dimensão disso.

Não sei o que devo fazer a essa altura. Aconselhar uma leitura é sempre muito perigoso, porque tudo depende do ponto em que se foi mais ou menos desencrostado antes. Parece-me difícil não o ter sido suficientemente para poder situar o livro em questão, e para atribuir o devido sentido e alcance ao que acabo de enunciar. Chama-se *Discours de la guerre* [O discurso da guerra], de André Glucksmann.

Todo mundo fala da guerra a torto e a direito, mas fala-se menos da influência do discurso da guerra sobre a guerra, que, no entanto, não é pouca. Vocês o verão, ao ler esse livro que, de modo bastante exemplar e completo, considera o discurso de Hegel um discurso da guerra. Vemos o quanto Hegel tem seus limites do lado técnico, do lado militar. Aí, ainda, estaríamos enganados ao desdenhar do militar, a partir do momento em que ele sabe sustentar um discurso. Isso acontece raramente, mas quando acontece, ainda assim é absolutamente impressionante que seja sobretudo mais eficaz que o discurso do psicanalista.

O discurso de Clausewitz, na medida em que está em conjunção com o de Hegel e lhe fornece a sua contrapartida, poderá lhes dar alguma ideia do que, nessa linha, meu discurso poderia acrescentar sobre uma relação que permitiria acreditar que existe em nossa época um discurso admissível fora do discurso da guerra. Isso talvez explicasse uma certa distância entre Hegel e Clausewitz no âmbito do discurso da guerra.

E se, por acaso, o objeto *a*, que Clausewitz, evidente, não conhecia, nos permitisse ver um pouco mais claramente o que ele introduz como dissimetria fundamental entre as duas partes na guerra? Essa dissimetria, a saber, o que há de absolutamente heterogêneo entre a ofensiva e a defensiva, domina toda a questão, enquanto Clausewitz não era exatamente alguém que hesitasse sobre o caráter imperioso da ofensiva.

Essa é apenas uma simples indicação.

3

Estou de certa forma tentando preencher apressadamente certo número de lacunas no que articulo sobre o que o ato psicanalítico nos permite instaurar ou restituir em relação às coordenadas do ato como tal. Vejam que essas lacunas são várias.

Destacarei primeiramente um princípio de base que devemos adquirir para nossa orientação em relação ao mínimo, a saber, a estrutura lógica instituída por uma prática absolutamente privilegiada, a psicanálise, tendo em vista que ela é feita da conjunção entre um ato e um fazer.

Essa estrutura lógica, se não a constituímos, com suas partes que são, na operação, vívidas, e depois aquelas que são deixadas em estado morto, não podemos nos situar na operação analítica. Logo, é algo primordial para nossa prática.

Mas ela também importa para explicar os paradoxos do que se produz no seu entorno, a saber, como pode servir, e muito especialmente da parte daqueles que nela estão envolvidos, para certo número de desconhecimentos eletivos, os que correspondem às partes mortas ou em suspenso na operação em pauta.

Isso já constitui duas versões. A terceira não é menos apaixonante. Da última vez, apontei uma indicação fácil demais, tentadora demais para se traduzir rapidamente, de modo que, por um dos vários caminhos de que disponho, chegou a mim uma ressonância disso com a qual não poderia concordar, mas que é bastante divertida. De fato não me lembro mais quem me repetiu hoje essa frase ouvida: *Dedicidamente, é o Seminário Che Guevara*.

Tudo isso porque, em relação ao sujeito suposto saber, o $\mathbb{S}$ embaixo à esquerda, eu havia enunciado o que talvez seja — pelo menos esse modelo levanta tal questão — o fim, o término, a báscula, a cambalhota, o fim normal, em si, do que é o ato. De fato, se a psicanálise nos revela algo, e isso desde o início, é que não existe ato do qual quem quer que seja possa dizer-se inteiramente senhor. O ato não é de natureza a nos arrancar de todas as nossas bases, de tudo o que temos como fundo recolhido da nossa experiência, disso que sabemos sobre a história e mil outras coisas mais. O ato — todo ato, e não só o ato psicanalítico— não promete àquele que o empreende senão esse fim que designo pelo objeto *a*.

Não se trata de algo que vai fazer os tímpanos saírem de suas órbitas. Não vale a pena, apesar disso, acreditar que é o Seminário Che Guevara. Seminários outros aconteceram antes. Não estou dando uma pincelada no trágico para fazê-lo brilhar. Talvez se trate de outra coisa. Trata-se de algo que está evidentemente ao nosso alcance, caso o reconduzamos ao que precisamos conhecer da estrutura lógica do ato para conceber realmente o que se passa no campo limitado que é o da psicanálise.

É aí que, na reunião da próxima quarta-feira — da qual, peço desculpas, a maioria dos que estão aqui serão, em suma, excluídos previamente —, eu espero que se possa formular — entre aqueles que são da minha Escola, e que é presumível que possam colocar o que enuncio no seu devido lugar, ao longo de uma construção acerca da qual puderam acompanhar a necessidade das diferentes etapas — certo número de questões que me provam que, até certo ponto, sou entendido. Será como o testemunho de que eles são capazes de levar um pouco mais longe os giros, as dobradiças, as portas, a maneira de se servir desse aparelho, dado que lhes concerne. Alguém pode se questionar sobre um ponto, propor uma tradução para essa tradução, até mesmo uma objeção: *Se vocês traduzem assim, eis o que isso anuncia*; ou, *Está em contradição com esse ou aquele ponto de nossa experiência*. Isso servirá então para o seminário fechado seguinte, porque só serão convocados para ele os da minha Escola que tiverem participado da primeira reunião.

É um ato de se perturbar, é sobretudo um ato de não se perturbar. Ocorre por exemplo que eu possa perguntar por que um determinado psicanalista, bastante advertido acerca do que ensino, não assiste exatamente ao que enuncio este ano sobre o ato. Alguém me dirá que as pessoas fazem anotações. A propósito, observo que mais vale fazer anotações do que fumar. Fumar não é exatamente um bom sinal para o que se deve escutar do que estou contando. Não que eu desaprove a fumaça.

Já fiz alusão ao fato de que o que me parece motivar essa plateia que me honra com sua presença é o aspecto de desbravamento do que se passa diante de vocês. Da parte de analistas, não estar presente no momento em que falo do ato, ou seja, em que sustento um discurso que não é um qualquer, mesmo que se devam produzir anotações fiéis e experientes, constitui algo significativo e bastante instrutivo, que poderia se alojar no ponto em que inscrevi o termo *Resistência*.

Contava pedir para uma, duas ou três pessoas que me fizessem algumas perguntas, para servir de modelo de entrada no seminário fechado. Isso não seria ruim. Sei também do efeito de congelamento que resulta desse grande número. Proponho, no entanto, que se estabeleça que, com algumas exceções apenas, somente aqueles que me enviarem uma pergunta redigida e que me pareça estar em linha direta com o que tento lhes trazer receberão a cartinha de convite para o dia 28 de fevereiro.

Só me resta fixar algumas coisas aqui e ali, para que possamos avançar um pouquinho, mesmo que minha enunciação hoje não seja da ordem *ex cathedra* que habitualmente adoto, infelizmente.

A hiância que sempre existe entre o ato e o fazer, essa é a questão. É aí que está o ponto crucial em torno do qual quebramos a cabeça há certo número (na verdade muito reduzido) de séculos. Pensem um pouco nos tataravós que seriam necessários para estarmos imediatamente na época de César. Vocês não se dão conta a que ponto estão implicados nas coisas que só os manuais de história lhes fazem acreditar que são do passado.

Quebramos a cabeça — vejam Hegel — com a diferença entre o senhor e o escravo. Vocês podem atribuir a isso todo o sentido elástico que quiserem. Se olharem bem de perto, não se trata de nada além da diferença entre o ato e o fazer. Tentamos dar a isso outro corpo, um pouco menos simples do que o sujeito que realiza o ato. Não é de modo algum necessária e unicamente o sujeito quem comanda. É precisamente isso que é perturbador.

Pierre Janet construiu toda uma psicologia em torno disso; o que não quer dizer que ele estivesse mal orientado. Pelo contrário, só que suas análises são muito rudimentares e não permitem compreender grande coisa. Ele diz que há aqueles que dão ordens [*font faire*], e é fato que encontramos representado nos baixos-relevos egípcios um piloto, da mesma forma, aliás, que há um maestro em Pleyel ou em outro lugar — isso não explica grande coisa. Onde há realmente senhor, isso não quer dizer exatamente que ele esteja se divertindo, como se acredita. Há aqueles que têm que se haver com o ato e aqueles que têm que se haver com o fazer. Mas há fazer e fazer. É aí que se pode começar a entender como, apesar de seu caráter de futilidade, o fazer da psicanálise talvez tenha mais chances que outro de nos permitir o acesso ao gozo.

Gostaria de destacar um traço desse fazer: o de que é um fazer de pura fala — eu me mato de repetir isso desde sempre, para tentar situar sua função no campo da fala e da linguagem. Mas o que não se percebe é que esse fazer, com relação ao fazer comum, se aproxima do ato, porque, precisamente, é um fazer de pura fala. Poderíamos igualmente traduzi-lo por *o significante em ato*. Trata-se justamente de que o sujeito se ausente dele, até um ponto tão avançado quanto possível.

Essa é a palavra de ordem. Se olhamos as coisas bem de perto, aí está realmente o sentido da regra fundamental. O significante, essa é a tarefa, o fazer do sujeito, deixá-lo em seu jogo. Dizer *o significante em ato* não é dizer *o ato do significante*. Esse *em ato* tem uma conotação que, em certo registro, evocaria o significante *em potência*.

Nosso doutor de há pouco gostaria de ser lembrado de que ao lado daqueles que enfatizam a estrutura há tantos outros que estão prontos para borboletear. O ser é de tal modo abundante, pensa ele, que é inútil tentar se prender aos trilhos precisos de uma lógica, que não é de forma alguma uma lógica, pois não se pode, de modo algum, atribuir-lhe o sinal do vazio. Essa lógica, que não é fácil de aplicar, vocês veem aqui o que ela evidencia. Que um psicanalista destaque um termo como *a pessoa* é, pelo menos aos meus ouvidos, algo exorbitante. Se ele quer se reassegurar, que observe que de certo modo definirei essa lógica como a que ficaria o mais próximo da gramática. Isto os atinge em cheio, assim espero. Então, Aristóteles, muito tranquilamente, heim? Por que não? É preciso apenas tentar fazer melhor.

Se a lógica de Aristóteles permaneceu indestrutível durante longos séculos, e até o nosso, foi em razão das objeções que lhe foram feitas, de ter sido, digamos, uma lógica que não se teria percebido que fazia gramática. Admiro extremamente os professores da universidade que sabem que Aristóteles não percebia algo. Ele foi o maior naturalista que jamais existiu. Vocês ainda podem reler sua *História dos animais*, ela continua relevante. É fabulosa. É o maior passo já dado na biologia. Não que não tenhamos feito nada desde então. Na lógica também, e justamente não a partir da gramática.

É ainda sobre a lógica aristotélica que podemos quebrar a cabeça, mesmo depois de ter acrescentado a ela coisas muito engenhosas, os quantificadores, por exemplo. Eles têm apenas um inconveniente, é que são absolutamente intraduzíveis na linguagem. Não digo que isso não traz de volta à luz a questão sobre a qual adotei uma espécie de posição dogmática, com a etiqueta, a bandeirola, a palavra de ordem *Não há metalinguagem*. Vocês pensam que isso me atormenta, eu também, se houver aí um talvez. Enfim, partamos da ideia de que não há. Não seria má ideia. Evitaria que acreditássemos erroneamente que existe uma metalinguagem. Aliás, não temos certeza de que qualquer coisa que não pode ser traduzida na linguagem não sofra de uma carência absolutamente eficiente.

Seja como for, na sequência das minhas afirmações que nos conduzem à questão dos quantificadores, trata-se evidentemente, para nós, de situar certas questões que dirão respeito ao que vai se passar no âmbito do $\mathbb{S}$, do sujeito suposto saber riscado do mapa. O que devemos elucubrar sobre a disponibilidade do significante nesse lugar talvez nos conduza à junção entre a gramática e a lógica, que é muito precisamente o ponto em que navegamos desde sempre. Observo isso apenas a esse respeito, e para trazê-lo de volta à memória. Nosso círculo de outrora falava com simpatia de nossa tentativa de uma lógica elástica, mas não estou absolutamente de acordo com esse termo, pois a elasticidade não é a que se pode aspirar de melhor como padrão de medida.

A junção entre a lógica e a gramática: eis o que talvez nos faça dar uns passos a mais.

Em todo caso, o que eu gostaria de dizer para terminar é que nunca é demais pedir aos psicanalistas que meditem sobre a especificidade da posição que é a sua, de terem de ocupar uma posição completamente diferente daquela em que são requeridos. Mesmo que sejam proibidos de agir, é sob o ponto de vista do ato que devem centrar sua reflexão sobre sua função.

Não é à toa que seja tão difícil de obtê-lo. Há, de fato, na posição do psicanalista, e por função, algo à espreita [*tapi*]. Esse esquema o torna suficientemente sensível para que não se veja aí nenhuma ofensa. Buscaremos decifrar em alguma parte *uma imagem no tapete* [*dans le tapi*] ou *debaixo do tapete* [*dans les tapis*], como queiram.

Há, para o psicanalista, um certo modo de saborear algo que se consuma nessa posição à espreita [*de tapi*]. Eles chamam isso como podem, chamam de *escuta*, chamam de *clínica*. Vocês não sabem todas as palavras opacas que se pode encontrar nessa ocasião.

Pergunto-me o que poderia permitir acentuar o que esse sabor de uma experiência tem de absolutamente específico. Decerto isso não é acessível a nenhum tipo de manipulação lógica. Em nome desse — não ouso dizer gozo solitário — deleite lúgubre, as pessoas se permitem dizer que todas as teorias são equivalentes, que sobretudo não é preciso estar ligado a nenhuma delas, que se pode também traduzir as coisas em termos de instinto, de comportamento, de gênese ou de topologia lacaniana, que tudo isso é de fato equidistante.

No fundo, tudo é gozo hipocondríaco. Esse lado centrado, ao mesmo tempo peristáltico e antiperistáltico, é algo de intestinal para a experiência psicanalítica. É isso que vocês verão efetivamente representado numa imagem, o que se ostenta em uma tribuna.

Esse não é necessariamente o ponto mais fácil de se alcançar pelo efeito de uma dialética. Contudo está aí o ponto essencial em torno do qual intervém, infelizmente, o que Clausewitz situa de dessimétrico entre a ofensiva e a defensiva.

24 de janeiro de 1968

VIII

Do Psicanalisante ao Psicanalista

O universal e o particular
O a, *em-si do analista*
O analisante, um trabalhador
Inexistência do sujeito suposto saber
A fé psicanalítica

Retomo então, após quinze dias, esta sequência que trago a vocês em relação ao ato psicanalítico, paralelamente a certo número de proposições, para empregar o termo próprio, que proferi em um círculo composto de psicanalistas.

Vocês podem lê-las em uma revista que será lançada no fim deste mês. Será a revista da Escola. Ela reunirá também as respostas dadas a essas proposições, que aliás não se limitam àquelas que são intituladas como tais. Certo número de outras produções se seguirá.

Tudo isso tem por resultado um certo número de manifestações que certamente não deixam de ter interesse para aqueles a quem me dirijo aqui.

Pelo fato de que algumas dessas reações se produzem no ponto mais crucial, em que minhas propostas são bastante consequentes com o que produzo diante de vocês acerca do ato psicanalítico, seguramente elas são plenas de sentido para definir, por uma prova que se pode chamar de crucial, o que é o estatuto do psicanalista.

1

Da última vez eu os deixei com a indicação de uma referência lógica.

No ponto em que estamos — que é aquele em que o ato define, por sua precisão, o que diz respeito à passagem na qual se institui o psicanalista —, só podemos, de fato, tornar a passar pelo modo de prova que constitui para nós um questionamento lógico.

Para tomar a referência inaugural de Aristóteles no momento em que, conforme eu evocava, ele dá os passos decisivos em que se instaura como tal a categoria lógica em sua espécie formal, trata-se de um procedimento de intenção demonstrativa ou dialética? A questão é secundária.

Por que é secundária? Porque isso que está em questão é instaurado pelo próprio discurso. É, a saber, que tudo o que podemos formular em relação ao psicanalisante e ao psicanalista vai girar em torno de uma questão que, penso eu, não lhes surpreenderá, pois preparei o bastante para que a coisa lhes pareça agora já dita: como contestar que o psicanalisante, em situação no discurso, esteja na posição do sujeito? Entre qualquer referência com que nos armamos para melhor situá-lo, é naturalmente a referência linguística que vem em primeiro plano: ele é essencialmente aquele que fala.

Ele é aquele que fala e sobre o qual se experimentam os efeitos da fala. O que quer dizer esse *sobre o qual se experimentam*? A formulação é propositalmente ambígua. Quero dizer que seu discurso, tal como é regulado, instituído pela régua analítica, é feito para ser a prova do fato de que, como sujeito, ele já está constituído como efeito da fala. E, no entanto, também é verdade dizer que esse próprio discurso, tal como vai prosseguir, se manter como tarefa, encontra sua sanção, seu balanço, seu resultado como efeito de discurso, e, antes de tudo, desse próprio discurso, qualquer que deva ser a inserção que o analista assume aí por meio de sua interpretação.

Inversamente, se a questão do predicado incide sobre o psicanalista, ela continua sempre atual, e algumas vezes até mesmo candente. Digamos, para ir com prudência, para ficar no mínimo, que é na medida em que o termo *psicanalista* é colocado em posição de qualificação que questionamos: quem ou o que pode ser dito psicanalista?

Mesmo que essa introdução lhes pareça um pouco apressada, será por meio de um retorno que se justificará que, ao ir deste modo ao ponto, lhes anuncio sob que rubrica, sob que tabuleta pretendo situar meu discurso de hoje.

Vocês podem confiar em mim, não sigo em frente sem antes haver retomado, a esse respeito, a terra-firme, por assim dizer, com a história da lógica. O que há de esclarecedor no modo como oscila em nosso tempo o manejo do que designo por lógica nos torna realmente, não direi sempre mais difícil, nos deixa cada vez mais confusos diante do ponto de partida de Aristóteles.

Basta reportar-se ao seu texto — particularmente no *Órganon*, nas *Categorias*, por exemplo, ou nos *Primeiros analíticos*, ou no primeiro livro dos *Tópicos* —, para perceber a que ponto a temática do sujeito, tal como ele a enuncia, está próxima de nossa problemática. No início da lógica, desde o primeiro enunciado, nada é mais passível de nos esclarecer sobre esse sujeito — cuja natureza é o que se furta por excelência —, nada é mais firmemente afirmado que a distinção entre sujeito e substância.

O fato de ser *substância* o que traduz *ousia* mostra o deslizamento abusivo que sofreu ao longo dos tempos a função do sujeito, desde seus primeiros passos aristotélicos, pois o termo "substância" vem aí produzir equivocidade com o que o sujeito comporta de suposição. Nada na *ousia*, nisso que para Aristóteles é o individual, é de natureza a poder situar-se no sujeito, nem a ser afirmado sobre o sujeito, ou seja, atribuído a ele.

Nada é mais apropriado para nos fazer imediatamente entrar de cabeça na fórmula em que acreditei poder testemunhar com todo rigor o ponto realmente central, o ponto-chave, da história da lógica, a saber, essa virada que fez balançar, por assim dizer, a perspectiva sobre o sujeito. Depois de ter se adensado por uma ambiguidade crescente, o sujeito de fato reencontrou sua outra face na lógica matemática moderna, que tende a reduzi-lo à variável de uma função, destinada a entrar na dialética do quantificador, o que não tem outro efeito senão torná-lo, a partir de então, irrecuperável sob o modo como ele se manifesta na proposição. A fórmula que acreditei ter de dar dizendo que o sujeito é muito precisamente o que um significante representa para outro significante parece-me fixar muito bem esse giro.

Essa fórmula tem de fato a vantagem de reabrir a questão eludida na posição da lógica matemática, a de saber o que há de inicial, de iniciante, ao tomar um significante qualquer, ao introduzi-lo como o que representa o sujeito. Está de fato aí, e desde Aristóteles, o que só permite situar em seu devido lugar a diferença da primeira bipartição, aquela que diferencia o universal do particular, e da segunda, aquela que afirma ou que nega. Como vocês sabem, uma e outra se cruzam novamente para dar a quadripartição da afirmativa, da negativa universal, da particular negativa e afirmativa alternadamente. Mas essas duas bipartições não são em absoluto equivalentes.

A introdução do sujeito, na medida em que é em seu âmbito que se situa a bipartição entre universal e particular, perguntemo-nos o que ela significa ao tomar as coisas como alguém que se encontrou nesse ponto histórico, nessa junção entre a lógica tradicional e a lógica matemática, nesse momento de oscilação em que se desenha o giro que abre novo caminho — a saber, Peirce, Charles Sanders. Já produzi o testemunho que encontramos sob sua autoria quando, em 1960, tive a oportunidade de falar a respeito do tema da identificação. Ninguém destacou tão bem, nem com mais elegância, qual é a essência da fundação de onde sai a distinção entre universal e particular, e a ligação entre o universal e o termo sujeito.

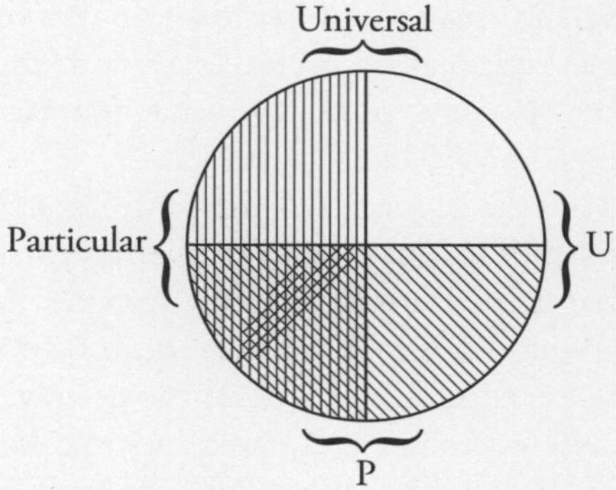

O esquema de Peirce

Ele o fez por meio de um pequeno esquema exemplar, bem conhecido daqueles que já me seguem há algum tempo, mas que deixa de ser interessante repetir, e primeiramente para designar que ele se permite a facilidade de fornecer como suporte do sujeito o que é de fato dele: nada — no caso, o traço.

Esse traço, vamos tomá-lo para exemplificar o que é a função do sujeito para o predicado. Não há nenhum dos traços — tais como vamos inscrevê-los — que não esteja especificado pelo predicado em torno do qual faremos girar o enunciado de nossa proposição, a saber, o predicado *vertical*.

No primeiro quadrante, em cima e à esquerda, os traços correspondem ao predicado, são todos traços verticais. Há alguns deles que não estão no quadrante de baixo e à esquerda. Embaixo e à direita, não há nenhum desses traços. Por fim, como veem, há o quadrante em que não há traços — é aí que está o sujeito.

É aí que está o sujeito, porque não há traços. Por todo lado, nos outros lugares, os traços são ocultados pela presença ou pela ausência do predicado. Para fazer vocês captarem em que a *ausência de traço* é essencial há diversos métodos, por exemplo instaurar o enunciado da afirmativa universal como este: *Não há traço que não seja vertical.* Fazer funcionar o *não* na *vertical* ou retirá-lo permite-lhes fazer a bipartição afirmativa ou negativa. E é ao suprimir ou ao deixar o *não* diante do traço, que é ou não vertical, que vocês entrarão na bipartição particular/universal. No primeiro tempo o sujeito está inteiramente submetido à variação do vertical ou do não vertical — há alguns que são e outros que não são. Mas o estatuto da universalidade só se instaura pela reunião do quadrante que não tem traços verticais com aquela em que não há traços.

O enunciado do universal, que diz *Todos os traços são verticais*, só se sustenta, e de modo legítimo, por esses dois quadrantes e sua reunião. Também é verdade, e até mais essencialmente verdade, no âmbito do quadrante vazio, em que *Só existem traços verticais* quer dizer: *Onde não há verticais, não há traços.* Essa é a definição aceitável do sujeito, na medida em que, em toda enunciação predicativa, é essencialmente essa coisa que é representada apenas por um significante para outro significante.

Como não vamos passar todo o nosso encontro a sobrecarregar o que podemos extrair do esquema de Peirce, vou apenas mencionar rapidamente que, da mesma forma, é a reunião entre o quadrante vazio e o quadrante que está abaixo dela que toma como suporte o enunciado *Nenhum traço é vertical.* É aí que se demonstra — o que já se sabe quando se lê convenientemente o texto de Aristóteles — que a afirmativa universal e a negativa universal não se contradizem de modo algum, que ambas são aceitáveis, com a condição de estarmos no quadrante de cima e à direita. Também é verdade, no âmbito desse quadrante, enunciar *Todos os traços são verticais* ou *Nenhum traço é vertical*: as duas coisas são verdadeiras em conjunto, o que, curiosamente, se minha memória é boa, Aristóteles desconhece.

Nos outros pontos da divisão crucial, vocês têm a instauração das particulares. Há nos dois quadrantes da esquerda traços verticais e, na junção dos dois quadrantes inferiores, há traços que não o são, e nada mais.

Vejam que o fundamento universal contém uma exclusão, a da diversidade que está no quadrante de baixo à esquerda. Da mesma forma, há uma exclusão no âmbito da diferenciação particular, a do quadrante de cima à direita. É isso que dá a ilusão de que a particular é uma afirmação de existência, que basta falar no âmbito do *algum* — *algum homem*, por exemplo, *tem cor amarela* — para implicar que, por essa enunciação, haveria afirmação da existência do particular.

Incontáveis debates giraram em torno do tema do estatuto lógico da proposição particular, algo que certamente é o irrisório. Não basta que uma proposição seja enunciada no âmbito do particular para que implique de algum modo a existência do sujeito, exceto em nome de uma ordenação significante, ou seja, como efeito de discurso.

O interesse da psicanálise é desnodar esses problemas de lógica como nunca até então se pôde fazer, corrigir aí o que, em suma, estava no princípio de todas as ambiguidades que se desenvolveram na história da lógica e que se ligava ao fato de que estava implicado no sujeito um ser, uma *ousia*. Eu o articulei, insisto nisso desde o início deste ano: que o sujeito possa funcionar como não sendo é propriamente o que nos traz a abertura esclarecedora graças à qual se poderia renovar um exame do desenvolvimento da lógica.

A tarefa ainda está em aberto, quem sabe? Talvez, ao enunciar aqui, provocarei um viés. Seria preciso nos mostrar o que realmente significam tantos desvios, tantos embaraços, por vezes tão singulares, tão paradoxais, a se manifestarem no curso da história, que marcaram os debates lógicos através dos tempos, e que, vistos de uma determinada época, pelo menos a nossa, tornam tão incompreensível o tempo que às vezes lhes foi dedicado e que nos parece ter constituído apenas uma estagnação.

No entanto, paixões foram mobilizadas ao redor dessas estagnações, cujo alcance temos dificuldade de apreender, tanto que não vemos o que, por detrás, estava realmente em jogo — a saber, nada menos que o estatuto do desejo, cujo laço com a política, por exemplo, por ser secreto, é absolutamente perceptível no giro que constituiu a instauração de certo nominalismo na filosofia inglesa. É impossível entender a coerência dessa lógica com uma política sem perceber o que a própria lógica implica de estatuto do sujeito e de referência à efetividade do desejo na relação política.

O estatuto do sujeito é para nós ilustrado por questões que destaquei serem debatidas em um círculo bastante limitado, e até muito restrito, cuja lenga-lenga subjacente, diria eu, contribui para a pregnância dessas discussões e para seu caráter inflamado.

Contudo, o que articulamos não deixa de ter incidência em um domínio muito mais amplo, pois, certamente só na prática é que se coloca a questão sobre o que gira em torno da função do desejo, na medida em que a análise o descobriu.

2

Eis então o psicanalisante e o psicanalista situados por nós em posições diferentes que definimos respectivamente.

Primeiro o psicanalisante.

É um sujeito que define esse discurso instituído por uma regra acerca da qual eu lhes disse da última vez que estipula especialmente que o sujeito é solicitado a dele abdicar. Aí está a intenção da regra. No limite, ao se dedicar à deriva da linguagem, ele iria tentar, pelo puro efeito de uma espécie de experiência imediata, alcançar os efeitos já previamente estabelecidos. Um sujeito assim é definido como efeito do discurso, a tal ponto que se submete a uma prova na qual se perde para reencontrar-se nela. Seu exercício é de certo modo o de colocar-se à prova de sua própria demissão.

Será que poderíamos formular sobre esse sujeito um enunciado predicativo que fosse da ordem do universal? No entanto, a estrutura do universal já nos mostra que ele encontra seu fundamento, sua força, no sujeito que só pode ser representado por sua ausência, ou seja, na medida em que nunca é representado. A partir de então, se qualquer um pudesse enunciar sobre si algo, por exemplo, da ordem de um *Todo psicanalisante resiste*, certamente poderíamos nos questionar.

Apesar disso, não definirei ainda a questão de saber se qualquer universal pode ser atribuído ao psicanalisante. Não descartamos isso, apesar da aparência. Situamos o psicanalisante como esse sujeito que escolhe fazer-se, por assim dizer, mais alienado que outro, e dedicar-se aos desvios de um discurso não escolhido. Aí está algo que se opõe mais ao que está no esquema desde o início, a saber, uma escolha.

Claro, sua posição se estabelece a partir de uma escolha, mas uma escolha disfarçada, eludida, porque anterior. Representamos o sujeito pelo traço, esse traço que não se vê mais, por ser agora qualificado. Nada parece mais oposto àquilo em que se constitui o psicanalisante, que ainda assim é uma certa escolha, a da abdicação, conforme eu disse há pouco, a de submeter-se aos efeitos de linguagem. É aí que vamos nos reencontrar.

Se seguirmos o fio, a trama, que nos sugere o uso do silogismo, devemos chegar ao ponto em que esse sujeito se conjuga com o que aqui foi apresentado como predicado, psicanalista — se é que existe um psicanalista. Ora, infelizmente, é isso que nos falta para fornecer um suporte a essa articulação lógica. Há um psicanalista? Tudo está aí. Se existe um psicanalista, tudo está assegurado — pode haver um monte deles. Mas, por ora, a questão é, para nós, saber como o psicanalisante pode passar a psicanalista.

Como pode acontecer que, da maneira a mais fundamentada, a qualificação de psicanalista tenha como único suporte a tarefa terminada pelo psicanalisante? Vemos aqui abrir-se a dimensão que já tentei perfilar para vocês, da conjunção entre o ato e a tarefa. Como os dois se conjugam?

Nós nos encontramos aqui diante de outra forma do que constituiu um problema na Idade Média e que acabou sendo articulado como a *inventio medii*. É de onde parte Aristóteles com esse passo admiravelmente alegre que é o dos *Primeiros analíticos*, explicando-nos que o termo médio, a ser situado como predicado, nos permitirá conjugar de forma racional o sujeito evanescente a um predicado. Se, pelo termo médio, essa conjunção é possível, onde está o mistério? Como parece existir algo que é um termo médio, que se instale, como predicado da premissa maior, na primeira figura, na qual nos espera o sujeito como sujeito da premissa menor, e que nos permitirá fixar ao sujeito o predicado em questão? Esse predicado é ou não atribuível ao sujeito?

Vemos, com o recuar dos tempos, que a questão passou por nuances diversas, e não é duvidoso vermos, pela pluma dos autores, que por volta do século XVI ela parecia afinal não passar de um exercício puramente fútil. Revigoramos essa questão ao perceber do que se trata.

Trata-se do que chamei de objeto *a*. Ele é para nós, aqui, o verdadeiro termo médio que se propõe. Por ser efeito do discurso do psicanalisante, seguramente ele é de uma seriedade maior, incomparável.

Por outro lado, conforme enunciei nesse novo grafo que vocês me veem utilizar há dois anos, ele também é não o que o psicanalista se torna, mas o que deve ser o saldo da operação psicanalisante tal como ela o implica no início.

O fim da psicanálise libera o que se passa em uma verdade fundamental, a saber, a desigualdade entre o sujeito e qualquer subjetivação possível de sua realidade sexual. Para que essa verdade apareça, exige-se que o psicanalista já seja a representação disso que disfarça, obtura, bloqueia essa verdade, e que se chama objeto *a*.

O essencial do que articulo aqui, e que retomarei de modo copioso, não é, como alguns imaginam, que ao término da psicanálise o psicanalista se torne para o outro o objeto *a*. Esse *para o outro* adquire aqui singularmente o valor de um *para-si*, visto que, como sujeito, não há outro senão esse Outro a quem foi deixado todo o discurso. O *a* não reside nem para o Outro e nem em um para-si que não existe no âmbito do psicanalista. Trata-se de um *em-si* do psicanalista.

Como os próprios psicanalistas clamam, aliás — basta abrir sua literatura para ver a todo instante o testemunho disso —, eles são realmente esse seio do *Ó minha mãe Inteligência*, de nosso Valéry, eles mesmos são esse dejeto, presidindo a operação da tarefa, são o olhar, são a voz. É porque são o olhar que são também a voz. É na medida em que são em si o suporte do objeto *a* que toda a operação é possível.

Só lhes escapa uma coisa: a que ponto isso não é metafórico.

3

Tratemos agora de retomar o que é o psicanalisante.

O psicanalisante é um sujeito que se engaja em uma tarefa singular que qualifiquei por ter como suporte sua abdicação. Será que não sentiremos que aqui, pelo menos, há algo de esclarecedor, ao perguntar se ele pode ou não ser tomado sob a função do universal?

Outra coisa talvez nos impressione, e é que, intencionalmente, nós o situamos como sujeito. Essa palavra, *o psicanalisante*, nós a articulamos de fato no âmbito do sujeito, na medida em que ele intervém de todas as formas que assume, tal como a moreia no prato do romano rico. Mas quando alguém se serve disso como atributo, a palavra só pode ser colocada em uso ao mudar de sentido.

A prova é que, quando nos servimos do termo *psicanalisado* como atributo, nos servimos dele tão bestamente quanto possível, uma vez que não se diz *Aqueles ali* ou *estes aqui* ou *todos estes* ou *todos aqueles são psicanalisantes*. Não empreguei, vocês notarão, o termo *singular* — seria ainda mais revoltante. Deixemos o singular de lado, experimentando, nesse giro, a mesma repugnância que aquela que faz com que Aristóteles não empregue o termo singular na sua silogística.

Se vocês não percebem imediatamente o que viso com essa colocação à prova do uso do termo *psicanalisante* como sujeito ou como atributo, vou fazê-los perceber. Empreguem o termo "trabalhador" tal como ele se situa na perspectiva de *Trabalhadores do mundo, uni-vos!*, ou seja, no âmbito da ideologia que põe a tônica na alienação essencial, na exploração constitutiva que os situa como trabalhadores, e façam a comparação com o uso do mesmo termo pela boca de um paternalista, aquela que qualificará uma população de trabalhadora: *Eles são trabalhadores por natureza, nesse canto aí. São* — atributo — *bons trabalhadores.*

A distinção valorizada por esse exemplo talvez os introduza em algo que lhes fará situar a questão de saber por que, afinal de contas, o ato pelo qual se instaura a psicanálise parte de outro lugar que não da operação tão singular na qual se sustenta o sujeito desse ato, e que é da ordem da tarefa.

Não é provável que isso nos faça perceber que há aí também uma espécie de alienação? Vocês não devem ficar surpresos, pois a alienação já estava presente no meu primeiro esquema. Não foi da alienação necessária, em que é impossível escolher entre o *Não penso* e o *Não sou*, que fiz derivar toda a minha primeira formulação do ato psicanalítico? E então, desse modo, lateralmente — modo heurístico que tenho de lhes introduzir à questão que só formulo porque a resposta já está ali, claro —, vocês podem se perguntar: *O que, então, ela produz, essa tarefa psicanalisante?*

Já temos para nos guiar o objeto *a*. De fato, se ele sem dúvida está aí, no âmbito do ato psicanalítico, mesmo assim é apenas ao final da operação, uma vez terminada a psicanálise, que vai reaparecer no real, por outra fonte, a saber, pelo psicanalisante, rejeitado. É aí que funciona nosso termo médio e que o encontramos sobrecarregado por outra ênfase. Esse *a* de que se trata, nós dissemos, é o psicanalista. Não é porque ele está ali desde o início que, ao final, dessa vez do ponto de vista da tarefa psicanalisante, não seja ele produto.

Podemos nos perguntar qual é a qualificação do psicanalista. Em todo caso, uma coisa é certa: é que não há psicanalista sem psicanalisante. Direi mais: que esse fato tão singular entrou no campo de nosso mundo, isto é, que há certo número de pessoas que estão em análise e acerca das quais não estamos tão certos assim de poder instaurar o estatuto como sujeitos, e mesmo assim são pessoas que trabalham nessa psicanálise. O termo "trabalho" nunca foi excluído da psicanálise, nem por um só instante. Desde sua origem, fala-se da *Durcharbeitung*, do *working through*. Essa é bem a característica à qual devemos nos referir para admitir a aridez, a secura, o desvio e até mesmo, por vezes, a incerteza de suas bordas.

Mas se nos colocamos no âmbito de uma *omnitude*, em que todos os sujeitos se afirmam francamente na sua universalidade, de não mais ser, e de ser por isso o fundamento do universal — *confer* o quadrante da direita —, o que vemos é que há algo que depende disso, que é seu produto e mesmo, propriamente, a produção. Já posso assinalar aqui o que se torna esse tipo de essa *gente* [*gens*], essa espécie, o psicanalista, defini-lo como produção. No estilo de não sei que humor clássico, que diz: *Se não houvesse poloneses não haveria Polônia*, eu direi: *Se não houvesse psicanalisantes não haveria psicanalista.*

No âmbito da produção, o psicanalista se define por ser essa espécie de sujeito que pode abordar as consequências do discurso de um modo tão puro que, nas suas relações com o sujeito que ele instaura por seu ato, a tarefa e o programa dessa tarefa, ele é capaz de isolar seu plano. Durante todo o tempo em que sustenta essa tarefa, ele só vê essas relações que são propriamente aquelas que designo quando manejo essa álgebra, a saber, o $\$$, o *a* e até mesmo o A e o *i*(*a*). Aquele que é capaz de se manter nesse âmbito — ou seja, de ver apenas o ponto em que se encontra o sujeito nessa tarefa cujo fim é ao cair ao último termo o objeto *a*, o que quer dizer aquele que é capaz, na relação com alguém que está ali em posição de tratamento, de não se deixar afetar por tudo isso por meio do que, em toda função, todo ser humano se comunica com seu semelhante — esse é da espécie *psicanalista.*

Isso por meio do que todo ser humano se comunica com seu semelhante tem um nome, que não é apenas, conforme denuncio desde sempre, o narcisismo, até seu termo extremo, que se chama amor. Não há apenas o narcisismo, nem, felizmente, apenas amor entre os seres humanos, para chamar isso do que se chama. Há o que alguém que sabia falar do amor felizmente distinguiu — há o gosto, há a estima. O gosto é de uma versão, a estima talvez não seja a mesma coisa, mas se conjuga de modo admirável. Há fundamentalmente essa coisa que se chama o *Você me agrada*. Ele é feito essencialmente dessa dosagem da qual resulta que, em uma proporção exata e substituível — vocês podem colocar isso no quadrante de baixo à esquerda —, o suporte que o sujeito toma do *a* e desse *i*(*a*) que funda a relação narcísica ressoa em vocês, e é exatamente o necessário para que lhes agrade. É o que faz com que, nas relações entre os seres humanos, haja encontro. Isso, que é carne e osso de tudo o que nunca se articulou da ordem do que nos dias atuais tentamos matematizar de modo bufo sob o nome de relações humanas, é precisamente por aí que se distingue o analista, nunca recorrendo, na relação estabelecida no interior da análise, a esse inexprimível, a esse termo que dá seu único suporte à realidade do outro, o *Você me agrada* ou *Você me desagrada*.

A extração, a ausência dessa dimensão faz com que haja um ser, ser de psicanalista, que, por estar ele mesmo em posição de *a*, possa fazer girar pura e simplesmente tudo o que está envolvido no destino do sujeito psicanalisante, sua relação com ele, com a verdade, ao redor dos termos de uma álgebra que não concerne em nada a uma multidão de dimensões existentes e mais do que admissíveis, uma multidão de dados, de elementos substanciais presentes no que ali está em jogo, no lugar, respirando no divã. Eis o que é a produção — absolutamente comparável à de uma ou outra máquina que circula em nosso mundo científico — a produção do psicanalisante.

Aí está algo de original. Aí ainda está algo que é bastante sensível, que não é exatamente novo, embora esteja articulado de maneira que pode lhes parecer impressionante. O que quer dizer, se alguém pede ao psicanalista que não faça atuar na análise o que se chama de contratransferência? Desafio que se dê a isto um sentido diferente deste: que não situe aí nem o *Você me agrada* nem o *Você me desagrada*.

Mas então, por ter transformado a esse ponto o objeto *a* em uma produção em cadeia, como se o psicanalista produzisse o *a* como se produz um Austin, cá estamos nós, no pé da questão, a saber: o que pode querer dizer o ato psicanalítico, se ainda assim é o psicanalista quem o comete?

Isso quer dizer, claro, que o psicanalista não é todo objeto *a*. Ele opera como objeto *a*. Mas o ato em questão consiste em autorizar a tarefa psicanalisante, com o que isso comporta de fé dirigida ao sujeito suposto saber.

A coisa é muito simples, uma vez que eu não havia denunciado que essa fé é insustentável, e que o psicanalista é o primeiro, e até aqui o único, a poder medir isso. O que ainda não está feito.

Graças ao que eu ensino, é preciso que o psicanalista saiba disso: que em primeiro lugar o sujeito suposto saber é justamente aquilo sobre o que repousava a transferência, considerado como um dom do céu. Mas, em segundo lugar, que a partir do momento em que se revela que a transferência é o sujeito suposto saber, ele, o psicanalista, é o único a poder questionar a suposição tão útil para se envolver na tarefa psicanalítica, o único a saber que há um que já sabe de tudo isso, de tudo o que vai se passar.

Chamem-no como quiserem, o Onisciente, o Outro. Há um, claro. Não o analista, mas há um. O analista, em contrapartida, não sabe se existe um sujeito suposto saber. E ele sabe mesmo que tudo de que se trata na psicanálise, pela existência do inconsciente, consiste justamente em riscar do mapa a função do sujeito suposto saber.

O ato psicanalítico é portanto um ato de fé singular, dado que ele se afirma ao dar crédito ao que é questionado, pois, ao envolver simplesmente o psicanalisante na sua tarefa, preferimos esse ato de fé, ou seja, que alguém o salve.

Não veem que isso vem encobrir singularmente uma certa querela, dessas coisas que perderam um pouco o seu relevo, a ponto de que agora ninguém se importe? No último centenário de Lutero, parece, houve um cartão-postal do papa, *Boa lembrança de Roma*. Será que é a fé ou são as obras que salvam? Talvez vocês vejam aí um esquema no qual duas coisas se conjugam. Da obra psicanalisante à fé psicanalítica, algo se enlaça, e pode talvez permitir esclarecer retrospectivamente a validade e a ordem dissimétrica em que se colocavam essas duas fórmulas da salvação.

Mas sem dúvida vai nos parecer mais interessante ver no final desse discurso uma coisa acerca da qual devo dizer, para mim, que é uma surpresa encontrá-la.

Se é verdade que, no campo do ato psicanalítico, o que o psicanalisante produz é o psicanalista, e se vocês refletirem sobre a pequena referência que utilizei de passagem sobre a essência da consciência universal do trabalhador como sujeito da exploração do homem pelo homem, será que não podemos nos perguntar se o fato de focalizar toda a atenção relativa à exploração econômica sobre a alienação do produto do trabalho não ocultaria, e talvez não sem motivação, a face mais cruel da alienação constitutiva da exploração econômica do homem? Certo número de fatos da política não fornece alguma verossimilhança a essa ideia? Por que não nos perguntarmos se, em certo grau da organização da produção, não fica visível que o produto do trabalhador é justamente a figura que o capitalismo assume em nossos dias, a sua forma singular?

Seguindo esse fio, vocês verão se esclarecer a função da fé capitalista. Tomem algumas pequenas referências no que indico sobre o tema do ato psicanalítico e conservem isso em um canto da sua cabeça, para as afirmações por meio das quais seguirei minha exposição.

Dou a mim mesmo o número de dias de férias que se dá aos garotos nos liceus, e nos encontraremos em quinze dias.

7 de fevereiro de 1968

Explorações Lógicas

IX

Questionamento do Sujeito Suposto Saber

O Espírito Santo
O amor na berlinda
O parceiro sexual, objeto a expulsar
Distância dos dois gozos
O Édipo é apenas um mito

Nos próximos dias será lançada uma pequena revista que não estou encarregado de lhes apresentar. Vocês a encontrarão por aí, em Saint-Germain-des-Prés, daqui a alguns dias. Verão nela certo número de traços que lhe serão particulares, dentre eles, em primeiro lugar, o fato de que, à parte os meus, por razões que explicarei, os artigos ali não são assinados.

Isso impressionou e gera algum ruído, sobretudo onde deveria ser apreendido quase imediatamente, quero dizer, entre aqueles que foram os únicos até aqui a ter a informação de que os artigos seriam publicados assim. Trata-se não só de psicanalistas, mas, melhor ainda, de pessoas que são membros da minha Escola e que, nessa condição, deveriam talvez ter os ouvidos um pouco treinados para o que se diz aqui.

Enfim, depois do que direi hoje, o fundamento do princípio de que os artigos não serão assinados nessa revista talvez apareça melhor, uma vez que parece que se encontram poucas pessoas capazes de dar o pequeno passo adiante sobre o que eu ensino, ainda que ele já esteja indicado pela caminhada que o precede.

O irônico é que estava especificado no boletim de informação da Escola que o fato de esses artigos não serem assinados não queria dizer que não se conheceriam seus autores, já que se anunciava que eles apareceriam sob a forma de uma lista, ao final de cada ano. O termo "artigo não assinado" foi logo captado e amplificado pelos ouvidos, ao estilo de uma concha marinha, de onde saíram coisas singularmente absurdas sobre o que é a função do anonimato.

Depois de fazer a comunicação da coisa a alguns, unicamente a título instrutivo, passo-lhes tudo o que pode me ocorrer a respeito, em que se vê como uma coisa pode ser transformada em outra. Não há surdez pior do que quando não se quer ouvir pela primeira vez. Há outros que foram mais longe e, em abundantes correspondências pessoais, fizeram-me compreender a que ponto a face do anonimato representava um modo de utilizar seus colaboradores como empregados. Entretanto, parece que isso acontece em certas revistas que talvez não estejam em pior posição para tanto, enfim, quando visto de fora. *Eles não passam*, disseram-me, *de empregados da direção*, é assim que as pessoas se permitem qualificar o fato de que, nas revistas de crítica, não seja usual que o crítico assine seu nome. A esse respeito, quem sabe até onde vai a noção de empregado?! Enfim, ouvi de tudo o que se pode ouvir, como a cada vez que tenho de obter uma resposta no âmbito de uma inovação.

No presente caso, inovação de algo importante e que agora começa a ganhar destaque como resultado do ato psicanalítico. Trata-se do que resulta desse ato como posição do sujeito dito psicanalista, precisamente na medida em que lhe deve ser atribuído esse predicado, a saber, a consagração de psicanalista. Se o que vemos produzir-se no caso que acabo de citar tivesse que ser demonstrado como algo incluído nas premissas, como a consequência da inscrição do ato no que chamei de consagração sob a forma predicativa, seria preciso dizer que o que daí resulta assume a forma de uma espécie de definhamento bastante evidente das faculdades de compreensão, algo que, sem querer levar mais longe o que se pode dizer a respeito quanto aos próprios interessados, nos aliviaria muito em relação à compreensão desse efeito singular.

Emprega-se às vezes o termo "pueril", como se realmente fosse à criança que se deveria referir quanto a esses efeitos. Claro, acontece, como se demonstrou em lugares muito bons, que as crianças caem na debilidade mental pela ação dos adultos, mas ainda assim não é a essa explicação que podemos nos referir, no caso em questão, ou seja, o dos psicanalistas.

Retomemos o que se relaciona ao ato psicanalítico e deixemos claro que hoje vamos tentar avançar.

1

Não esqueçamos os primeiros passos que demos em torno da explicação do ato psicanalítico, a saber, que ele é essencialmente como que inscrito em um efeito de linguagem.

Pudemos perceber nessa ocasião, ou pelo menos apenas lembrar, que acontece assim com todo ato. Portanto não está aí o que o especifica.

Como se organiza o efeito de linguagem em questão? Ele opera em dois níveis. Supõe a própria psicanálise como efeito de linguagem. Em outros termos, não é passível de ser minimamente definido senão incluindo o ato psicanalítico definido pela realização da própria psicanálise.

Tínhamos mostrado que aqui é preciso duplicar a visão, a saber: que a psicanálise não poderia ser instaurada sem um ato, sem o ato daquele que autoriza a sua possibilidade, sem o ato do psicanalista, e que a tarefa psicanalisante se inscreve no interior desse ato. Já mostrei essa primeira estrutura de recobrimento.

Mas a questão é — e esta não é a primeira vez em que insisto nessa distinção no cerne mesmo do ato — que é também o ato por meio do qual um sujeito dá a esse ato singular sua consequência a mais estranha, tornando-se ele mesmo quem o institui; dito de outro modo, ele se coloca como psicanalista. Ora, isso não se passa sem chamar nossa atenção.

O problema, de fato, é que ele assuma essa posição, que repita esse ato, que se torne o seu detentor, ao mesmo tempo sabendo muito bem o que acontecerá na sequência, conhecendo o desfecho — a saber, que, ao se colocar no lugar que é o do analista, ele virá a ser, afinal, sob a forma do *a*, esse objeto rejeitado, esse objeto pelo qual se especifica todo o movimento da psicanálise, e que, no final, vem à posição do psicanalista, na medida em que aqui o sujeito decididamente se separa, se reconhece como causado pelo objeto em questão. Causado no quê? Causado na sua divisão de sujeito, isto é, tendo em vista que, no final da psicanálise, ele permanece marcado por essa hiância que é a sua e que se define na psicanálise pela forma de castração.

Aí está, resumido e comentado, o esquema que fiz sobre o resultado, sobre o efeito da psicanálise. Representei para vocês no quadro o seu duplo movimento, marcado nessa linha pela transferência e pelo que se chama de castração. No final, ele desemboca na disjunção entre o (–φ) e o *a*.

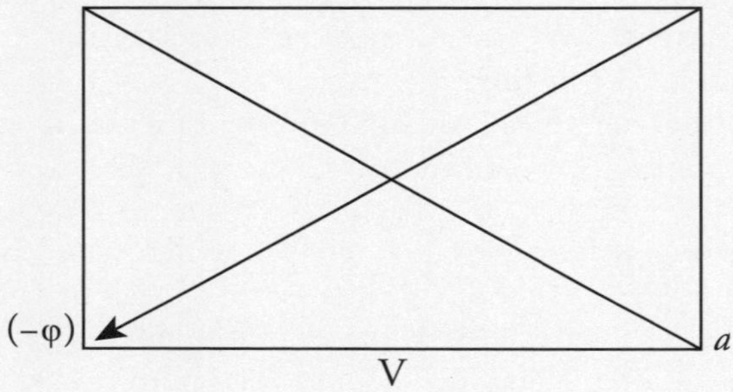

Aí está o que se passa no final. Há o psicanalista, por meio da operação do psicanalisante — operação que ele autorizou, sabendo qual é o seu término, e a operação pela qual ele próprio se institui e da qual é o desfecho, apesar de saber, por assim dizer, o que esse término implica.

A abertura permanece aqui na hiância de como pode operar esse salto. Em um texto, que era um texto de proposição, explorei o que há nesse salto, que chamei de passe. Até que tenhamos visto isso de perto, não há mais nada a dizer a respeito, a não ser que ele é precisamente esse salto, pois pode-se dizer que, na estruturação da psicanálise, tudo é feito para dissimular o que é um salto. Ocasionalmente se fará um salto, mas com a condição de que, sobre o que há para atravessar, haja uma espécie de cobertura estendida que permita não ver que se trata de um salto. Esse é ainda o melhor dos casos, pois mesmo assim é melhor do que colocar uma pequena passarela, o que é bastante cômodo, mas aí não se trata mais de um salto.

Mas enquanto a coisa não for efetivamente interrogada, colocada em questão na análise — e por que adiar dizer que a minha tese é de que toda a organização do que se faz e existe na psicanálise é feito para que essa interrogação e essa exploração não aconteçam? —, não poderemos dizer em parte alguma o que quer que seja a mais do que o que se diz, porque na verdade é impossível falar sobre isso sozinho.

Em contrapartida, é cômodo designar certo número de coisas como sendo, aparentemente, as consequências do fato de que esse salto foi posto entre parênteses. Questionem, por exemplo, os efeitos da consagração, não direi oficial, mas *oficiosa*, da consagração como ofício, do que é um sujeito antes e depois desse salto supostamente realizado. Aí está algo que vale a pena questionar, e que merece tornar a questão mais premente, quero dizer, que não valha apenas como questão, mas que é prelúdio da resposta, insistência da questão, por assim dizer.

É evidente que, na medida da duração dessa consagração no ofício, algo de fundamental vem a se tornar opaco em relação ao que são efetivamente pressupostos necessários do ato psicanalítico, a saber, algo com que terminei da última vez, designando-o como sendo, à sua maneira, o que chamamos de ato de fé — ato de fé, disse eu, no sujeito suposto saber, e precisamente proveniente de um sujeito que acaba de aprender o que é esse sujeito suposto saber, pelo menos na operação exemplar que é a da psicanálise.

Disso decorre que é impossível que a psicanálise possa, de algum modo, se assentar como se fez até aqui pelos enunciados de uma ciência. No momento em que a aquisição de uma ciência passa a um estágio ensinável, em outras palavras, professoral, o que se enuncia dela nunca questiona o que estava ali antes que o saber surgisse — quem o sabia? A coisa, devo dizer, não ocorreu a ninguém, pois é tão evidente que havia, antes, esse sujeito suposto saber. Em princípio o enunciado da ciência mais ateísta é, quanto a esse ponto, firmemente teísta. Na verdade, não conheço nada sério que se tenha afirmado nesse registro antes que a própria psicanálise nos colocasse a questão.

É propriamente insustentável que o sujeito suposto saber preexista à operação psicanalítica, quando esta consiste precisamente na partilha, entre os dois parceiros, dos dois termos que lhes ensinei a articular na lógica do fantasma, o $\$$ e o *a*. Como eles se distribuem no término ideal da psicanálise — psicanálise que chamarei de finita? Saibam que, dizendo isso, deixo entre parênteses a ênfase que o termo "finita" pode receber de seu uso em matemáticas, na teoria dos conjuntos; e especialmente desse passo que se dá do âmbito em que se trata de um conjunto finito àquele em que se trata de um conjunto que não é finito, mas que se pode, contudo, tratar por meios confirmados, inaugurados no âmbito dos conjuntos finitos. Por ora, fiquemos no plano da psicanálise finita.

No final, não vamos dizer que o psicanalisante é todo sujeito, pois precisamente ele não é todo, por ser dividido. Não poderemos contudo dizer que ele é dois. Ele é apenas sujeito, mas — segundo a fórmula em cujo uso habituei alguns que me ouviam quando eu dava meu Seminário sobre a angústia — ele não é *sem* esse objeto, enfim rejeitado no lugar preparado pela presença do psicanalista para que se situe em relação ao sujeito em uma relação que faz dele a causa de sua divisão.

Por outro lado, o analista, não diremos mais que ele é todo objeto, ou que não passa desse objeto rejeitado, somente no fim. É aí que jaz não sei qual mistério que encerra o que todos os praticantes conhecem bem, a saber, o que se estabelece no término, ou melhor, depois do término, no plano da relação humana, como se diz, entre aquele que seguiu o caminho da psicanálise e aquele que constituiu aí o que chamamos de seu guia.

Como alguém pode ser reconhecido como qualificado para essa operação de outra maneira que não nos caminhos que lhe são próprios, aqueles em que está seguro, isto é, reconhecido de outro modo que não por ele mesmo? A questão não é específica da psicanálise. Ela se resolve habitualmente como na psicanálise, pela eleição, ou por certa forma de escolha. Vista da perspectiva que tentamos estabelecer, eleição ou escolha, tudo isso é mais ou menos da mesma ordem, pois supõe o sujeito suposto saber sempre intacto, não questionado.

As eleições democráticas são formas de eleição que os aristocratas declaram ser as mais estúpidas. Não vejo por que seriam mais estúpidas que as outras — apenas isso supõe que a base, o elemento, o votante, entende um pouco do assunto. Não pode repousar sobre outra coisa. É nesse nível que se coloca o sujeito suposto saber. Uma vez que ele esteja ali, as coisas são sempre muito simples — sobretudo a partir do momento em que o questionamos, pois, se o fazemos, torna-se muito menos importante saber onde se coloca aquele que, no entanto, mantemos em certo número de operações. E, de fato, não se vê por que não o situaríamos como todo mundo.

É por essa razão que a Igreja é há muito tempo a instituição mais democrática, tudo ali se passa por eleição. É que ela, ela tem o Espírito Santo. O Espírito Santo é uma noção infinitamente menos estúpida que a do sujeito suposto saber. Nesse âmbito, há apenas uma diferença a destacar em favor do sujeito suposto saber: no conjunto, não nos apercebemos que ele está sempre ali, de maneira que não é errado mantê-lo.

É a partir do momento em que ele pode ser questionado que é possível levantar categorias como a da estupidez. Eu o criei com esse termo que, evidentemente, não pode ser de modo algum suficiente, só para lhes fazer cócegas nos ouvidos. Não é porque a gente se obstina que se é estúpido. É porque algumas vezes não se sabe o que fazer.

Em relação ao Espírito Santo, destacarei para vocês que é uma função muito mais elaborada acerca da qual não irei teorizar, mas que mesmo assim é fácil, para qualquer um que tenha refletido um pouco sobre a função da Trindade cristã, encontrar equivalentes absolutamente precisos nas funções que a psicanálise permite elaborar.

Penso especialmente naquela que valorizei em um de meus artigos, o que trata da "Questão preliminar a todo tratamento possível da psicose", com o termo de grande fi (Φ), que precisamente não está em uma posição muito sustentável, a não ser nas categorias da psicose.

Deixemos aparecer esse desvio, que tem seu interesse, e voltemos mais uma vez à transferência.

2

Hoje é bastante necessário articular o quanto o sujeito suposto saber, que introduzi como constitutivo do ato psicanalítico, é essencial à configuração como tal da transferência.

Se não se introduz aí o sujeito suposto saber, a transferência se mantém em toda a sua opacidade. Ela se esclarece singularmente a partir do momento em que são reveladas a noção de sujeito suposto saber e a fratura que sofre na psicanálise.

Aqui, um olhar retrospectivo adquire todo o seu valor. A cada vez que se trata da transferência, os autores, os bons, os honestos, evocam que a distância que permitiu a instauração da transferência em nossa teoria remonta a esse momento preciso em que, ao sair de uma sessão triunfante de hipnose, uma paciente, nos diz Freud, lança os braços ao redor do pescoço dele. Aí está.

Bem, o que é isso? A gente se detém, se maravilha que Freud não tenha se emocionado. *Ela me toma por outro*, traduzamos o modo como Freud se expressa, *não sou* unwiderlich, *irresistível, a esse ponto*, há algo mais. Nós nos maravilhamos como se houvesse algo com que se maravilhar a esse respeito. Talvez não seja tanto porque Freud, como ele se expressa em seu humor, não tenha acreditado no objeto em questão. Não é que creiamos ou não no objeto. É que, quando se trata disso, a saber, do amor, a gente se sente incluída. Em outras palavras, temos essa espécie de complacência que, por menor que seja, atola vocês nesse melaço que se chama amor.

Pois, enfim, por ora, fazemos assim todo tipo de operações, de arabescos em torno do que é preciso pensar acerca da transferência. Vemos alguns dando prova de coragem e dizendo: *Mas como, então?! A transferência, não joguemos tudo do lado do analisado*, como se diz, *também estamos aí para alguma coisa*. E como! Como estamos aí para alguma coisa, e a situação analítica também está envolvida nisso. A partir daí, outro excesso — é a situação analítica que determina tudo. Fora da situação analítica não existe transferência. Enfim, vocês conhecem toda a gama, a roda que se forma, em que cada um rivaliza para mostrar um pouco mais de liberdade de espírito que os outros.

Há também coisas muito estranhas. Por ocasião do último Congresso, em que se tratava de coisas questionadas em um seminário fechado aqui, houve uma pessoa que perguntou, assim, em que momento do ato psicanalítico eu iria conectar tudo isso à passagem ao ato e ao acting-out. É claro que farei isso. A pessoa que articulou essa questão é alguém que, por uma exceção, se recorda do que pude articular a esse respeito em um certo 23 de janeiro de 1963.

Em relação ao acting-out, o autor cuja personalidade eu começava a introduzir há pouco deu sobre a transferência uma pequena lição que ninguém lhe pedia que desse. Essa pequena lição deu origem a um pequeno artigo que, agora, se espalha cada vez mais.

Ali se articulam coisas sobre a transferência que não se conceberiam mesmo que o discurso de Lacan não existisse. Aliás, nos dedicamos, por exemplo, a demonstrar a insuficiência dessa formulação que Lacan apresentou em seu relatório *Função e campo da fala e da linguagem*, a saber, por exemplo, que o inconsciente é algo que falta ao discurso e que é preciso fazer suplência para que a história se restabeleça na sua completude, para que se suspenda o sintoma etc. E, naturalmente, o outro zomba: *Seria bom se fosse assim. Todo mundo sabe disso, não é porque a histérica se lembra que tudo se arranja*. Depende dos casos, aliás, mas pouco importa.

Seguimos mostrando a que ponto isso de que se trata no discurso analítico é mais complexo. Nem tudo se resume à estrutura do enunciado; acreditam se armar contra mim, mas há também que considerar para que serve saber se alguém diz a verdade ou não. Por vezes, mentir é propriamente o modo como o sujeito anuncia a verdade do seu desejo, pois justamente não há outro meio de anunciá-lo senão pela mentira.

De fato, só me opõem coisas que articulei da maneira mais expressa. Se mencionei há pouco o seminário do dia 23 de janeiro de 1963, foi exatamente pelo que disse sobre a função de certo tipo de enunciado do inconsciente, uma vez que a enunciação do desejo implicado é, muito propriamente, a da mentira. Foi o ponto que o próprio Freud apontou no caso da homossexualidade feminina. É precisamente assim que o desejo se expressa e se situa.

Destaca-se em seguida o registro no qual incide a interpretação analítica na sua originalidade. O que é revelado pela intervenção interpretativa não poderia de modo algum, digamos, ser posto em uma espécie de anterioridade que se poderia saber. Da mesma forma, a transferência é outra coisa que não o objeto já ali, já inscrito em tudo o que ele vai produzir, pura e simples repetição de algo anterior, que só esperaria para se expressar, em vez de ser produzido por seu efeito retroativo.

Em suma, retomam tudo o que eu disse há três anos — acerca do qual não se deve acreditar que não tenha trilhado o seu caminho, assim, por impregnação — e, em um segundo tempo, lembrando-se do que eu disse dez anos antes, fazem da segunda parte uma objeção à primeira. Ocasionalmente com facilidade se armam contra o que enunciei, depois de edificado e percorrido o escalonamento do que construí, para se permitirem orientar-se na experiência analítica. Fazem objeção ao que eu disse em uma data retomando o que eu disse em data posterior, como se o tivessem inventado por si mesmos.

O que eu disse primeiro, é claro, pode ser entendido como parcial, sobretudo quando isolado de seu contexto. Por exemplo, em relação ao efeito de certas interpretações puramente complementares de determinado trecho da história no campo da histeria, isso foi efetivamente precisado por mim como algo bastante limitado. Desde a época em que o articulei, critiquei uma noção excessivamente objetivante da história, que consistiria em negligenciar sua função como história constituída a partir de preocupações presentes, ou seja, como toda espécie de história existente. E em meu discurso qualificado como *Discurso de Roma*, eu precisamente falei sem rodeios, com suficiente insistência, que não se entende nenhuma espécie de função da história sem a história da história, ou seja, isso a partir do que o historiador constrói.

Faço essa observação sobre um enunciado que apresenta como que uma pobreza, apenas para designar algo que não deixa de ter certa relação com o que há pouco eu chamava de questionamento do sujeito suposto saber, em relação ao passo que tento fazer com que os psicanalistas deem.

Do modo de exercício desse questionamento resulta que, no âmbito desse pré-requisito, desse pressuposto, desse preestabelecido, de um sujeito suposto saber, uma revisão se torne necessária. A pressuposição não pode mais ser a mesma — pelo menos em certo campo, o nosso, na medida em que em um ponto preciso desse campo trata-se não do saber, mas de algo que, para nós, se chama verdade. Como manejar o saber nesse ponto? Como elaborar sua estrutura? Como formular uma lógica que torne algo manejável aí?

Ora, toda a organização analítica está construída para ocultar minha questão sobre a função do sujeito suposto saber, a ser revisada. É do ponto em que essa questão só pode ser sentida por ser a mais incômoda que obtive esse modo de resposta muito preciso, que consiste em decompor meu discurso em dois tempos, para fazer uma oposição de um ao outro, aliás impossível de encontrar na maioria dos casos e que resulta apenas da ficção de que o autor que se expressa teria ele próprio descoberto a segunda parte, quando eu teria me limitado à primeira. Esse procedimento de pura ficção para qualquer um que saiba ler tem algo de bastante irrisório, que não deixa de se ligar ao que está no cerne da questão — que fique dito para reconhecer onde as coisas se inserem na sua realidade.

Quando falei da transferência para reconduzi-la à sua simples e bem miserável origem, pude falar a respeito, tão mal, dos termos do amor. Mas qual é o osso do questionamento que constitui em si a transferência? Não é nem que seja o amor, como alguns dizem, nem que não o seja, como afirmarão outros de bom grado: é, por assim dizer, que ela põe o amor na berlinda. Ela o faz precisamente de maneira insignificante, que nos permite ver o que está afinal nesse gesto da histérica ao sair da captura hipnótica.

O que se alcança de cara é isso por meio do qual defino o que é essa coisa, tão mais rica, instrutiva e na verdade nova no mundo, que se chama psicanálise. Ela, a histérica, alcança imediatamente a finalidade da psicanálise. Freud, a quem ela beija apaixonadamente, é o objeto *a*. Todo mundo sabe que aí está aquilo de que uma histérica necessita, sobretudo ao sair da hipnose. As coisas estão de certo modo desimpedidas, pode-se dizer.

De onde Freud pôde colocar em suspenso de maneira tão radical o que se refere ao amor? Para identificar o que se refere estritamente à operação analítica, podemos duvidar disso, mas a questão não está aí. Colocar em suspenso o amor foi o que lhe permitiu instaurar a psicanálise. Ele soube ouvir esse curto-circuito original até lhe dar o lugar, desmedido, da operação analítica, na qual se descobre todo o drama humano do desejo. E ao final, o quê? Não é pouca coisa toda essa imensa aquisição, o campo novo aberto no que se refere à subjetivação. Ao final, o quê? Mas o mesmo resultado que era alcançado nesse curto instante, a saber, de um lado o S simbolizado pelo momento da emergência, o momento fulminante do entre-dois-mundos de um despertar do sono hipnótico, e, do outro, o *a*, de repente estreitado nos braços da histérica.

Se o *a* lhe convém tão bem, é porque é dele que se trata no cerne das roupagens do amor. De fato, é em torno desse objeto *a* que se instauram, que se instalam todos os revestimentos narcísicos que dão suporte ao amor.

Mas a histérica, ela sabe bem do que precisa, quero dizer, do que necessita seu *Quero e não quero*, que provém ao mesmo tempo da especificidade desse objeto e de sua crueza insustentável. De modo que, eventualmente, é divertido pensar que, ao fazer toda a construção da psicanálise, esse Freud, até o fim da sua vida, se perguntou *O que quer uma mulher?*, sem encontrar a resposta.

O que ela quer é bem simples — justamente isso, o que ele fez, um psicanalista. Para a histérica, pelo menos, isso é perfeitamente verdadeiro. O que o psicanalista se torna ao término da psicanálise, se é verdade que ele se reduz ao objeto *a*, é o que a histérica quer. Entende-se por que, na psicanálise, a histérica se cura de tudo, menos da sua histeria.

Essa é apenas uma observação lateral, à qual vocês estariam equivocados de dar alcance maior do que o ponto em que ela se inscreve, pura e simplesmente.

3

Para tornar alguns daqueles que me ouvem sensíveis a essas coisas por meio de exemplos recentes, tomaríamos de bom grado uma pequena inclinação a achar analogias entre isso em que operamos e um não sei quê que se encontraria em planos mais abissais na lógica.

É assim, por exemplo, que agrada aos biólogos expressar os termos cromossômicos como mensagens. Afirmarei exatamente o contrário: não há na expulsão do objeto *a* algo que nos evoque, já que a TV nos mostra isso, esse fenômeno biológico?

Recentemente ouvi — pois quando há bobagens a dizer, pode-se dizer que elas nunca faltam — que alguém fez essa descoberta: que se poderia dizer que a linguagem está estruturada como o inconsciente. Isso seria prazeroso. Há pessoas que acreditavam que seria preciso ir do conhecido ao desconhecido, mas aí, vamos lá, heim, vamos do desconhecido ao conhecido. Isso se faz bastante, chama-se ocultismo. É o que Freud chama de gosto pelo *mystische Element*. É muito precisamente a reflexão que ele fez quando a histérica passou os braços em torno de seu pescoço. Todo o sentido do que Freud fez consiste precisamente em avançar de maneira tal que se procede contra o *mystiche Element*, e não partindo dele.

Não esqueçamos que falamos disso. Se Freud protesta contra o protesto — pois é exatamente o que ele faz — que se ergue ao seu redor no dia em que ele diz que um sonho é mentiroso, nesse momento ele repete que, se as pessoas estão revoltadas com a ideia de que o inconsciente pode ser mentiroso é porque não há nada a fazer — o que quer que eu tenha dito sobre o sonho, eles continuarão querendo manter ali o *mystische Element*, a saber, que o inconsciente não pode mentir.

Que isso não nos impeça de nos servirmos de uma pequena metáfora. Esse objeto *a* que ao final da análise convém expulsar, que vem tomar o lugar do analista, não se parece com algo? Vocês não ouviram falar disso, da expulsão dos glóbulos polares na meiose? Em outras palavras, o que as células sexuais eliminam durante a sua maturação. Seria elegante, em suma.

Graças a isso, a comparação prossegue. O que a castração se torna então? A castração é justamente o resultado, a célula reduzida. A partir daí, está feita a subjetivação que lhes permitir ser, como se diz que Deus os fez, macho ou fêmea. A castração seria realmente a preparação da conjunção de seus gozos.

Naturalmente isso não tem nenhuma seriedade, mas afinal, de tempos em tempos, há aqueles que sonham com isso à margem da psicanálise. Há apenas um pequeno infortúnio: é que estamos no campo da subjetivação da função do homem e da mulher. E na subjetivação, é como objeto *a*, esse objeto a expulsar, que se apresentará no real aquele que é chamado a ser o parceiro sexual. Aí jaz a diferença entre a união dos gametas e o que se refere à realização subjetiva do homem e da mulher. Naturalmente, podemos ver precipitarem-se aí todas as loucas do mundo. Enfim, graças a Deus em nosso campo não há tantas, daquelas que vão buscar suas referências em relação aos pretensos obstáculos da sexualidade feminina no temor da penetração que seria identificada à efração que o espermatozoide faz na cápsula, no invólucro do óvulo. Como vocês veem, não sou eu quem, pela primeira vez, agita diante de vocês alguns fantasmas pretensamente biológicos. Se falo a respeito, é para que nos diferenciemos disso, para que as diferenças estejam bem delimitadas.

Quando digo que é no objeto *a* que o parceiro será ainda, necessariamente, reencontrado em seguida, vemos surgir aí uma verdade inscrita em algum canto no Gênesis, pois o parceiro, Deus sabe que isso não o envolve em nada, aparecia no mito como a costela de Adão, logo, o *a*.

É por essa razão que a coisa vai tão mal desde aquele tempo no tocante a essa perfeição que se imaginaria como a conjunção de dois gozos. Na verdade, estou certo disso, é desse primeiro e simples reconhecimento que surge a necessidade do mediano do intermediário dos desfiladeiros constituídos pelo fantasma; a saber, essa infinita complexidade, essa riqueza do desejo, com todas as suas inclinações, todas essas regiões, todo esse mapa que pode ser desenhado, todos esses efeitos no âmbito das tendências que chamamos de neuróticas, psicóticas ou perversas, e que se inserem precisamente na distância estabelecida para sempre entre os dois gozos.

É estranho que, no âmbito da Igreja, onde não são exatamente tão idiotas, de todo modo, não percebam que, aí, Freud diz a mesma coisa que o que se presume que eles saibam ser a verdade, o que os força justamente a ensiná-la, isto é, que há algo que claudica do lado do sexo. Sem isso, de que serviria essa rede técnica embrutecedora? Bem, de modo algum. A preferência deles quanto a esse aspecto vai sobretudo para Jung, cuja posição é exatamente oposta: com ele entramos na esfera da gnose, ou seja, do obrigatório complementar do Yin e do Yang, e de todos os sinais que vocês veem girar um em torno do outro, como se, desde sempre, estivessem ali para se conjugar, *animus* e *anima*, a essência completa do macho e da fêmea. Podem acreditar em mim: os eclesiásticos preferem isso.

Abro a questão de saber se não é justamente pela seguinte razão: se estivéssemos com a verdade como eles, para onde iria seu magistério? Não me entrego a vãos excessos de linguagem apenas pelo prazer de me aventurar incomodamente pelo campo do que se chama *aggiornamento*. Estas são as observações que, no ponto em que estamos, posso levar até o Santo Ofício. Fui até lá não faz muito tempo, o que eu lhes disse os interessou muito. Não levei a questão tão longe a ponto de dizer: *É porque é a verdade que isso não lhes agrada? A verdade que vocês sabem ser a verdade?* Deixei-lhes tempo para se acostumarem com isso.

Só que, se lhes falo aqui sobre isso, qual é o motivo? É para destacar algo que é tão incômodo em termos de poder, em certos aspectos, talvez, ali onde se tem um pouco mais de bagagem do que entre nós — e também para lhes dizer que pode ser algo da mesma ordem que o que se passa nessa estranha espécie de Principado de Mônaco da Verdade que se chama Associação Psicanalítica Internacional. Pode ser que haja ali efeitos da mesma ordem: saber exatamente o que se faz nem sempre é cômodo. Mas nós podemos pôr os pingos nos is para certo número de coisas.

Por mais longe que tenha permitido articular coisas em todo o campo do inconsciente do desejo humano, a aventura analítica é talvez trazer algo que fornece uma renovação da verdade ao que começava a avançar sobre uma certa tendência à imbecilização, como aquela que acompanhava a ideia de progresso obrigatório, o germe da ciência. Essa renovação da verdade, caberia ver onde ela se situa, se é assim que a experiência analítica se define.

Ela instaura seus desfiladeiros, engendra uma produção formidável que se instala onde? Em uma hiância que não é de modo algum constituída pela castração em si, da qual a castração é o sinal, a moderação mais justa, a solução mais elegante. Ainda assim, sabemos muito bem que o gozo fica de fora. Não sabemos uma palavra a mais em relação ao que é o gozo feminino. No entanto, não é uma questão que data de ontem. Havia, por exemplo, um tal de Júpiter, esse sujeito suposto saber — bem, ele não sabia, mas perguntou a Tirésias. O que é impressionante é que Tirésias sabia um pouco mais a respeito. Ele só cometeu um erro, que foi dizê-lo. Como vocês sabem, perdeu a visão por causa disso.

Vejam que essas coisas, na verdade, estão inscritas há muito tempo nas margens de certa tradição humana. Conviria talvez percebê-lo. É isso, aliás, que torna legítima a nossa intrusão da lógica no ato psicanalítico. É também o que há para englobar a nossa bolha. Decerto chamá-la de bolha não é reduzi-la a nada, se é ali que se situa tudo o que se passa de sensato, de inteligível, e mesmo de insensato também. Mas, enfim, seria conveniente saber onde se situam as coisas, por exemplo, no que se refere ao gozo feminino. Está claro que isso foi deixado completamente fora do campo.

Por que lhes falar primeiramente do gozo feminino? Talvez para já começar por desenganar alguns que, por confusão, poderiam acreditar que estaríamos em algum lugar do lado do sujeito suposto saber como se chega ao gozo. Lembro isso a todos os psicanalistas, pelo menos aqueles que sabem do que falamos, o que se pode visar e alcançar. Desobstruímos o terreno em frente à porta, mas, em relação ao que se chama propriamente porta, creio que nossa competência é bastante limitada.

Depois de uma análise muito boa, digamos que uma mulher pode fazer a festa. Se há uma vantagenzinha a ganhar, é muito precisamente na medida em que e para o caso em que, logo antes, ela se tivesse tomado como o grande fi (Φ) de agora há pouco. Pois, nesse caso, claro, ela é frígida.

Não é só isso. Freud indicou que a libido, tal como a definiu, ou seja, no campo em questão na psicanálise, a libido-desejo, seria apenas masculina. Isso deveria nos colocar com a pulga atrás da orelha e nos mostrar que o que está em jogo é a relação da subjetivação relativa à coisa do sexo — mas na medida em que essa subjetivação desemboca na relação logicamente definida por $\$ \lozenge a$, e nesse caso todo mundo é igual. Quanto à libido, pode-se qualificá-la como se quiser, masculina ou feminina. O que faz pensar que ela é mais masculina é que o gozo feminino, nós o temos ainda, ocasionalmente, ao alcance do que vocês sabem, ao passo que o gozo masculino, pelo menos no que diz respeito à experiência analítica, é muito precisamente reduzido ao mito de Édipo. Coisa estranha, parece que ninguém se deu conta disso.

Só que, aí está, desde o tempo em que me matei dizendo que o inconsciente é estruturado como uma linguagem, ninguém percebeu ainda que o mito original, o de *Totem e tabu* — o Édipo, para ser claro —, talvez seja um drama, só que um drama afásico. O Pai goza de todas as mulheres, essa é a essência do mito de Édipo, quero dizer, segundo Freud. Há aqueles para quem isso não está bem — ou o matam ou o devoram. Isso não tem nada a ver com drama nenhum. Se os psicanalistas fossem mais sérios, em vez de passar seu tempo a vasculhar em Agamemnon e em Édipo para tirar deles não sei o quê, sempre a mesma coisa, poderiam começar por fazer a seguinte observação: o que há a explicar é que, justamente, isso tenha se passado em uma tragédia.

Mas há ainda uma coisa muito mais importante a explicar. Por que os psicanalistas nunca disseram expressamente que o Édipo não passa de um mito, graças ao qual situam os limites de sua operação? É muito importante dizer isso. O que acontece no tratamento psicanalítico se estabelece nesse enquadre mítico, no interior do qual poderá se realizar a divisão da qual parti, a saber, que ao término do ato analítico, nesse ponto extremo, há na cena — cena que é estruturante, mas apenas nesse âmbito — o *a*. No final de seu destino, o herói da tragédia não é mais do que isso, uma vez que tudo o que é da ordem do sujeito encontra-se em outro campo, aquele que apresenta esse caráter dividido que há entre o espectador e o coro.

Aí está o que deve ser olhado de perto: por que Édipo veio um dia à cena? Foi para que não se visse que seu papel econômico na psicanálise está em outro lugar. A saber, está na suspensão dos polos inimigos do gozo, o gozo masculino e o gozo da mulher.

Nessa estranha divisão que já escapa, constatamos o que, a meu ver, realmente ressalta a diferença da função do mito de Édipo: que o pai da horda primitiva não tem nenhum direito a ser chamado de Édipo, e que Freud, quando reconhece isso, faz desse Édipo um uso figurado, o transpõe e o coloca em cena, quer se trate da cena sofocliana ou da de Shakespeare. Aí está o que nos permite mensurar a distância entre o que realmente opera na psicanálise e o que não opera.

Para completar, e antes de prosseguir, acrescentarei que há no texto de Freud um terceiro termo, que é *Moisés e o monoteísmo*. Nesse terceiro caso, não mais que nos dois primeiros, que não se assemelham em nada, Freud não hesita em pretender fazer funcionar sempre da mesma forma o Pai e seu assassinato. Só de se levantar uma questão assim, isso não deveria começar a despertar em vocês pequenas sugestões? E especialmente sobre essa tripartição tão evidente da função resumida como edípica na teoria freudiana. Nem o mínimo começo de elaboração no âmbito verdadeiro do que se trata. Nada está feito ainda, e certamente não por mim.

Vocês sabem por quê. Eu o havia preparado para meu Seminário sobre os Nomes-do-Pai e começava a adentrar esse terreno, eu o demonstrei, não foi por acaso que a coisa aconteceu assim e que eu não tenha podido fazê-lo. Digamos que eles me pareceram um pouco frágeis, aqueles a quem isso interessa e que estão fartos de seu campo psicanalítico tal como é definido, como algo que de modo algum pode pretender retomar a cena, nem a tragédia e nem o circuito edípico.

O que fazemos na análise? Percebemos diferenças, fracassos em relação a um mito que não conhecemos em nada, mas que nos permite colocar em ordem as nossas observações. Não vamos dizer que na psicanálise fazemos do pretenso pré-genital qualquer coisa de amadurecido. Pelo contrário, já que é por meio da regressão que avançamos nos campos da prematuração. O que fazemos senão reconhecer nos estádios pré-genitais a função do Édipo? É nisso que consiste essencialmente a psicanálise, conforme salta aos olhos de qualquer um que não esteja absolutamente atolado em coisas às quais é preciso que cheguemos — aos olhos de mulheres, que certamente são o que há de mais eficaz na psicanálise e, em alguns casos, o que há de menos estúpido; penso em Melanie Klein.

Consequentemente, não existe na psicanálise nenhuma experiência edipiana. O Édipo é o enquadre no qual podemos organizar o jogo. Digo *o jogo* intencionalmente. Trata-se de saber qual partida jogamos, e é por isso que tento introduzir aqui um pouco de lógica. Não é usual começar a jogar pôquer e de repente dizer: *Oh, desculpa, eu estava jogando truco nos últimos cinco minutos*. Isso não se faz, sobretudo em matemática. É por isso que tento buscar nela algumas referências.

Não vou ocupá-los por muito mais tempo hoje, ainda mais que, neste lugar, nada nos apressa. Não vejo por que eu faria o corte aqui ou ali, eu o farei conforme o tempo permita.

Vou situar os elementos importantes em termos de lógica. E por quê? Porque em toda ciência a lógica se define — uma nova definição que lhes forneço — como o que tem propriamente por fim absorver o problema do sujeito suposto saber.

Da próxima vez, partiremos da lógica moderna a fim de representar em termos literais, em termos de álgebra lógica, em termos de quantificação, o que quer dizer *Há um psicanalista*. De fato, é graças a essas figuras literais que podemos progredir em relação ao problema.

Poderemos progredir onde até agora nunca soubemos o que fazer com algo tão obscuro e tão absurdo como a validação de uma qualificação de tudo o que nunca se fez alhures e que eu evocava há pouco. E que aqui, justamente, ao acompanhar uma experiência tão particularmente grave em relação ao sujeito suposto saber, adquire um aspecto, uma ênfase, uma forma, um valor de recaída cujas consequências se precipitam aí de modo tão perigoso. Essas consequências aparecerão de maneira implacável, e de certa forma tangível, apenas ao tomarmos como seus suportes esses traços, essas unidades, essas figuras, essas proposições da lógica moderna; falo daquela que introduziu os quantificadores. Já mencionei a palavra.

Bem, se isso nos serve, saibam que é precisamente em função da definição da lógica que apresentei há pouco. Certamente ela nunca foi fornecida por nenhum lógico, porque ele é lógico e porque essa dimensão nunca foi absorvida, escamoteada pelos lógicos. Eles não percebem, cada qual com seu ponto cego, que a função da lógica é que a questão do sujeito suposto saber seja devidamente absorvida, escamoteada. Em lógica, isso não se coloca. Não causa nenhum tipo de dúvida o fato de que, antes do nascimento da lógica moderna, certamente não havia ninguém que tivesse a mínima ideia acerca dela. Em contrapartida, o que estabelece e legitima a existência da lógica, é esse ponto ínfimo — muito precisamente, quando se define o campo em que nada é o sujeito suposto saber.

Não será hoje que lhes demonstrarei isso, mas será fácil fazê-lo, e poderia ser, da parte de um lógico, o objeto de um trabalho elegante. Mais elegante que o que eu mesmo poderia fazer.

É precisamente porque ali o sujeito suposto saber não é nada, e que aliás, ele é uma falácia, que estamos entre os dois, a buscar apoio na lógica, de um lado, e de outro em nossa experiência.

Poderemos pelo menos introduzir uma questão acerca da qual não há certeza de que será sempre inócua para a psicanálise. Como diz Claudel: *O pior nem sempre é garantido.*

21 de fevereiro de 1968

X

O Inconsciente e a Lógica

Seminário fechado

O discurso de professor
A quantificação
A copulação

Alguém foi solicitado — e de forma ainda mais legítima por ser de Jacques Nassif de quem se trata, ele quis fazer para o *Boletim da Escola Freudiana* o resumo de meu Seminário do ano passado, sobre a lógica do fantasma — e se prontificou a responder a esse chamado, que consistia em lhe perguntar se não tinha algo a dizer ou a questionar, ou a apresentar, que desse uma ideia do modo como ele entende o ponto ao qual chegamos este ano. Agradeço-lhe muito ter se disposto a dar essa resposta, ou seja, a preparar algo que vai servir de introdução ao que será dito hoje.

Já posso dizer em que sentido isso me traz satisfação. Primeiro, pelo fato puro e simples de que ele preparou esse trabalho, e o preparou de maneira competente, estando perfeitamente a par do que eu disse no ano passado. Depois, acontece que, desse trabalho, o que ele extraiu, valorizou, isolou em relação ao conteúdo do que eu disse no ano passado, é a rede lógica propriamente dita, e sobretudo sua importância, sua ênfase, sua significação no que talvez seja definido, indicado, como a orientação de meu discurso, sua visada, seu fim, para dizer claramente.

Nessa elaboração, a questão que trago sobre o ato analítico, e que se apresenta como algo profundamente envolvente para cada um daqueles que aqui me escutam como analistas, chegamos justamente a um ponto em que vou colocar sobre a lógica uma tônica mais forte ainda do que aquela posta até aqui.

1

Pode-se se entender isso como de certa maneira proveniente do *Em toda coisa há uma lógica*.

Ninguém sabe bem o que isso quer dizer. Se é dizer que há uma lógica interna a algo, e que estaremos ali apenas a buscar a lógica da coisa, é colocar em uso o termo lógica de um modo relativamente metafórico. Mas não, não é absolutamente aí que chegamos.

Terminei meu discurso da última vez com uma afirmação certamente audaciosa, que não espero que receba aprovação imediata, mas pelo menos que produza rumor, ressonância e simpatia, espero, nos ouvidos de um ou outro daqueles que posso ter em meu auditório, aqui presentes, como lógicos.

Indiquei — e espero me mostrar em condições de fornecer, nesse sentido, algum argumento — que devia haver aí alguma possibilidade de definir como tal a lógica, a lógica no sentido preciso do termo, ou seja, essa ciência que se elaborou, especificou e definiu. Isso não quer dizer que ela tenha se definido desde o primeiro passo, desde o primeiro momento. Digamos pelo menos que, sem dúvida, uma de suas características é que ela não pode propriamente se estabelecer a não ser por uma definição já muito articulada. É por isso que só se começa a distingui-la com Aristóteles, e que desde agora temos o sentimento de que ela é, desde o início, levada a uma espécie de perfeição, o que mesmo assim não exclui que tenha havido deslocamentos muito sérios, até mesmo rupturas que, de certa forma, nos permitirão aprofundar o que está em questão.

Mencionei outro dia que talvez houvesse uma definição em que até agora ninguém havia pensado e que buscaremos formular de modo preciso. Ela poderia se articular em torno disso: que o que alguém tenta fazer por meio da lógica — esse *alguém* merecerá também ser mantido e assinalado entre parênteses, como um ponto a elucidar posteriormente — seria de que ordem? Do domínio ou da liberação (algumas vezes é a mesma coisa) em relação ao que pontuamos aqui, em nossa própria prática de analistas, como o sujeito suposto saber? A lógica seria um campo da ciência que teria precisamente por finalidade — não seria excessivo dizer *por objeto*, pois essa palavra ganha aqui toda a sua ambiguidade — ser interna à própria operação e excluir, de algo que, contudo, é não só articulável, mas articulado como tal, o sujeito suposto saber.

A ideia de definir a lógica desse modo evidentemente só pode vir a partir do ponto em que estamos. Pelo menos já os habituei suficientemente a colocar a questão assim, e vocês puderam perceber que, realmente, o único ponto crucial, o único nó, a única dificuldade, o ponto que ao mesmo tempo distingue a psicanálise e a questiona profundamente como ciência, é justamente o que nunca se havia fixado e criticado como tal: o que o saber constrói, não é evidente que alguém o sabia antes.

Coisa curiosa, por todo lado fora da ciência, a questão parece supérflua. Está claro que isso se deve ao modo como a ciência se originou. No que o sr. Nassif lhes dirá daqui a pouco, vocês verão a localização precisa do ponto em que se pode dizer de fato que foi assim que a ciência se originou. Em contrapartida, ao seguir aquilo que articulo, não é assim que o ato psicanalítico se institui, ponto obscuro que tentamos esclarecer de certo modo. Em outras palavras, não é possível fazer o mínimo avanço quanto a esse ato sem questionar o sujeito suposto saber.

Aí está o que é grave nesse discurso: ele não é pensamento sobre o ato, é um discurso que se institui no interior do ato. E, se podemos dizer assim, esse discurso deve se organizar de tal modo que não possa haver dúvida sobre o fato de que ele não se articula de outra maneira.

Aí está exatamente o que há de mais difícil e espinhoso, e que não permite que esse discurso seja acolhido da maneira como são em geral acolhidos os discursos dos filósofos. Eles são ouvidos da forma que conhecemos bem, qual seja: as pessoas se perguntam o que podem fazer como música ao redor. Afinal de contas, no dia do exame, é preciso colocar os filósofos em seu lugar, ou seja, nos bancos da escola, e tudo o que se pede a vocês é um pouco de música em torno do discurso do professor.

Não sou um professor justamente porque questiono o sujeito suposto saber. É isso que o professor nunca faz, pois, como tal, ele é essencialmente seu representante. Não estou falando dos eruditos, falo do erudito no momento em que ele começa a ser professor.

Meu discurso analítico, aliás, nunca cessou de estar nessa posição, que constitui justamente sua precariedade, seu perigo e também sua série de consequências. Lembro-me do verdadeiro horror que produzi em meu caro amigo Maurice Merleau-Ponty quando lhe expliquei que eu estava em posição de dizer certas coisas — que agora se tornaram música, claro, mas que, no momento em que eu dizia, ainda assim era ditas de certa maneira, sempre nesse viés. Não é porque eu ainda não havia colocado a questão do sujeito suposto saber como faço agora que as coisas não estavam instituídas dessa forma. E o que eu dizia sobre a matéria analítica é que sua natureza é tal que ela precisa justamente passar por essa clivagem, essa fenda que confere ao seu discurso um caráter tão insatisfatório em relação à construção positivista — que evidentemente é muito reconfortante, é onde se veem as coisas bem organizadas, em camadas, e tudo se dirige a um topo. Isso responde a certa classificação das ciências que permanece dominante no pensamento daqueles que entram em qualquer uma delas, a medicina, a psicologia e outros empregos, mas evidentemente não é mais sustentável a partir do momento em que estamos na prática psicanalítica.

Então, essa espécie de discurso, por não ser um discurso de professor, sempre engendrou uma espécie de mal-estar que trazia à margem esses murmúrios, comentários, desembocando em fórmulas ingênuas tão mais desconcertantes porque se produziam pela boca de pessoas que deveriam ser as menos ingênuas. O célebre pilar do comitê de redação, que deveria saber um pouco a respeito do que se diz e do que não se diz — o fato de obtermos dele esse grito infantil que reproduzi em algum lugar, a saber: *Por que será que ele não diz a verdade sobre a verdade?* —, é evidentemente bastante cômico, e isso dá um pouco a ideia da medida das diversas reações experimentadas, atormentadas, por vezes de pânico, ou pelo contrário irônicas, que eu podia recolher desde a tarde daquele dia em que dava o Seminário — era nesses termos que eu me expressava com Merleau-Ponty. Na verdade, tenho o privilégio de ter esse levantamento, essa amostragem em meu auditório, que pessoas venham ao meu divã me comunicar o primeiro choque desse discurso.

O horror, conforme eu disse, que imediatamente se manifestou em meu interlocutor, no caso Merleau-Ponty, é por si só significativo da diferença que há entre a minha posição nesse discurso e a do professor. Ela se liga ao questionamento do sujeito suposto saber, pois tudo está ali. Mesmo ao adotar as posições as mais radicais, as mais idealistas, as mais fenomenologizantes, mesmo que vocês vão além da consciência tética, como se diz, mesmo se, ao se colocar na consciência não-tética, vocês fizerem esse recuo em relação à realidade que parece algo absolutamente subversivo, em suma, mesmo que vocês deem o passo existencialista, ainda assim há uma coisa que nem sempre questionam: se o que vocês dizem era verdade antes.

Está justamente aí a questão para o psicanalista, e o mais surpreendente é que qualquer analista, mesmo o que tenha refletido menos, é capaz de senti-la. De todo modo, ele chegará a expressá-la isso em um discurso como, por exemplo, aquele ao qual fiz alusão da última vez. O personagem certamente não está na minha esteira, uma vez que acredita ser obrigado a expressar isso em oposição ao que eu digo, o que é realmente cômico, pois ele não poderia sequer começar a expressar se não tivesse havido antes todo o meu discurso. Fiz alusão ao seu artigo, que, aliás, faz parte de um Congresso que ainda não veio a público na *Revue Française de Psychanalyse*, onde certamente aparecerá um dia.

Depois dessa introdução, vocês vão ouvir o discurso de Nassif, ao qual acrescentarei o que convier, e que reunirá o que pôde constituir a essência do que articulei no ano passado como lógica do fantasma. Isso vem precisamente no momento em que, em meu discurso deste ano, a presença da lógica — e não a minha elaboração lógica do ano passado — como instância exemplar, na medida em que ela é intencionalmente feita para se livrar do sujeito suposto saber, talvez nos forneça o traçado, a indicação de uma vereda que de certo modo nos é pré-desenhada. É isso que buscarei lhes mostrar na sequência de meu discurso deste ano.

Foi por suas variações, vibrações, palpitações que essa lógica nos prefigurava de certo modo essa vereda. De fato, ela própria se pôs a vibrar no tempo, correlativo ao tempo da ciência, em que não pôde mais permanecer em sua base aristotélica. Em resumo, ela não pode se desvencilhar do sujeito suposto saber, se é que é assim que devemos interpretar a dificuldade encontrada pela elaboração dessa lógica que é chamada de lógica matemática, ou simplesmente de lógica.

Há aí algo que podemos encontrar traçado pela maneira como a questão se coloca para nós em relação ao ato analítico. Aí onde se coloca a questão sobre onde o analista deve situar-se — não digo apenas se reconhecer — em ato, podemos encontrar o auxílio da lógica, pelo menos assim o pensei. Ao menos ela pode nos esclarecer quanto aos pontos sobre os quais não devemos nos debruçar.

Particularmente em relação ao estatuto do psicanalista, não devemos nos deter em certa confusão. (*Segue a apresentação do sr. Jacques Nassif.*)

2

Fico feliz que esses aplausos comprovem que o discurso foi do seu agrado. Tanto melhor. Além disso, mesmo que não fosse, ainda assim seria o que é, ou seja, excelente.

E direi mais. Eu não queria muito deixar que o autor lhe acrescentasse retificações e aperfeiçoamentos. Tal como está, tem seu interesse, e certamente será muito importante, para todos aqueles que assistiram à sessão de hoje, que possam se referir a ela para tudo o que direi em seguida.

Minha função sendo justamente, pela posição que defini há pouco, a de não excluir este ou aquele chamado ao interesse no âmbito do que chamei há pouco de gosto, acrescentarei apenas algumas palavras de observação.

Começarei ressaltando expressamente que, fora as pessoas que já estão convidadas por terem recebido uma carta, ninguém será convidado para os dois últimos seminários fechados se não me enviar em oito dias alguma questão acerca da qual eu não terei nenhuma necessidade de especificar quais critérios considerarei pertinentes ou não. Na verdade, suporei que ela não pode deixar de ser pertinente, uma vez que me foi enviada.

Alguém falou aqui de nova negação. De fato, nos próximos seminários, vou tratar do uso da negação e, muito precisamente, do passo que constituiu a introdução disso que é chamado — da maneira mais grosseiramente imprópria, ouso dizer, e penso que nenhum lógico sensível irá me contradizer — de quantificadores. Ao contrário do que essa palavra parece indicar, não é essencialmente da quantidade que se trata nesse uso dos quantificadores.

Terei de mostrar a vocês da próxima vez a importância relacionada ao termo dupla negação, questão muito esclarecedora por estar ligada ao giro que fez aparecer a função de quantificador. Isso já está ao nosso alcance na gramática. É bastante singular que seja nesse plano em que seja mais perceptível o fato de que não é de forma alguma possível executar o que está envolvido na dupla negação dizendo por exemplo que se trata ali de uma operação que se anula, e que ela nos reconduz à pura e simples afirmação. Ainda no âmbito da lógica de Aristóteles, isso já está presente e absolutamente perceptível, na medida em que ela nos coloca diante dos quatro polos constituídos pelo universal, o particular, o afirmativo e o negativo, e que ela nos mostra que a oposição entre universal e particular pode se manifestar a partir do uso de uma negação. É assim que o particular pode ser definido como um *não todos*.

Isso está verdadeiramente ao alcance de nossa mão e de nossas preocupações. No momento em que estamos de nosso enunciado sobre o ato psicanalítico, faço-lhes a pergunta: é a mesma coisa dizer que *Todo homem não é psicanalista*, princípio da instituição das sociedades que levam o nome de psicanalíticas, ou dizer que *Todo homem é não psicanalista*? Não é absolutamente a mesma coisa. A diferença reside precisamente no *não todos*, que faz passar o fato de que colocamos em suspenso, de que repelimos o universal, o que nessa ocasião introduz a definição do particular.

Não será hoje que levarei mais longe o que está em questão nesse momento, mas trata-se de algo que já indiquei e que já foi iniciado por vários traços de meu discurso. Por exemplo, insisti no fato de que, na gramática, o sujeito da enunciação nunca foi mais perceptível do que no uso desse *ne*, a respeito do qual os gramáticos não sabem o que fazer, porque naturalmente os gramáticos são lógicos, e é o que os desorienta. Isso nos dá a esperança de que os lógicos tenham uma ínfima ideia da gramática. É nisso que colocamos nossa esperança, ou seja, é isso que nos reconduz ao campo psicanalítico.

Em resumo, esse *ne*, os gramáticos o chamam de *expletivo*. Na expressão: *Je serai là* [*Estarei aí*], ou *Je ne serai pas là, avant qu'il* ne *vienne* [*Não estarei aí, antes que ele venha*], ele é empregado em um sentido que quer dizer exatamente *antes que ele venha*. Esse *ne* introduz aqui a presença de mim como sujeito da enunciação, ou seja, na medida em que isso me interessa. É indispensável dizer que estou interessado no fato de que ele venha ou de que não venha. Chamá-lo de *expletivo* não quer dizer outra coisa senão isso, que afinal de contas teria o mesmo sentido se não nos servíssemos dele. Ora, está tudo precisamente aí — isso não teria o mesmo sentido.

Não se deve acreditar que esse *ne* não seja apreensível senão aí, nesse ponto bizarro da gramática francesa, em que não se sabe o que fazer disso. Há algo que pode ser comparado ao modo como, em lógica, se articula a quantificação.

As características da quantificação são separadas, e mesmo, para marcar bem essa distinção, expressamo-nos apenas por sinais escritos que são o $\forall$ para o universal e o $\exists$ para o particular. Aplica-se isso a uma fórmula que, colocada entre parênteses, em geral pode ser simbolizada pelo que chamamos de função.

Tenta-se formular a função que corresponde à proposição predicativa. É assim que as coisas são introduzidas na lógica, pois é nisso que repousa o primeiro enunciado dos silogismos aristotélicos. Historicamente, essa função foi muito precisamente introduzida no interior do parêntese atribuído ao quantificador no primeiro escrito em que Peirce passou adiante a atribuição a Mitchell, que aliás não havia exatamente dito isso, da formulação seguinte. Para dizer que *Todo homem é sábio*, coloca-se o quantificador $\forall$ — que na época não era aceito como algoritmo, mas não importa — e coloca-se entre parênteses $(h + s)$, ou seja, a reunião, a não-confusão, o contrário da identificação. Escrevo isso de uma forma que lhes é mais familiar, v. Temos então $\forall\ (\bar{h} \vee s)$, o que quer dizer que *Para todo objeto i, ou ele é não-homem ou é sábio.*

Esse é o modo significativo pelo qual se introduz historicamente, e de maneira qualificada, a ordem da "quantificação", palavra que pronunciarei sempre entre aspas, até o momento em que me ocorra algo melhor. A visitação, a mesma de quando dei um título à minha pequena revista, talvez possa fazer com que os lógicos admitam alguma qualificação que seria tão mais apreensível do que *quantificação*, que poderá, talvez, fazer com que seja substituída. Mas, na verdade, a esse respeito, só posso ficar à espera, em trabalho de parto. Isso me ocorrerá espontaneamente, ou nunca me ocorrerá.

Seja como for, vocês encontrarão aí esse ponto de destaque que já introduzi a respeito de um esquema que é da época em que Peirce também estava de certo modo em trabalho de parto — em vias de parir a quantificação. Pode-se basear toda a articulação da oposição do universal, do particular, do afirmativo e do negativo no esquema quadripartite que foi então apresentado por Peirce e que escrevi no outro dia.

Há muito tempo coloquei ênfase em certas articulações desse esquema peirciano. Em relação à articulação de *Todo traço é vertical*, eu os fiz notar que ela repousa propriamente no *Sem traço* [*Pas de trait*]. Daí o *Sem sujeito* [*pas de sujet*] que permite eliminar o que constitui a ambiguidade da articulação aristotélica do sujeito. Ainda que, quando vocês leem Aristóteles, veem que não há nenhuma espécie de dúvida de que a mesma suspensão do sujeito era já acentuada por ele, pois o *upokeimenon* não se confunde de forma alguma com a *ousia*.

É em torno desse questionamento do sujeito como tal — de saber a diferença radical em relação a essa espécie de negação que ele conserva acerca da negação, na medida em que ela se refere ao predicado —, é em torno disso que poderemos desenvolver alguns pontos principais em temas que nos interessam de forma absolutamente essencial, em particular relativos à diferença que há entre *Nem todos [não] são psicanalistas* (*Non licet omnibus psychanalyticos esse*) e *Não há nenhum que seja psicanalista*.

Em benefício de alguns que podem achar que estamos em uma floresta que não é a deles, farei uma observação quanto a esse grande nó, esse circuito, esse arco que nosso amigo Jacques Nassif ousou lançar, reunindo esse fato tão perturbador que Freud anunciou quando disse que *o inconsciente não conhece a contradição* e o enunciado com o qual terminei meu seminário do ano passado, *Não há ato sexual*, ponto central da lógica do fantasma.

Essa hiância do discurso à qual nos referimos quando se trata de representar as relações do sexo tem, de fato, uma relação, e a mais estreita, com a hiância pura e simples que se definiu pelo puro progresso da lógica em si. É de fato por um processo puramente lógico que se demonstra que não há universo do discurso. Claro que, com relação ao discurso, está excluído, coitado, que ele perceba que não há universo, mas está justamente aí a lógica que nos permite demonstrar isso de modo bem fácil, bem rigoroso e muito simples.

Não é porque o inconsciente não conhece a contradição que o psicanalista está autorizado a lavar as mãos diante da contradição. Isso, devo dizer, só lhe concerne, aliás, de modo absolutamente distante — quero dizer que, para ele, este parece ser o carimbo, a carta branca, a autorização para cobrir com sua autoridade, de todas as formas que lhe convierem, a pura e simples confusão. Aí está a mola em torno da qual gira essa espécie de efeito de linguagem que meu discurso implica.

Exemplifico.

Não é espantoso que o inconsciente não conheça a contradição. Percebemos claramente como isso se dá. A coisa não acontece aleatoriamente. Está no princípio mesmo do que se inscreve nas primeiras formulações do que está em questão em relação ao ato sexual. O inconsciente, nos dizem, metaforiza o Édipo, a relação entre homem e mulher. É isso que encontramos no inconsciente, nas relações da criança com a mãe. O complexo de Édipo é primeiramente isso, é essa metáfora. Mas ainda assim não é uma razão para que o psicanalista não diferencie esses dois modos de apresentação. Inclusive ele está ali para isso, expressamente. Ele está ali para fazer com que o analisante ouça os efeitos metonímicos dessa apresentação metafórica.

Mais adiante, pode até ser uma oportunidade para confirmar, acerca de tal objeto, o motivo contraditório inerente a toda metonímia, na medida em que daí resulta que o todo não passa do espectro [*fantôme*] da parte. O casal não é mais um todo do que a criança é uma parte da mãe. Eis o que a prática psicanalítica torna perceptível, e afirmar o contrário, designando nas relações entre a criança e a mãe a unidade fusional que não se encontra aí onde se esperava, ou seja, na copulação sexual, é corrompê-la profundamente.

E é mais errôneo representar essa unidade fusional pelas relações entre a criança e a mãe, pois nesse âmbito ela existe ainda menos. Já destaquei bastante isso, observando que imaginar que a criança está tão bem assim é uma pura fantasia [*fantaisie*], engodo psicanalítico. O que vocês sabem a respeito? Uma coisa é certa: a mãe não se encontra necessariamente mais à vontade, e acontece até certo número de coisas sobre as quais não preciso insistir, que são chamadas de incompatibilidades feto-maternas, que mostram bem que não é nada claro que seja a base biológica que deva ser representada como ponto de unidade beatífica.

Da mesma forma, preciso lembrar-lhes agora — porque talvez seja a última ocasião — algo que se encontra nas gravuras japonesas, mais ou menos as únicas obras de arte fabricadas, escritas, que se conhece nas quais se tenta representar algo que não se deve acreditar de modo algum que eu deprecio, o furor copulatório. É preciso dizer que isso não está ao alcance de todo mundo. É necessário estar em uma ordem civilizatória que nunca se envolve em certa dialética que um dia tentarei definir mais precisamente para vocês como sendo a cristã.

A cada vez que vocês veem esses personagens que se estreitam de um modo tão verdadeiramente impactante e que não têm nada a ver com o estetismo de fato repugnante das habituais representações do que se passa nesse plano em nossa pintura, coisa curiosa, muito frequentemente, quase sempre, vocês encontram em um pequeno canto da gravura um terceiro personagem. Algumas vezes parece ser uma criança, e talvez até o artista tenha preferido assim, só para rir um pouco. Mas vocês verão que pouco importa como o representam, pois afinal de contas esse terceiro personagem, suspeitamos que ele seja aqui o suporte do que chamo de objeto *a* — e muito precisamente sob a forma em que ele é realmente substancial. Há, de fato, na cópula inter-humana algo de irredutível que está ligado ao fato de que vocês nunca a verão chegar à sua completude, e que se chama simplesmente o olhar. É por essa razão que o pequeno personagem por vezes é uma criança, e por vezes, muito estranha, enigmaticamente, para nós que o espiamos sorrateiramente por detrás de nossas lunetas, é apenas um homenzinho absolutamente homem, construído e desenhado com as mesmas proporções que o macho que está em ação ali, mas em tamanho reduzido.

Ilustração sensível desse princípio que é verdadeiramente basal e que nos força a revisar o chamado princípio da não contradição, pelo menos no que diz respeito ao campo de que se trata ali, um ponto radical na origem do pensamento. Para usar uma expressão *coloquial*, familiar: *Não há duas sem três*. Vocês dizem isso sem pensar. Acreditam que quer dizer apenas que se já têm duas aporrinhações... necessariamente haverá uma terceira. Não. Não é nada disso que essa frase quer dizer. Ela quer dizer que, para fazer dois, é preciso que haja um terceiro...

Vocês nunca pensaram nisso. No entanto é o que faz com que se exija de nós que introduzamos em nossa operação algo que leve em conta esse elemento interposto. Poderemos apreendê-lo através de uma articulação lógica, porque se esperam capturá-lo na realidade, assim, em um cantinho, vocês estarão sempre enganados. Como todo mundo sabe, a realidade é construída em seu *[Eu]*, no sujeito do conhecimento, e é construída precisamente para fazer com que vocês nunca a encontrem.

Só que, como analistas, esse é nosso papel. Nós temos recursos para isso.

28 de fevereiro de 1968

A apresentação do sr. Jacques Nassif foi publicada na revista Scilicet, *n. 2/3, Paris, Seuil, 1970.*

XI

Vislumbres sobre a Quantificação

Mistério das relações entre universal e particular
O ne *e o* pas
Algebrização das proposições
A exceção e a regra
O discurso de Freud faz sentido como água em barco furado

1

P: *Não conheço tudo*

sobre poesia

U: *Ignoro tudo*

P: *I don't know everything*

about poetry

U: *I don't know anything*

Escrevi *Não conheço* e *Ignoro*, e os confrontei ao *sobre poesia*, que vai me servir de base.

Para ter maior rigor, afirmo assumir que o *Não conheço* equivale ao *Ignoro*. Admito que a negação está inclusa no termo *Ignoro*. Em uma próxima vez, poderei retornar ao *ignosco* e ao que ele indica na língua latina, de onde vem. Mas, em lógica, afirmo hoje que os dois termos são equivalentes. É a partir dessa suposição que a sequência vai adquirir o seu valor.

Escrevi duas vezes a palavra *tudo*. Elas são equivalentes. O que resulta disso? Que, pela introdução repetida desse termo idêntico nos dois planos, obtenho duas proposições de valor essencialmente diferente. Não é a mesma coisa dizer *Não conheço tudo sobre poesia* ou *Ignoro tudo sobre poesia*. De uma para a outra, há uma distância.

Digo logo aonde quero chegar: está aí a distinção significante, na medida em que é por meio de processos significantes que pode se determinar a distância entre o que é chamado de proposição universal — para se expressar de acordo com Aristóteles, e igualmente, aliás, com tudo o que se prolongou de lógica depois dele — e uma proposição particular.

Onde está então o mistério, se esses significantes são equivalentes termo a termo? Para extinguir o que não é mais do que um escrúpulo em torno da etimologia de *Ignoro*, digamos que aqui nós a utilizamos por convenção, repito. *Ignoro* quer dizer pura e simplesmente o que quer dizer nessa ocasião, ou seja: *Não sei, não conheço*. Isso desemboca em duas proposições, das quais uma se apresenta como se referindo a um particular desse campo da poesia: *Há aí algo que não conheço, não conheço tudo de poesia*; e a afirmação universal, ainda que negativa: *De tudo o que é do campo da poesia, nada conheço, não entendo nadinha*, o que é o caso geral.

Imediatamente isso nos introduz à especificidade de uma língua positiva, à existência particular do francês, que, conforme expuseram em seu tempo pessoas muito eruditas, apresenta uma duplicidade dos termos nos quais se apoia a negação. A saber, que o *ne*, que parece ser o suporte necessário e suficiente — *adjuntivo*, digamos — à função negativa, se apoia e aparentemente se reforça — mas talvez depois tudo se complique — por essa adjunção de um termo, *pas*, que somente o uso da língua permite ver para que serve.

Alguém que só posso mencionar de passagem, um colega psicanalista e eminente gramático de nome Pichon, na obra sobre gramática francesa que formulou com seu tio Damourette, introduziu belíssimas considerações a respeito, na linha do que era seu método e seu procedimento, em relação ao que ele chama de função principalmente *discordancial* do *ne* e sobretudo *foraclusiva* do *pas*.* Ele disse a respeito coisas muito sutis e enriquecidas com todo tipo de exemplos tomados em vários níveis e muito bem escolhidos, sem, contudo, estar no eixo que pode ser de real importância para nós.

---

* Em francês, *ne* e *pas* são duas formas de negação empregadas juntas em torno do verbo. (N. T.)

Como se determina para nós essa importância? É isso que vocês ouvirão em seguida, pelo menos é o que espero. Por ora, ao me referir apenas à especificidade da língua francesa, quero me apoiar somente em algo que também deve se produzir em outros lugares, já que se produz em nossa língua.

Poderíamos por exemplo formular: se o resultado desse enunciado se ligasse por exemplo ao fato de podermos agrupar o *pas tout* [não todo/não tudo], caso em que o sentido da frase voltaria ao que era, tornando-o de certa forma supérfluo, permitindo elidi-lo, tal como acontece nas conversas informais — não digo suprimir, mas elidir, fazer o *ne* entrar na garganta: *J'connais pas tout* [*Não conheço tudo*] com *pas tout* junto —, isso seria a não separabilidade da negação, que podemos considerar inclusa no termo *Ignoro* e que seria ali a força, e todo mundo ficaria bem contente. Não vejo por que não nos satisfazermos com essa explicação caso só se tratasse de resolver esse pequeno enigma. É pitoresco, mas, enfim, a coisa talvez não vá tão longe quanto parece.

Mas sim, a coisa vai mais longe, como buscaremos mostrar, referindo-nos a outra língua, a inglesa, por exemplo. Partamos das duas frases em inglês cujo sentido corresponde ao das frases em francês: *I don't know everything about poetry* e *I don't know anything about poetry.* O que se evidencia ao considerarmos as coisas expressas nessa outra língua é que, para produzir esses dois sentidos equivalentes à distância entre os dois primeiros, a explicação evocada há pouco, sobre o bloqueio dos dois significantes juntos, encontra-se obrigatoriamente invertida, pois esse bloqueio do *pas* com o termo *tout* no primeiro exemplo é aqui realizado — no plano do significante, quero dizer — no que corresponde à segunda articulação, à segunda proposição, aquela que qualificamos como universal. Como todos sabem, *anything* de fato está ali como equivalente de *something.* Ele se transforma em *anything* na medida em que é como negativo que intervém.

Consequentemente, nossa primeira explicação não é plenamente satisfatória, pois é por meio de algo completamente oposto, por um bloqueio realizado na segunda frase — aquela que realiza, na ocasião, o universal — que se produz esse desprendimento, igualmente ambíguo, aliás, pois o *don't* não desaparece para se obter esse sentido: *Não entendo nadinha de poesia.*

Em contrapartida, é onde *everything* se conjuga com *I don't know* que se realiza o primeiro sentido.

Isso serve muito bem para nos fazer refletir sobre algo que interessa em nada menos do que aquilo que, revelando minhas cartas, eu já lhes disse: o mistério das relações entre o universal e o particular.

Tentaremos dizer, daqui a pouco, qual era a preocupação fundamental daquele que introduziu essa distinção na história, ou seja, Aristóteles.

2

Todo mundo sabe que, sobre o tema do viés por meio do qual é preciso tomar esses dois registros do enunciado, o universal e o particular, produz-se uma espécie de pequena revolução do pensamento, aquela que já destaquei várias vezes acerca da introdução dos quantificadores.

Talvez haja aqui algumas pessoas para as quais — adoro supô-lo — isso faz mais do que apenas cócegas nas orelhas. Mas deve haver também muitos que só se interessam desde que anunciei que, em algum momento, falaria a esse respeito. E sabe-se lá como, terei que lhes falar a partir do ponto que nos interessa, o ponto em que estou, o ponto em que me pareceu que isso poderia nos servir.

Não posso lhes contar tudo, todos os antecedentes, como isso emergiu, como se aperfeiçoou. Afinal de contas, tenho que me limitar ao modo como é pensado por aqueles que dele fazem uso. Mas como saber, se não há nenhuma certeza de que, pelo fato de se servirem disso, eles o pensem? Quero dizer, que situem de alguma forma o que seu modo de se servir implica no plano do pensamento. Então serei forçado a partir do modo como eu o penso, no âmbito que lhes interessa, ou seja, no âmbito em que isso pode, para nós, servir para alguma coisa.

Para Aristóteles, tudo repousa nesse ponto, que é designado em um signo. Ele se permite operar assim, ou seja, se disse que *Todo homem é um animal*, se parece poder lhe servir para algo, ele pode, para quaisquer fins que lhe pareçam úteis, extrair disso *Algum homem é um animal*. Já que se trata de uma relação qualificada como subalterna entre universal e particular, chamaremos isso de operação de subalternação — embora não seja exatamente o termo do qual ele se serve.

Provavelmente, algumas vezes terei de fazer alguma observação incidental sobre o modo como, nos exemplos, nas ilustrações que os lógicos fazem de suas elaborações, nos cansam os ouvidos com *o homem*, algo que, sem dúvida, não deixa de ter um valor sintomático. Podemos começar a desconfiar disso, na medida em que talvez não saibamos tão bem o que é o homem. Poderíamos muito bem afirmar desde o início que essa palavra não tem nenhum sentido — sem nos entregarmos a gestos vãos, tais como aquele de nosso amigo Michel Foucault concedendo absolvição a um humanismo que já pereceu há muito tempo, levado por uma correnteza que ninguém sabe onde foi parar, como se isso ainda fosse uma questão, e como se o essencial dessa questão sobre o estruturalismo residisse aí. Enfim, isso nos levaria longe demais. Deixemos de lado.

Só importa para nós saber se falamos da mesma coisa — logicamente, claro — quando dizemos *Todo homem é um animal* e, por exemplo, *Todo homem fala*. A questão de saber se dois conjuntos, digamos, nos dias de hoje, podem ter um elemento comum é grave e coloca em jogo toda uma revisão da teoria matemática. Ela é muito séria, na medida em que levanta a questão sobre o que é o elemento e se vocês podem especular sobre o elemento exatamente como se ele fosse um conjunto. Esse é o fundamento da teoria dos conjuntos, e é aí que a questão começa a despontar. Mas deixemos para lá.

Vocês sabem que a pátria é a realidade mais bela e que, obviamente, *Todo francês deve morrer pela pátria*. Mas a partir do momento em que vocês subalternizam para saber se *Algum francês deve morrer por ela*, não é de modo algum a mesma coisa. Isso é algo que se percebe todos os dias. É aí que nos damos conta do que da ontologia ainda persiste na lógica. A ontologia é um pouco mais do que aquilo que buscávamos ao fazer uma lógica formal.

Asseguro-lhes que evito muitas digressões e gostaria que vocês não perdessem o fio da meada. Habitualmente, há um eminente lógico que está sempre na primeira fila, e sempre o olho de esguelha para ver o momento em que ele vai soltar gritos. Hoje ele não está aqui, não creio que esteja vendo, e isso me tranquiliza, por um lado, e em seguida me aborrece, por outro, pois eu adoraria saber o que ele me diria ao final. Em geral ele me cumprimenta e diz que está totalmente de acordo, o que sempre me faz muito bem — não que eu precise que ele me diga isso para saber naturalmente por onde sigo, mas todo mundo sabe que, quando a gente se aventura em terrenos que não são propriamente o nosso, estamos sempre à mercê de um bangue-bangue. Ora, é claro que o que importa para mim não é invadir territórios que não são meus: é encontrar, no âmbito da lógica, algo que seja para vocês um exemplo, um fio, um guia que exemplifique as dificuldades com as quais temos que nos haver.

Nós, no caso, são aqueles em nome dos quais falo, e também aqueles a quem falo — e essa ambiguidade está aí de modo essencial —, a saber, os psicanalistas, em relação a uma ação que não diz respeito a nada mais, nada menos do que àquilo que tentei definir para vocês como *sujeito*. O sujeito não é o homem. Se há pessoas que não sabem o que é o homem, são os psicanalistas. É mesmo todo o seu mérito questionar radicalmente, falo como homem, na medida em que essa palavra tem ainda uma aparência de sentido para alguém.

Agora passo ao âmbito da lógica dos quantificadores — e me permito indicar de cara, por um procedimento de oposição evidentemente um pouco decisiva, com esse aspecto trator que emprego em algumas ocasiões, que a diferença radical no modo de opor o universal ao particular no âmbito da lógica dos quantificadores reside no fato de que a universal, pelo menos a afirmativa, deve ser enunciada assim: *Não há homem que não seja sábio*. Naturalmente, quando vocês abrirem livros sobre isso, poderão ver que pode ser abordado de mil outras maneiras, mas saibam que é esse o fio principal, pelo menos quanto ao que nos interessa.

Aí está. Acreditem em mim, pelo menos por um instante. O importante é que vocês possam seguir o fio para ver aonde quero chegar. Em Aristóteles, isso se articularia como *Todo homem é sábio*, enunciado tranquilizador que, no caso, não tem, aliás, nenhuma espécie de importância. O que nos importa é ver a vantagem que podemos encontrar nesse enunciado ao articulá-lo de outro modo, e precisamente por meio da fórmula da universal negativa.

Aí vocês podem notar imediatamente que, para se sustentar, a universal afirmativa coloca em jogo nada menos do que duas negações. É importante que vocês vejam em que ordem as coisas vão se apresentar. Tomemos as formas aristotélicas, universal afirmativa e universal negativa. São as letras A e E que as designam na posteridade de Aristóteles, uma vez que as letras I e O são as particulares, sendo o I a particular afirmativa: *Algum homem é sábio*.

Como essa proposta vai poder se expressar em nossa articulação quantificadora? Eu havia dito primeiramente *Pas d'homme qui ne soit sage* [Nenhum homem que não seja sábio]. Articulamos agora o *Il n'est homme qui ne soit sage* [Não há homem que não seja sábio], ou *Homme qui ne soit sage* [Homem que não seja sábio], mas esse *homem* permaneceria suspenso no ar se não o sustentássemos, como convém, por um *Há*, assim como *Nenhum homem que não seja sábio* corresponde a *Não há homem que não seja sábio.*

Porém vejam também que no âmbito do *não seja sábio* há, além disso, o *ne*. É preciso que ele esteja ali para que haja o sentido *que seja sábio*. Da mesma forma, se vocês articulam *Il est homme tel qu'il soit sage* [Há homem tal que seja sábio], esse *tal que* não tem nada de abusivo, pois vocês podem também tomá-lo pela universal: *Il n'est homme tel qu'il ne soit sage* [Não há homem tal que não seja sábio].

Logo, para obter o equivalente de nossa subalternação aristotélica, tivemos de apagar duas negações. Assim, podemos ver que certo uso da dupla negação não deve de modo algum ser resolvido em uma afirmação, mas justamente — no sentido em que essa dupla negação é empregada, seja acrescentando, seja retirando — para assegurar a passagem do universal ao particular. Eis o que é surpreendente, e está destinado a fazer com que nos perguntemos: o que é preciso dizer para que, em certos casos, possamos assimilar a dupla negação ao retorno a zero, ou seja, ao que havia inicialmente como afirmação e, em outros casos, haja esse resultado?

Continuemos a examinar essa propriedade que nos é oferecida por isso de que partimos como o funcionamento que fixamos, porque é justo, porque é a ela que isso responde: a saber, a operação quantificadora. Removamos apenas uma negação, a primeira: *Há homem tal que não seja sábio*. Aqui também particularizo, e de uma forma que corresponde à particular negativa. É a isso que Aristóteles chamava de *Algum homem não é sábio*. Esse *não sábio* — que também não é de subalternação, mas de subalternação oposta, que é uma oposição diagonal de A para O, de *Todo homem é sábio* para *Algum homem não é sábio* — Aristóteles o chama de *contraditório*.

O uso da palavra *contradição* nos interessa, a nós analistas, ainda mais porque, como lembrou o sr. Nassif no último seminário fechado, é um ponto absolutamente essencial para os psicanalistas que Freud tenha uma vez extraído essa verdade seguramente primordial de que o inconsciente não conhece a contradição. O único inconveniente — nunca se sabe quais serão os frutos do que vocês enunciam como verdade, sobretudo primordial — é que isso teve como consequência que, a partir desse momento, os psicanalistas acreditaram estar de férias, por assim dizer, em relação à contradição, e acreditaram que, da mesma forma, isso lhes permitiria não conhecer nada a respeito e não se interessar pela questão em nenhum grau. É uma consequência manifestamente abusiva. Mesmo que fosse verdade, não é porque o inconsciente não conheceria a contradição que os psicanalistas não teriam que conhecê-la, nem que fosse para saber por que o inconsciente não a conhece, por exemplo.

Enfim, *contradição* merece um exame mais atento, que naturalmente os lógicos fizeram há muito tempo. Uma coisa é falar da contradição no âmbito do princípio de contradição, ou seja, que A não poderia ser não A sob o mesmo ponto de vista e no mesmo lugar; outra coisa, completamente diferente, é que nossa particular negativa seja aí contraditória. Verdade, ela é, mas vejam que, no viés *Há homem tal que não seja sábio*, eu a coloco — em relação à fórmula que nos serviu de ponto de partida, fundada na dupla negação — somente na posição de exceção. Claro, a exceção não confirma a regra; contrariamente ao que se costuma dizer e que acomoda a todos, ela a reduz apenas ao valor de regra sem valor necessário. Em outras palavras, a exceção reduz a regra ao valor de regra. Essa é de fato a definição da regra.

Recorro aqui ao meu público psicanalítico para não deixá-lo muito entediado. Vocês começam a ver quanto interesse as coisas podem adquirir para nós. O interesse dessas articulações é o de nos permitir nuançar coisas tão interessantes quanto essa, por exemplo. Se fiz essa distinção no âmbito da contradição, é porque não é a mesma coisa dizer *O homem é não mulher* — aí alguém nos dirá, claro, que o inconsciente não conhece a contradição e a universal *Nenhum homem* (trata-se do sujeito, evidentemente) *que não exclua a posição feminina, a mulher* — ou *Não há homem tal que não exclua a mulher*, o estado de exceção, e não mais de contradição. Isso, que é o que pode haver aí de mais manejável, destina-se a lhes mostrar o interesse dessas pesquisas lógicas, mesmo quando o psicanalista se acredita obrigado a ter o olhar fixado no horizonte do pré-verbal, coisa que merece, com o tempo, ser chamada de obediente [*sage*].

Il est homme tel qu'il ne soit sage [Há homem tal que não seja sábio], disse eu. Vocês puderam notar que até agora nós prescindimos do *pas*. Tentemos ver o que acontecerá ao introduzi-lo. Por exemplo *Il est homme tel qu'il soit pas sage* [Há homem tal que seja não sábio]. Não há inconveniente nisso, significa algo parecido — sempre há aqueles que não são sábios. Mas desconfiemos, pois esse *não sábio* poderia nos levar a algo inesperado.

Se recolocamos o *ne*, ainda funciona: *Il est homme tel qu'il ne soit pas sage* [Há homem tal que não seja sábio], ainda pode dar certo.

Passemos ao *não sábio* [*pas sage*] e voltemos, em diagonal, ao A, a universal afirmativa de Aristóteles, que é a locução quantificadora: *Nenhum homem [pas d'homme] tal que não seja sábio*. De repente isso produz um sentido esquisito — é a universal negativa, *Eles são todos não [pas] sábios*. O que se produziu aí? Esse *pas* adicionado que era perfeitamente tolerável em uma particular negativa, eis que, se o acrescentamos ao que era antes uma universal afirmativa, que parecia totalmente designada para tolerá-lo, de repente ela se torna obscura no E da universal negativa: *Eles são todos não sábios*. Esse E, não sei de que cor ele é no soneto de Rimbaud, mas no âmbito aristotélico ele é preto.

Direi a vocês agora mesmo qual é o ensinamento que vamos extrair daí. Evidentemente é algo que nos faz perceber com clareza que a relação entre os dois *ne*, tal como existe na estrutura fundamental da universal afirmativa quantificada, que é a fórmula *Il n'est rien qui ne...* [Não há nenhum que não...], se basta. Temos a prova disso na liberação desse *pas* que, inofensivo em outros lugares, de repente, aqui, faz uma universal se transformar em outra.

É isso que nos permite afirmar que a operação quantificadora, quando a remetemos à sua função diretiva, função de regime da operação lógica, se distingue da lógica de Aristóteles no que ela substitui — no lugar em que a *ousia*, a essência, o ontológico, não é eliminada, no lugar do sujeito gramatical — o sujeito que nos interessa como sujeito dividido, a saber, a pura e simples divisão do sujeito na medida em que ele fala entre o sujeito da enunciação e o sujeito do enunciado.

A unidade em que se manifesta a presença do sujeito dividido nada mais é do que a conjunção de duas negações, e também é ela que motiva que, para articular diante de vocês, quer tenham notado ou não — mas já é hora de perceber isso —, as coisas não tenham acontecido sem que se empregasse um subjuntivo. *Não é nada que não seja sábio* ou *não sábio*, a coisa importa pouco, é o *seja* que marca a dimensão do deslizamento do que se passa entre os dois *ne*, e é precisamente aí que vai entrar em jogo a distância que sempre subsiste entre a enunciação e o enunciado.

Não foi portanto à toa, que, ao lhes dar, algumas sessões atrás, o primeiro exemplo da formulação de Peirce, fiz notar que, nas exemplificações desses pequenos traços distribuídos, bem escolhidos, em quatro quadrantes, o que constitui o verdadeiro sujeito de toda universal é essencialmente o sujeito na medida em que ele é fundamentalmente o *Não há sujeito* [*Pas de sujet*] que já se articula em nossa maneira de introduzi-lo: *Não há homem que não seja sábio* [*Pas d'homme qui ne soit sage*].

É difícil manter-se nesse fio. A teoria é feita exatamente para eliminá-lo. Quero dizer que o que nos interessa é que a teoria dos quantificadores nos força a descobrir aí esse relevo e essa fuga irredutível que fazem com que não saibamos para onde desliza o nervo propriamente instituinte disso que inicialmente parece apenas ser negação repetida; e que, pelo contrário, é negação criadora, porque é a partir dela que se instaura a única coisa verdadeiramente digna de ser articulada no saber, que é a universal afirmativa, o que vale sempre e em qualquer caso. Isso é tudo o que nos interessa.

Desse modo vocês verão se formular de autoria dos lógicos da quantificação a equivalência a seguir. Seja uma proposição universal afirmativa escrita nos termos algébricos da lógica simbólica, $\forall x\ F(x)$. A saber, que essa verdade universal $\forall$ vale para todo x, para todo homem, e que x funciona na função $F(x)$, no caso, a função *ser sábio*. O homem é um x que estará sempre em seu lugar nessa função. A transformação que nos é dada como aceitável na teoria dos quantificadores é representada assim: $-\exists x\ F(x)$. Esse $\exists$ é o símbolo que especifica a quantificação da existência de um x, de um valor de x tal que satisfaça $F(x)$. Dizem-nos que $\forall x\ F(x)$ pode ser traduzido por $-\exists x\ F(x)$. Ou seja, que não existe x tal que invalide, quer dizer, que torne falsa a função $F(x)$.

A conjunção desses dois sinais de *menos* recobre a fórmula articulada, nuançada de modo linguageiro, sobre a qual já lhes falei. Mas não é verdade que ela baste para simbolizar a mesma coisa que a universal afirmativa, pois está claro que, ainda que esses *menos* estejam envolvidos na simbolização lógica, eles não têm o mesmo valor. Um simboliza a não existência, o outro, o seu efeito. Ainda que sua conjunção resulte na falsidade da função, eles não são de mesma ordem. Mas a questão é precisamente esta: ocultar a fissura absolutamente essencial para determinar e fixar em seu plano a distância entre o sujeito da enunciação e o sujeito do enunciado.

Ainda lhes apontarei isso em outros autores, que fornecem uma imagem mais manejável da função, no âmbito de sua aplicação propriamente predicativa. F(*x*) pode designar todo tipo de coisa, inclusive toda espécie de fórmulas matemáticas. Essa é a fórmula mais geral.

Em contrapartida, se vocês quiserem permanecer no âmbito de meu *Todo homem é sábio*, aí está a fórmula, $(\bar{h} \text{ v } s)$ com o sinal de disjunção v que diversas outras vezes já pus no quadro. Segundo os lógicos que introduziram a quantificação, basta acrescentar a essa fórmula o π do *πάν*, ou o ε, para fazer dela uma proposição universal ou particular, $\pi\ (\bar{h} \text{ v } s)$, o que em resumo significaria que isso com que temos de nos haver é a disjunção *Não homem* e esse *s*. O que significaria que, caso escolhêssemos o contrário do *Não homem*, ou seja, *o homem*, teremos a disjunção *Ele é sábio*, seja em todos os casos, seja em certos casos particulares.

Se tomarmos a negação do sábio, ou seja, se renunciarmos ao sábio, estaremos do outro lado da disjunção, ou seja, do lado do *Não homem*. Até esse ponto, isso ainda pode funcionar. Mas não implica de modo algum a exigência do *não sábio* em relação ao que não é *homem* [*pas homme*]. Ora, isso não está indicado na fórmula. Para tanto, seria preciso que a disjunção estivesse notada, por exemplo, assim: $\pi\ (\bar{h}\ \overline{\vee}\ s)$, logo, por um signo que seria o contrário da raiz quadrada.

Isso se destina a evidenciar a elisão que se produz. Em relação à implicação, sabemos que, no âmbito da universal, *homem* implica *sábio*, que *não sábio*, certamente, não implica *homem*, mas que *sábio* também é perfeitamente compatível com *não homem*, ou seja, que pode haver aí alguma outra coisa além do homem que seja sábio. Ora, isso está elidido no modo absolutamente cru de apresentar a fórmula da disjunção entre um sujeito negativado e o predicado que não o é.

Assim se demonstra que o chamado sistema da dupla negação, ao se expressar por meio dessa notação que é a de Mitchell, sempre deixa escapar algo que, desta vez, longe de suturar a fissura, a deixa na hiância sem saber.

Confirmação de que é ainda de fissura que se trata aí.

3

Em lógica — entenda-se, formal —, trata-se sempre de saber o que se pode extrair de um enunciado, e até que ponto. A questão é obter um enunciado confiável. Aristóteles também partiu daí.

Não vamos dizer que Aristóteles estava na aurora do pensamento, pois o próprio do pensamento é precisamente nunca ter tido aurora. Ele já estava bastante velho, e sabia algo a respeito. Em particular, ele sabia que, evidentemente, se não houvesse a linguagem, não haveria questão de saber. Não é suficiente que o saber dependa apenas da linguagem. Para ele, o que importava — justamente pelo fato de que o pensamento não datava de ontem — era saber o que, de uma enunciação, podia fazer com que uma coisa fosse necessária. Não havia como ceder em relação a esse ponto. A primeira *ánágkê* é a *ánágkê* do discurso.

A lógica formal de Aristóteles foi o primeiro passo dado na direção de saber o que, distinto como tal no enunciado, podia ser formulado como algo dessa fonte — o que não significa que fosse a única, claro — que daria à enunciação sua necessidade. Isso quer dizer que, aí, não há como recuar. O mesmo se dava com o sentido que tinha nessa época o termo *episteme*. A diferenciação entre a *episteme* e a *doxa* não é nada além de uma distinção que se situa no plano do discurso. É nisso que a *episteme* se diferencia do que é para nós a ciência, indo, contudo, no mesmo sentido, que é o de obter um enunciado estritamente confiável.

Bem, nós que outrora fizemos algumas produções inéditas em relação ao enunciado, e não em outro campo que não o da matemática, não estamos mal situados para dizer que essas leis do enunciado, para serem confiáveis, se tornaram e se tornam cada dia mais exigentes, e, por isso mesmo, não deixam de demonstrar seus limites. Isso, na medida em que demos alguns passos em lógica, incluindo aquele que lhes represento aqui.

Contudo, o que nos interessa é o passo original. Por quê? Porque nós analistas estamos aquém da tentativa de captura da enunciação por meio das redes do enunciado. Mas que sorte que o trabalho tenha ido tão longe em outros campos, se pode ser dali que nos venham algumas regras para reparar a fissura.

Quando enuncio que o inconsciente é estruturado como uma linguagem, isso não quer dizer que eu o saiba, uma vez que o completo com esse *nós* [*on*] que acentuo e que dá vertigem ao conjunto dos psicanalistas — é que *nós* [*on*] não sabemos nada a respeito. *On*, o sujeito suposto saber, aquele que sempre é preciso que esteja ali para que possamos repousar. Se o enuncio, não quer dizer que eu o saiba, é que meu discurso organiza [*ordonne*] o inconsciente.

O único discurso que temos sobre o inconsciente, o de Freud, certamente faz sentido, mas não é isso que importa, pois ele faz sentido como a água jorra — por todos os lados. Tudo faz sentido, eu lhes mostrei isso. *Colorless green ideas sleep furiously* também faz sentido. É até mesmo a melhor caracterização que se pode dar do conjunto da literatura analítica. Se em Freud o sentido é tão pleno, tão ressoante em relação ao que está em questão, a saber, o inconsciente, se isso se diferencia de tudo o que ele rejeitou previamente como ocultismo, se todo mundo sabe e sente que não se trata de um Mesmer — e é por essa razão que isso continua a existir, apesar do insensato do discurso analítico —, é um milagre que só possamos explicar indiretamente, ou seja, pela formação científica de Freud.

O importante não é o sentido desse discurso, o qual, primeiramente, é preciso que exista, para que isso que apresento sobre *O inconsciente é estruturado como uma linguagem* tenha sua referência, sua *Bedeutung* — é aí que se percebe que a referência é a linguagem. Em outras palavras, tudo que meu discurso articula sobre o de Freud a respeito do inconsciente desemboca em fórmulas isomorfas, aquelas que se impõem se se trata da linguagem tomada como objeto. O isomorfismo que o inconsciente impõe ao meu discurso sobre ele em relação ao discurso sobre a linguagem, esse é o problema — o que faz com que, nesse discurso, todo psicanalista deva ser incluído, na medida em que ele se envolve no campo definido por Freud para o inconsciente.

Espero que o que acabo de dizer em relação à frase *O inconsciente é estruturado como uma linguagem* mantenha o seu valor de ponto de virada, mesmo para aqueles que o ouvem há muito tempo, assim como para aqueles que se recusam a ouvi-lo.

A partir disso, já não podemos senão enunciar, antes de deixar vocês, alguns apontamentos para que vocês não percam a cabeça nesse assunto.

É claro que não basta dizer que só há saber por meio da linguagem, é claro que a ciência que é a nossa não se define apenas por essas coordenadas. No entanto, é evidente que ela só pode se sustentar pela reserva de um saber puramente linguageiro, ou seja, de uma lógica estritamente interna e necessária ao desenvolvimento de seu instrumento, na medida em que ele é matemático. Todo mundo pode constatar que os impasses propriamente linguageiros em que esse progresso do próprio instrumento matemático colocam a ciência, na medida em que ele acolhe e ao mesmo tempo é acolhido por cada campo novo dessas descobertas factuais, são a todo instante um impulso absolutamente essencial da ciência moderna.

Por conseguinte, há ainda todo um campo em que o saber é de linguagem. Não é inútil afirmar que esse campo é propriamente tautológico. Na origem mesma do que constituiu o ponto de partida da ciência, ou seja, uma mensuração da clivagem assim definida no discurso, encontra-se uma ascese lógica que se chama *cogito*. Essa ascese é um signo que eu pude desenvolver o suficiente para ali estabelecer a lógica do fantasma.

Da última vez, essas articulações foram muito bem isoladas por um daqueles que trabalharam aqui no campo de meu discurso. Na perspectiva do que buscava trazer como resposta a esse discurso, ele falou legitimamente de uma *nova negação*, que seria a que eu produziria. Mas não se trata disto. Deus me livre de, com a introdução de uma novidade, dar ainda a qualquer um a oportunidade de escamotear aquilo de que se trata, que é exatamente o contrário de algo que se tapa, já que é algo impossível de tapar.

Quem dera eu não oferecesse ao psicanalista um álibi renovado para não ser aquilo que deve ser no discurso analítico.

O que ele deve ser é, no sentido próprio e aristotélico, seu *upokeimenon*, seu suporte subjetivo, certamente, mas na medida em que ele mesmo assume essa divisão.

6 de março de 1968

XII

Do Todo ao Objeto *a*

O efeito de linguagem
O psicanalista, um instrumento
Histeria e obsessão
A lógica fregiana
O todo, a mãe, o seio

O que é ser psicanalista? É em direção a essa visada que se encaminha o que tento lhes dizer este ano sob o título de ato psicanalítico.

Dentre as mensagens que me foram enviadas, já que eu as pedi, pelas quais agradeço àqueles que se dispuseram a tomar a iniciativa, é curioso que às vezes apareça essa observação de que eu faria aqui algo que seria próximo de uma reflexão filosófica. Talvez, no entanto, em alguma sessão como a da última vez, se ela não deixou de impactar aqueles de vocês que seguem melhor o meu discurso, ela os tenha advertido o suficiente de que se trata de outra coisa.

A experiência — uma experiência é sempre algo de que se teve ressonâncias recentes — prova que o estado de espírito produzido em certa ordem de estudos filosóficos acomoda-se mal em qualquer articulação precisa dessa ciência que é chamada de lógica. Na repercussão do que me chegou, destaquei e retive essa apreciação humorística de que a tentativa de fazer ingressar a lógica nas disciplinas obrigatórias para o curso ou a graduação filosófica parecia uma ambição de tecnocrata. É também a última palavra de ordem de todas as resistências articulatórias que acusam aqueles que tentam, sob a égide do estruturalismo, adotar um discurso mais preciso — conjunto do qual o meu discurso faria parte.

Esses discursos de fato se distinguem por uma característica comum. Eles não tomam como objeto o que habitualmente constitui o objeto de uma ciência — ou seja, algo em relação a que se está, em definitivo, a uma distância suficiente para isolá-lo no real como o que constitui uma espécie especial —, mas se ocupam propriamente do que está constituído como efeito de linguagem.

Tomar como objeto o efeito de linguagem, eis o que pode ser considerado o fator comum do estruturalismo. A partir daí o pensamento encontra seu viés, sua inclinação, sua via de escape sob a forma de um devaneio que se esforça por tomar corpo ao recuperar temas antigos que sempre fervilharam, de diversas formas, ao redor de qualquer discurso, na medida em que o discurso é propriamente a aresta da filosofia. Isso envolve manter-se no topo de algo que tem certos efeitos no uso do discurso. É também justo aí que se situa aquilo por meio do que o discurso atinge inevitavelmente uma espécie de inoperância e de mediocridade, em que a única coisa que é deixada de fora, eliminada, são justamente esses efeitos.

Ora, é difícil não perceber que a psicanálise oferece terreno privilegiado a uma reflexão desse tipo.

1

O que é de fato a psicanálise?

Em um artigo que se encontra nos meus *Escritos*, com o título "Variantes do tratamento-padrão", ao me perguntar sobre o que acontece com a psicanálise, ocorreu-me escrever incidentemente essas linhas, que tive o cuidado de tornar a extrair esta manhã.

Tratava-se de mostrar como podem se definir, se instituir essas variantes, o que pressupõe que haveria algo de um padrão, e era precisamente para corrigir uma certa maneira de associar a palavra "padrão" à eficiência da psicanálise que eu escrevia esse artigo, no qual dizia: "Esse critério, raramente enunciado, por ser tido como tautológico, nós o escrevemos: uma psicanálise, padrão ou não, é o tratamento que se espera de um psicanalista".

"Raramente enunciado", de fato, porque se hesita em dizer algo que não só seria tautológico, mas que evocaria esse não sei quê de desconhecido, de opaco, de irredutível, que consiste precisamente na qualificação do psicanalista.

Observem que no entanto é exatamente isso que acontece quando vocês querem verificar se é justificado alguém afirmar que atravessou uma psicanálise. Vocês perguntam: *A quem ele se dirigiu?* O que quer dizer: *Aquele de que se trata é ou não psicanalista*? Eis o que não está definido na questão. Se por alguma razão — e essas razões devem ser marcadas com um grande ponto de interrogação — o personagem não é qualificado para se dizer psicanalista, um ceticismo pelo menos se engendrará com relação ao fato de saber se é de uma psicanálise que se trata na experiência pela qual o sujeito se autoriza.

Na verdade, não existe outro critério. Mas é justamente esse critério que seria necessário definir, em particular quando se trata de diferenciar uma psicanálise do que chamamos de psicoterapia, que é algo mais vasto, e cujos limites permanecem incertos.

Psicoterapia, vamos desmontar essa palavra. Vemos que ela se define primeiramente por algo que é *psico*, psicologia, ou seja, matéria acerca da qual o mínimo que se pode dizer é que sua definição está sempre sujeita a alguma contestação. Nada é menos evidente do que isso que se pretendeu chamar de unidade da psicologia. Ela só encontra seu estatuto em uma série de referências dentre as quais algumas acreditam poder se assegurar, quando na verdade lhe são as mais alheias, como por exemplo o que se lhe opõe como sendo o orgânico; ou então, pelo contrário, na instituição de uma série de limitações severas que são também aquelas que farão com que o que tiver sido obtido em tais condições experimentais, em determinado enquadramento de laboratório, irá se revelar na prática mais ou menos insuficiente, até mesmo impraticável, quando se trata do que se chama uma terapia, e que é ainda mais confuso.

Terapia, todos sabem a diversidade dos modos e das ressonâncias que essa palavra evoca. O seu centro é dado pelo termo sugestão. Pelo menos é um dos mais centrais de todos. Ela se refere à ação de um ser sobre outro, que se exerce por vias que certamente não podem pretender ter recebido sua plena definição. No horizonte de tais práticas, teremos em uma ponta a noção geral do que se situou como o que é chamado em seu conjunto de *técnicas do corpo*. Entendo com isso o que se manifesta em várias civilizações e que entre nós se propaga sob a forma errática do que se costuma identificar em nossa época pelo nome de técnicas indianas, ou ainda diversas formas de ioga. No outro extremo está a ajuda samaritana. Esta se perde, confusa, nos abismos da elevação da alma, até mesmo nessa efusão singular que envolve o que se chama de exercício de alguma bondade, e que é estranho ver retomado no anúncio do que se produziria no final do exercício da psicanálise.

Quanto à psicanálise, partamos do que é por ora nosso único ponto de referência: que ela se pratica com um psicanalista.

É preciso ouvir aqui esse *com* em um sentido instrumental, ou pelo menos é como proponho que ouçam. Como existe algo que não possa ser situado senão *com* um psicanalista? Como Aristóteles nos assegura que não se deve dizer *A alma pensa*, mas *O homem pensa com sua alma*, indicando expressamente que o sentido que convém dar à palavra *com* é o sentido instrumental. Coisa estranha, a alusão a isso, que fiz em algum lugar, parece ter sobretudo produzido efeitos de confusão no leitor, sem dúvida por não reconhecer a referência aristotélica.

É com um psicanalista que a psicanálise entra no que está em questão, ou seja, o inconsciente, se ele existe, e se o definimos como parece que podemos fazê-lo depois do longo caminho percorrido por anos nesse campo. Ir ao campo do inconsciente é propriamente encontrar o âmbito disso que pode ser mais bem definido como efeito de linguagem. Foi na psicanálise que se articulou pela primeira vez que esse efeito pode, de certo modo, ser isolado do sujeito, que há saber — saber na medida em que é nisso que consiste o efeito-tipo da linguagem — saber encarnado sem que o sujeito que sustenta o discurso esteja consciente disso, no sentido em que, aqui, estar consciente de seu saber é ser codimensionado em relação ao que o saber envolve, é ser cúmplice desse saber.

Certamente há aí a abertura para algo por meio do qual se propõe a nós o efeito de linguagem como objeto. É precisamente o que exclui a dialética que se edificou no final da interrogação tradicionalmente filosófica, e que nos faz caminhar em direção a uma redução possível, exaustiva e total, disso que é do sujeito, na medida em que é ele que enuncia a verdade que pretenderia, no discurso, fornecer a última palavra. É o que se expressa nessas fórmulas, que o em-si estaria por natureza destinado a se reduzir a um para-si, que um para-si envolveria, ao final de um saber absoluto, tudo o que é do em-si.

A psicanálise nos ensina que as coisas se dão de modo diferente — pelo próprio efeito do significante, o sujeito só se institui como dividido, de maneira irredutível, e o que se refere ao saber permanece sempre como um resíduo que, de certo modo, é constitutivo de seu estatuto. Eis o que exige de nós o estudo do que é o sujeito como efeito de linguagem. Saber como isso é acessível e o papel que o psicanalista aí desempenha: eis o que seguramente é essencial estabelecer.

O psicanalista é, não digo ajuda, mas instrumento para que a tarefa psicanalisante opere. Ao final dela, o sujeito está, digamos, advertido acerca de sua divisão constitutiva, depois do que se abre para ele algo que não pode ser chamada de outra forma senão passagem ao ato — passagem ao ato, digamos, esclarecida, que ele sabe que em todo ato há algo que, como sujeito, lhe escapa, e que aí virá incidir. Não obstante permaneça para ele pelo menos velada, digamos por ora, a realização disso que ele tem, do ato, a cumprir como sendo sua própria realização.

O termo no qual desemboca a tarefa psicanalisante deixa completamente à parte o que nela é o psicanalista, uma vez cumprida essa tarefa. Se descartamos a possibilidade de que a tarefa, tomada como ascese, se conclua na pura e simples realização do para-si, não podemos conceber, em uma espécie de questionamento ingênuo, que ao final se produza pelo menos a realização de um saber em proveito do outro, aquele que é o parceiro da operação, por haver instituído o enquadre e autorizado a marcha, ou seja, o psicanalista? É assim que acontece?

É verdade que o psicanalista aprende muito sobre essa tarefa ao presidi-la, por assim dizer. Isso significa que ele pode se gabar de ser o autêntico sujeito de um conhecimento realizado na operação? Eis o que faz objeção a isso: a psicanálise se inscreve em desacordo com qualquer exaustão do conhecimento. O que não é menos verdade em relação ao próprio sujeito, na medida em que ele é envolvido na tarefa psicanalítica.

Na psicanálise não se trata de um *gnôthi seautón*, mas da apreensão de seu limite. Esse limite é inerente à própria lógica. Na medida em que o *conhecer a si mesmo* permite ao sujeito constituir-se como tal, ele deixa sempre de fora essa parte excluída que faz com que o sujeito, por sua própria natureza, ou só se reconheça esquecendo o que determinou primeiramente essa operação de reconhecimento, ou, ao se apreender nessa determinação, a denegue, quero dizer, só a veja surgir ao desconhecê-la em uma *Verneinung* essencial.

Em outras palavras, com o esquema basal das duas formas, de onde parte a experiência analítica — especialmente a histérica e a obsessiva, que são aqui apenas exemplos, ilustrações, manifestações dessa referência do desejo à demanda que constitui essencialmente a neurose —, encontramo-nos diante do esquema lógico que produzi para vocês da última vez, mostrando a aresta da quantificação, aquela que liga a abordagem elaborada que podemos dar ao sujeito e ao predicado. Isso se inscreveria aqui sob a forma do significante recalcado $\bar{S}$, na medida em que ele é representante do sujeito para outro significante, S^{A}. Esse outro significante, atribuímos a ele o coeficiente A, dado que é aquele em relação ao qual o sujeito tanto deve se reconhecer como se desconhecer, e que ele inscreve como que fixando o sujeito em algum lugar no campo do Outro.

A fórmula é esta: $-\$\ (\bar{S}\ v\ S^{A})$. Ela vale para todo sujeito, na medida em que é de sua natureza dividida, exatamente da mesma forma que, formulando que todo homem é sábio, temos a escolha disjuntiva entre o *não homem* e o *ser sábio*, $(\bar{h}\ v\ s)$.

Como nos ensina a primeira experiência analítica, a histérica, em sua última articulação, em sua natureza essencial, é autenticamente — se *autêntica* quer dizer *só encontrar em si a sua própria lei* — que ela se sustenta em uma afirmação significante que faz teatro, faz comédia, ao passo que na verdade ela se apresenta como autêntica. Ninguém conseguiria apreender o que é a verdadeira estrutura da histérica sem considerar que o estatuto mais firme e autônomo do sujeito é aquele que se expressa no significante S^{A}, com a condição de que o $\bar{S}$, o primeiro, aquele que o determina, permaneça não só no esquecimento, mas também na ignorância de que esquece.

Em contrapartida, na chamada estrutura obsessiva, é de modo absolutamente sincero que o sujeito apresenta o significante de que se trata, na medida em que ele é sua verdade, mas ele o provê com a *Verneinung* fundamental por meio da qual se anuncia como não sendo isso que, justamente, ele formula, articula, confessa. Consequentemente, no plano do predicado, mantido por sua pretensão de ser outra coisa, ele só se institui, só se formula em um desconhecimento indicado pela denegação mesma na qual se apoia, pela forma denegatória de que esse desconhecimento se faz acompanhar.

$$\$\ (\bar{S}\ v\ S^{A})$$

sincero ——— ↑ ↑ ——— autêntico
Verneinung

Os dois predicados

2

O discurso deve se igualar ao que nos vem das variedades, das variações conceituais que nos são impostas pelo progresso da matemática. É sob formas de inscrição homólogas que esse enriquecimento forçado se institui cada vez mais na escrita. Faço aqui alusão ao *Begriffsschrift*, a escrita do conceito, de um certo Frege.

Basta abrir o livro, mas ainda assim lhes dou alguns exemplos dessa escrita da qual tentamos fazer uso com Frege, para anotar as formas que se inscrevem, através da história, no que é chamado de lógica dos predicados, lógica de primeiro grau, ou seja, que não traz nenhuma quantificação no predicado.

Essa lógica fregiana poderia se chamar *lógica primária*, se esse termo já não fosse empregado para designar, em construções lógicas, o que só entra em jogo ao combinar os valores de verdade. É por isso que a chamaremos de *sublógica*, o que não significa lógica inferior, mas lógica constituinte do sujeito.

Retomemos nosso exemplo da última vez — há interesse em não o poupar em excesso —, a saber, a universal afirmativa *Todo homem é sábio*, que usei num tom humorístico. Como Frege a inscreverá em sua *Begriffsschrift*?

Isso se dará sob uma forma que coloca em traços horizontais o conteúdo apenas proposicional, ou seja, a maneira como os significantes estão justapostos, sem que nada seja exigido disso, a não ser a correção sintática.

A barra do julgamento assertórico

Através da barra que ele situa à esquerda, Frege marca o que se chama de implicação, presença do julgamento. É a partir da inscrição dessa barra que o conteúdo da proposição é afirmado ou passa ao estádio que se denomina assertórico, o que nos assegura que é preciso traduzi-la por um *É verdade*. Para nós, é no âmbito em que vamos situar outra coisa que não a posição assertórica, a saber, a dupla negação, que a verdade constitui uma questão — o que se formula como $\forall x\ f(x) \rightarrow -\exists x\ -f(x)$.

Para anotar a proposição aqui inscrita em termos de conteúdo, *Todo homem é sábio*, situaremos *sábio* como sendo a função, e (h) para *homem*, como sendo o que ele chama de argumento. Mas isso não é tudo. Para assegurar à sua *Begriffsschrift* um estatuto correto, parece indispensável a Frege reservar esse pequeno oco, essa concavidade, em-oco, para aí situar o mesmo h do argumento, indicando com isso que, para todo h, a fórmula *O homem é sábio* é verdadeira.

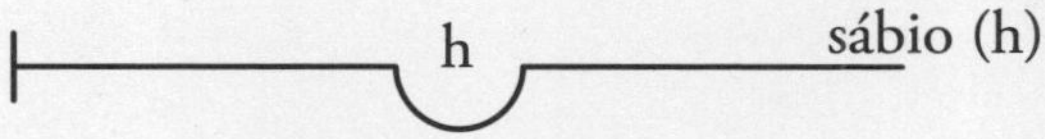

A universal afirmativa

Não devo desenvolver aqui a necessidade de semelhante procedimento porque isso exigiria fornecer toda a sequência dele, ou seja, sua riqueza e complicação. Basta que vocês saibam que podemos fazer uma relação entre essa proposição e outra que seria, de certo modo, sua condição, e que, na *Begriffsschrift*, se inscreve assim:

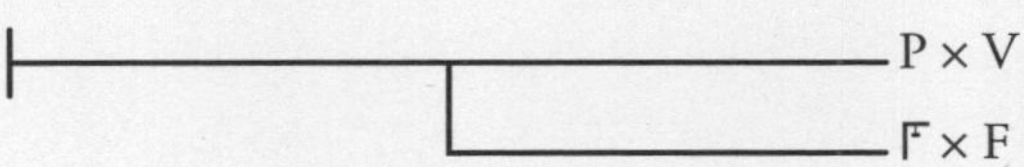

A implicação filoniana

É saber que uma proposição F tem certa relação com uma proposição P, e que essa relação se define segundo o módulo do que chamamos de implicação filoniana — dirijo isso àqueles para os quais essas palavras têm um sentido. É saber que, se P é verdadeiro, F não poderia ser falso. Em outras palavras, para atribuir ordem e coerência a um discurso, convém excluir isso, e apenas isso: que o falso possa ser condicionado pelo verdadeiro. Todas as outras combinações são admitidas, inclusive esta: que o falso determine o verdadeiro.

Indico-lhes apenas superficialmente que inscrever as coisas desse modo apresenta a vantagem de poder distinguir duas formas de implicação diferentes, dependendo se será no âmbito em que a proposição se coloca como assertórica que virá se conjugar a incidência condicional, ou, pelo contrário, abaixo, no âmbito da própria proposição.

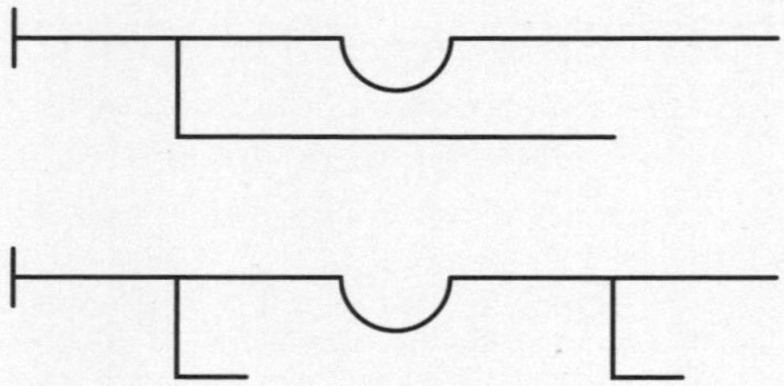

As duas formas de implicação

Ou seja, não é a mesma coisa dizer: *Se algo é verdade, enunciamos que o homem é sábio*; ou dizer: *Se outra coisa é verdade, é verdade que todo homem é sábio.* Há todo um mundo entre as duas coisas.

Faço isso apenas para lhes mostrar, superficialmente, a que responde a necessidade desse oco. No ponto de progresso suficiente da lógica em que estamos, bastará lhes indicar que ele isola e dá corpo ao termo *Todo* como sendo o princípio, a base a partir da qual, pela simples operação, diversificada, da negação, podem se formular todas as posições primeiras que são trazidas por Aristóteles.

É ao colocar aqui a negação sob a forma desse traço vertical que será, para todo homem, verdade que o homem não é sábio. Assim encarnaremos a universal negativa.

Ao dizer, pelo contrário, que não é verdade que, para todo homem, possamos enunciar que o homem não é sábio, obteremos com essas duas negações a manifestação da afirmativa particular, pois, se não é verdade que para todo homem seja verdadeiro dizer que o homem não é sábio, é, portanto, porque há ali um bem pequeno, perdido, que é sábio.

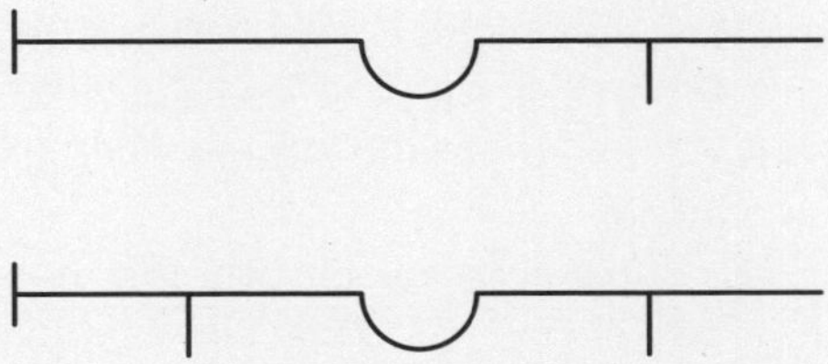

A universal negativa e a particular afirmativa

Inversamente, se retiramos essa negação à direita e deixamos apenas a da esquerda, dizemos que não é verdade que, para todo homem, o homem seja sábio, ou seja, que há alguns que não o são.

A particular negativa

Ao articular as coisas assim, vocês perceberão algum artifício na aparição da última particular dita negativa. Esse fato destaca que, na lógica original, a de Aristóteles, algo nos é ocultado, precisamente quanto a implicar os sujeitos, quaisquer que sejam, como coleção, quer se trate de apreendê-la em extensão ou em compreensão. Ora, o que é da natureza do sujeito não deve ser buscado em algo que seria ontológico, o sujeito próprio funcionando como uma espécie de predicado inicial, o que ele não é.

O que constitui a essência do sujeito, tal como ele aparece no funcionamento lógico, parte inteiramente da primeira escrita, aquela que coloca o sujeito, por sua natureza, afirmando-se como *Todo* — para todo h, homem, a fórmula *O homem é sábio* é verdadeira. E é a partir daí, segundo uma dedução de certo modo inversa àquela que destaquei para vocês da última vez, que a existência vem à luz, e especialmente a única que nos importa, a que é suporte da afirmativa particular: a proposição *Há um homem que é sábio* se suspende, e por intermédio de uma dupla negação, na afirmação da universal.

Apresentando-lhes a mesma coisa da última vez — pois trata-se sempre dos quantificadores —, eu lhes mostrava que era pela dupla negação aplicada à existência que se poderia traduzir a função do todo. A função $\forall x$ F(x), dizia eu, pode ser traduzida, se reverter, em $-\exists$x F(x), não existe x que torne falsa a função F(x), fórmula na qual aparece um duplo menos.

Essa presença da dupla negação constitui um problema para nós, pois na verdade a junção só se dá de maneira enigmática em relação ao que diz respeito à função do todo. A isso se acrescenta a nuança linguística que faz com que a função do *pan* ou do *pantes* em grego se oponha à função do *holon* como, em latim, o *omne* se opõe ao *totum*.

No entanto, não é à toa que Aristóteles diz que a afirmativa universal se coloca como *kat'holon*, quanto ao total, e que a ambiguidade em francês permanece intacta, em razão da confusão dos dois significantes que se distinguem tanto em grego como em latim.

Com o aperfeiçoamento da lógica chegamos a reduzir o sujeito a esse *Não... que não...* que eu relatava da última vez.

No entanto, na sua pretensão por assim dizer nativa, esse sujeito se coloca como sendo, por natureza, capaz de apreender algo como todo. O que constitui seu estatuto, e também sua miragem, é que ele possa se pensar como sujeito do conhecimento, a saber, como suporte eventual, por si só, de algo que é o todo.

Aí está, agora, aonde quero levá-los.

3

A apresentação que faço hoje é a mais curta possível. Como faço sempre, preparei muito seriamente as etapas disto, segundo a atenção da plateia ou meu próprio estado. Contudo, como em todo discurso articulado e mais especialmente quando se trata do discurso sobre o discurso, de operações lógicas, sou forçado a tomar um caminho alternativo no momento em que ele se impõe.

Já lhes indiquei de que maneira se institui a primeira divisão do sujeito, na função repetitiva. O sujeito só se institui representado por um significante para outro significante. No âmbito dessa repetição primitiva, é entre os dois que opera a perda e que entra em função o objeto perdido em torno do qual gira a primeira tentativa operatória do significante, aquela que se institui na repetição fundamental.

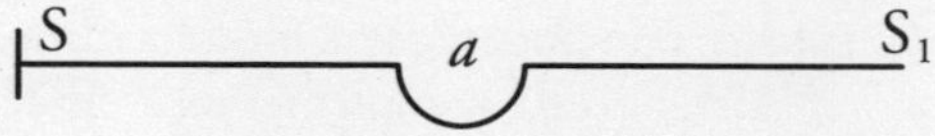

A repetição e o objeto perdido

O objeto perdido é o que vem ocupar aqui a posição que, na instituição da universal afirmativa, é dada ao fator chamado de argumento no enunciado de Frege, para quem a função predicativa é sempre aceitável. Pelo menos a função do todo encontra sua base, seu ponto de virada original e, se posso dizer assim, o princípio mesmo pelo qual se institui sua ilusão, na localização do objeto perdido, na função do objeto *a*, intermediário entre o significante original na medida em que ele é significante recalcado, e o significante que o representa na substituição que instaura a repetição, ela mesma primordial.

Isso nos é ilustrado na própria psicanálise e por algo que é capital: no que ela representa, que ela encarna da maneira mais crucial, o que concerne à função do todo na economia do saber analítico, na medida em que esse saber tenta precisamente totalizar sua própria experiência. É a inclinação mesma, a tendência, a armadilha em que o próprio pensamento analítico cai quando, por não conseguir se apreender na sua operação essencialmente divisora, em seu termo, em relação ao sujeito, ela instaura como primordial a ideia de uma fusão ideal que projeta como originária. Isso, se quiserem, se articula em torno dessa universal afirmativa de que a psicanálise, pelo contrário, seria feita para problematizar e que se expressa mais ou menos assim: *Não há inconsciente sem a mãe*, não há economia, dinâmica afetiva, sem o que estaria na origem; o homem conhece o todo porque esteve em uma fusão original com a mãe.

Esse mito de certa forma parasita, pois não é freudiano, foi introduzido sob um viés enigmático, o do *trauma do nascimento*, por Otto Rank.

Fazer o nascimento entrar no pensamento analítico por intermédio do trauma era conferir-lhe função significante. A coisa, portanto, não foi feita em si mesma para trazer um vício fundamental ao exercício do pensamento que, como pensamento analítico, não pode senão deixar intacto o que está em questão, a saber, que no último plano em que vem tropeçar a articulação identificadora, permanece aberta a hiância entre o homem e a mulher. Consequentemente, na constituição mesma do sujeito, não podemos de modo algum introduzir no mundo, digamos, a existência da complementação macho ou fêmea.

Ora, para que teria servido a introdução feita por Otto Rank da referência ao nascimento pelo viés do trauma? Para que a coisa ficasse profundamente viciada na continuidade do pensamento analítico. Foi dito que essa função — que faz com que, para o sujeito, tenha havido pelo menos a possibilidade primitiva de uma união com o que constitui o todo, e que haja portanto a possibilidade de reconquistá-la — é a relação da mãe com a criança e da criança com a mãe no estádio uterino, anterior ao nascimento. É aqui que vemos claramente onde estão a tendenciosidade e o erro. Esse erro é exemplar porque nos revela onde se origina a função do todo no sujeito, na medida em que ele cresce sob o viés da fatalidade inconsciente, ou seja, que ele só se reconhece autenticamente ao se esquecer, ou então que ele só se reconhece sinceramente ao se desconhecer.

De fato, a partir do momento em que tomamos as coisas no âmbito da função da linguagem, eis muito simplesmente onde se situa o motor da questão: *Não existe demanda que não se dirija à mãe*. Essa fonte, nós podemos vê-la se manifestar no desenvolvimento da criança, na medida em que ela é primeiramente *infans* e que é no campo da mãe que terá de articular primeiramente sua demanda. No âmbito dessa demanda, o que está em questão unicamente, e que a análise nos designa, é a função do seio.

Tudo o que a análise faz girar, como se se desse aí um processo de conhecimento, é o fato de que a realidade da mãe nos é inicialmente designada apenas pela função disso que chamamos de objeto parcial. Aceito perfeitamente que o chamem assim, com a ressalva de que é ele que está no princípio da imaginação do todo. Na verdade, se algo entre a criança e a mãe pode ser concebido como totalidade, é na medida em que, no cerne da demanda — ou seja, na hiância entre o que não se articula e o que se articula enfim como demanda —, há um objeto que dá ao pequeno ser recém-nascido o complemento de sua perda irredutível e seu único suporte. É o objeto em torno do qual surge a primeira demanda, a saber, o seio.

O objeto *a* é singularmente situado aqui para essa utilização, que é lógica por natureza. É o que Frege chamaria, na instauração de uma função qualquer F(*x*), a variável. Se uma variável é quantificada, ela passa para outro estatuto. Se ela é precisamente quantificada como universal, isso quer dizer não só qualquer uma, mas que, fundamentalmente, na sua consistência, ela é uma constante. Para a criança que começa a articular com sua demanda o que constituirá o estatuto de seu desejo, se há um objeto que tem a vantagem de poder por um instante preencher essa função constante, esse objeto é o seio.

Ao especular sobre os termos biológicos aos quais a psicanálise aspira a se referir, é estranho que a consideração a seguir não tenha surgido imediatamente. Dizem, como se fosse óbvio, *Toda criança tem uma mãe*, e destaca-se até, como que para nos colocar na pista, que, no que diz respeito ao pai, estamos certamente na ordem da fé. Mas seria garantido que há uma mãe se, em vez de ser um humano, ou seja, um mamífero, fosse um inseto? Quais são as relações de um inseto com sua mãe?

Os psicanalistas se permitem jogar perpetuamente entre a referência da concepção e a do nascimento, enquanto vemos a distância que existe entre os dois. O fato de que a mãe seja a mãe não se sustenta se não for uma necessidade seguramente orgânica; quero dizer que, evidentemente, até agora, só ela pode depositar em seu próprio útero os seus ovos; mas, afinal, já que agora se faz inseminação artificial, talvez também se venha a fazer a inserção ovular.

A mãe não é essencialmente, no âmbito em que a tomamos na experiência analítica, algo que se refere aos termos sexuais. Falamos sempre da relação dita sexual, falamos também do sexual dito relação. O sexual dito relação é completamente ocultado pelo que direi agora.

Podemos dizer que, se não tivessem a linguagem, como os seres humanos saberiam que são mortais? Diremos também que, se não fossem mamíferos, não imaginariam que nasceram. Esse saber construído em torno do nascimento, do surgimento do ser, e que se torna perversível [*pervertissant*] para toda a dialética operatória da análise, será outra coisa que não o que em Platão se apresentava com uma aparência que, a meu ver, é mais sensata?

Vejam o mito de Er. Não tem muito mais sentido para nós, analistas? O que é essa errância das almas uma vez que elas partiram do corpo, que estão ali em um hiperespaço antes de entrar e se realojar em algum lugar, segundo seu gosto ou ao acaso, pouco nos importa? O que é essa alma errante senão precisamente isso de que falo, o resíduo da divisão do sujeito? Essa metempsicose me parece logicamente menos errônea do que aquela que faz da estadia no ventre da mãe antes de tudo o que se passa na dinâmica psicanalisante.

Se imaginamos essa estadia como a permanência em uma bolsa marsupial, tal como é, afinal de contas, no início da linhagem mamaliana, isso nos impressionaria menos. O que nos ilude é a função da placenta. Bem, a função da placenta não existia nos primeiros mamíferos. A placenta só aparece em certo nível da evolução biológica em que não devemos considerar se é ou não um aperfeiçoamento, e parece dever situar-se no plano desse objeto ligado que se apresenta como uma pertença ao campo do Outro, tal como o seio incrustado no peito, esse seio em torno do qual gira o que diz respeito a uma aparência exemplar do objeto *a*.

Que o objeto *a* seja o indicativo em torno do qual se forja a função do todo na medida em que ela é mítica, e que ela seja precisamente aquilo a que se opõe, o que contradiz toda a busca do estatuto do sujeito tal como instituída na experiência da psicanálise, eis algo que deve ser localizado, e que pode conferir ao objeto *a* sua função de pivô, de ponto de virada.

Outras formas além do seio se deduzem, mas é sempre o objeto *a* que está no princípio do casamento do todo. Da próxima vez tentarei dar vida a isso para vocês em torno desses outros suportes que são dejeto, que são olhar, que são voz. Vocês verão que é justamente a relação com o *a* que nos permite destituir de sua função a relação com o termo *todo*. É por meio desse questionamento que retomarei o que é um ato.

Até agora eu não disse nada a respeito, mas é claro que esse ato implica função, estatuto e qualificação. Se admitimos que o psicanalista não situa seu estatuto em torno desse algo que podemos questionar, a saber, um sujeito, ele é, por isso, qualificável, fixável pelo termo *a*? O *a* pode ser um predicado?

Essa é a questão com a qual os deixo hoje, e cuja resposta já lhes indico: ela não poderia se instituir de maneira predicativa, muito precisamente porque a negação não pode, de maneira alguma, recair sobre o próprio *a*.

13 de março de 1968

XIII
O Estatuto do Psicanalista

A diagonal do ato
O sucesso da ciência
O herói transformado em dejeto
O sexo não é todo
Um sujeito advertido

*Todo homem é um animal, exceto pelo fato de que ele se n'homeia.**

Escrevi isso no quadro para colocá-los no caminho, já que na realidade não estou muito no caminho.

Essa pequena fórmula não tem a pretensão de ser do pensamento. Pode ser que sirva ainda assim como ponto de enganche, pivô, para alguns de vocês que não entenderão nada, por exemplo, do que direi hoje, mas isso não os impede de sonhar com outra coisa. Não os estou injuriando, não penso que seja a generalidade do caso — mas, enfim, digamos, uma média.

O aspecto de devaneio do que sempre se produz em toda espécie de enunciado com pretensão pensatória ou que se acredite como tal, é preciso sempre levar isso em conta e — por que não? — fornecer-lhe seu pontinho de enganche.

Suponham, por exemplo, que esse aspecto de meu ensino, a saber, o que pode passar para ser pensado, não tenha nenhuma sequência, como já aconteceu com várias pessoas, e com uma amplitude que não

---

* No original "*Tout homme est un animal, sauf à ce qu'il se n'homme*". Lacan faz aqui um jogo de palavras entre homem (*homme*) e a negação introduzida pela linguagem, pelo fato de se nomear (*se nommer*): *se n'homme*. (N. T.)

a minha. Restarão pequenas coisas assim. Aconteceu com as muito grandes.

Então, aí se produz o que se chama, como no reino animal, de um tipo de fauna bem especial, dessas espécies de pequenas criaturas da classe dos insetos, seres com élitros, há muitos deles, que se nutrem de cadáveres. Em medicina legal isso é chamado de *esquadrões da morte*. Há uma dúzia de gerações deles para vir consumir o que resta de um cadáver humano. Quando falo de gerações, quero dizer que elas se sucedem, que são espécies diferentes que chegam em diferentes etapas.

É mais ou menos com isso que se parece o emprego de certo número de atividades universitárias em torno desses restos de pensamento — os esquadrões da morte. Há alguns que, sem sequer esperar que eu esteja morto, nem que se tenha visto o resultado das coisas que enunciei para vocês ao longo desses anos, já se dedicam a dosar em que momento, nisso que reuni como pude, com uma vassoura, sob o título de *Escritos*, comecei a falar realmente de linguística, em que momento e até quando o que digo recobre o que Jakobson disse. Vocês verão, isso vai se desenvolver.

Aliás, não acho de modo algum que uma operação assim provenha de meus méritos. Acredito que é uma operação suficientemente dirigida por parte daqueles a quem interessa diretamente o que eu digo e que gostariam que as pessoas que têm esse trabalho se pusessem de imediato a propagar ideias sobre o que se pode reter de meus enunciados. Isso lhes dará uma pequena antecipação do que esperam, ou seja, que se entenda o que enuncio e que não é forçosamente pensamento, ou seja, sem consequência, para eles. Aí está algo que alimenta.

Contudo, vocês verão que a coisa tem certa relação com o que lhes direi hoje. Estamos ainda, claro, no ato psicanalítico. Por que será, em suma, que falo do ato psicanalítico? É para os psicanalistas. Realmente, só eles estão implicados nisso.

Aliás, tudo está aí.

1

Hoje seguirei por um terreno que, evidentemente, é pouco afeito a um público tão vasto. É saber em que o ato psicanalítico pode operar para realizar o que chamaremos de identificação do psicanalista.

É uma forma de abordar essa questão que tem pelo menos este interesse: o de ser nova. Quero dizer que, até agora, nada de sensato ou sólido pôde ser articulado sobre o que qualifica o psicanalista como tal. Fala-se, claro, de regras, de procedimentos, de modos de acesso, mas isso ainda não diz o que é um psicanalista.

O ato psicanalítico, que é aquilo em relação ao que, em suma, espero que a qualificação do psicanalista possa dar um passo, o fato de que eu seja levado a falar a respeito diante de um público tal como este, que em parte não está envolvido, suscita em si um problema. Esse problema não é de modo algum insolúvel.

Faço questão de enfatizar uma vez mais o que justifica — não o que condiciona, pois o que condiciona é uma série de efeitos de posição sobre os quais, justamente, o que podemos avançar em nosso discurso de hoje nos permitirá, talvez, precisar algo —, mas, enfim, qualquer que seja o condicionamento, o que justifica falar do ato diante de um público mais amplo do que aquele a quem ele interessa propriamente, a saber, os psicanalistas. Evidentemente, é isso: o ato psicanalítico apresenta a particularidade a seguir.

Eu poderia fazer uma garatuja a mais no quadro para mostrar do que se trata no famoso quadrângulo, aquele que parte de *Ou não penso, ou não sou*, com o que ele envolve do *Não penso*, que está no alto à esquerda, e do *Não sou*, que está embaixo à direita. Vocês sabem que o ato psicanalítico se dá nesse eixo, tendo como resultado a ejeção do *a*. Ele fará recair sobre o psicanalista que estabeleceu, permitiu, autorizou as condições do ato o preço de vir ele mesmo a suportar a função do objeto *a*.

O ato psicanalítico é o que fornece o suporte à tarefa psicanalisante, aquilo que autoriza o que será realizado nesse sentido. É na medida em que o psicanalista confere a esse ato sua autorização que ele se realiza.

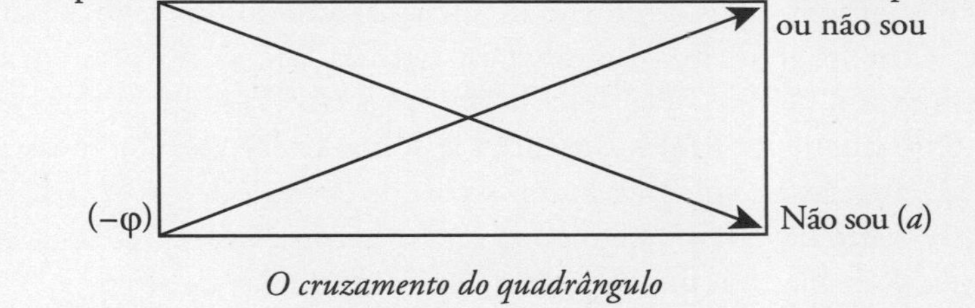

O cruzamento do quadrângulo

Então, aí está algo absolutamente singular: o ato do psicanalista, cujo trajeto, de certo modo, deve ser preenchido pelo outro, e com esse resultado, pelo menos presumido, que nomeei como ejeção do *a*.

Um ato propriamente dito, na medida em que poderíamos ser levados a nos perguntar o que ele é, evidentemente não deveria ser definido nessa condição e nem nesse trajeto totalmente atípico, pelo menos nesse quadrângulo, mas na diagonal oposta, aquela que vai do (–φ) à escolha forçada.

De fato, tendo chegado a essa realização que é a da castração, (–φ), é um movimento de retorno que o sujeito psicanalisante deveria realizar por meio de seu ato — retorno em direção ao ponto inaugural, aquele do qual, na verdade, ele nunca partiu, aquele que é estatutário, o da escolha forçada, alienante, entre o *Ou não sou* e o *Ou não penso* —, retorno a partir do que foi para ele enfim realizado, a saber, o que o torna dividido como sujeito. Em outras palavras, é preciso que ele realize um ato com conhecimento de causa, ou seja, sabendo por que esse ato nunca o realizará plenamente como sujeito.

Do modo como ele se apresenta, e porque introduz uma outra dimensão desse ato que não age por si mesmo, por assim dizer, o ato psicanalítico é, portanto, de natureza a nos permitir trazer alguma luz para o que é o ato, aquele que desenhei há pouco na diagonal. Ato sem qualificação — pois mesmo assim não vou chamá-lo de *humano*, por várias razões, dentre as quais o termo "enganche", que eu citava no começo, pode lhes dar uma pista —, já que em princípio ele funda o homem, ou melhor, ele o refunda, ou o refunde, a cada vez que o ato em questão, o ato puro e simples, o ato que não nomeio, acontece — o que não ocorre com frequência.

Em relação a isso, mesmo assim tentei, naturalmente, fornecer algumas definições para que se saiba do que se fala, e especialmente que o ato é um fato de significante. Foi daí que partimos quando começamos a balbuciar ao redor — é um fato de significante por meio do qual tem lugar o retorno do efeito chamado de efeito de sujeito que, na linguagem, se produz a partir da fala. A novidade trazida como um desafio pela descoberta psicanalítica é que o retorno do efeito de sujeito é radicalmente divisório. Coloca-se como essencial que o efeito de sujeito seja um efeito de divisão. Uma vez realizado esse efeito de divisão, algo pode ser o retorno disso, e é nessa medida que pode haver aí um re-ato e que podemos falar de ato.

O ato psicanalítico, por sua vez, é absolutamente diferente disso. Nada impõe que ele se produza depois do que leva o sujeito a estar em posição de poder agir. Nada implica que isso, a partir de então isolado por meio da ação do Outro que o guiou na sua psicanálise, o conduza a se situar como psicanalista. Nada explica esse salto por meio do qual o ato que permitiu que se cumprisse a tarefa realizadora; o psicanalisante assume, pode-se dizer, o seu programa.

Farei aqui um pequeno parêntese reflexivo, que aliás se relaciona com as palavras com as quais iniciei, quanto ao futuro de todo pensamento.

Em referência ao ato, todo pensamento organizado se situa em um *bivium*, ou a partir de um *bivium*, que nos dias atuais é particularmente claro. Ou então ele rejeita esse efeito de sujeito do qual parto, enlaçando-o uma vez mais a si mesmo em um momento que se pretende original. É o sentido que historicamente teve o *cogito*. O *cogito* é o seu modelo, e o modelo honesto, pode-se dizer. Ele é honesto porque não se coloca como origem.

Quando vocês veem alguém começar a falar do fantasma da origem, podem saber que ele é desonesto — só existe fantasma apreensível *hic et nunc*, desde agora. É essa a origem do fantasma. Depois disso, poderemos falar a respeito quando o tivermos encontrado. E aí, estamos com ele. Para o *cogito*, ele não se apresentou como origem. Em lugar algum Descartes nos diz: *Na origem, aquele que pensa faz surgir o ser*. Ele diz: *Penso, logo sou*. E a partir daí trata-se de algo estabelecido, não há mais por que se ocupar disso.

O *cogito* liberou completamente o acesso à ciência, que nunca mais se ocupará do sujeito — exceto, claro, no limite inevitável em que reencontra esse sujeito, quando deve, ao final de certo tempo, dar-se conta disso com que ela opera, a saber, o aparelho matemático e, ao mesmo tempo, o aparelho lógico. Portanto, ela fará tudo para sistematizar esse aparelho lógico sem ter de se haver com o sujeito, mas não será cômodo. Na verdade, somente nessas fronteiras lógicas o efeito de sujeito continuará a se fazer sentir, a se presentificar e a trazer algumas dificuldades para a ciência. Quanto ao resto, em razão da abordagem inicial do *cogito*, pode-se afirmar que tudo foi dado à ciência, e, em suma, de modo legítimo, tudo lhe foi colocado nas mãos, com um imenso campo de sucesso, é preciso dizer.

Mas esse sucesso tem um preço — sobre o sujeito do ato, a ciência não tem absolutamente nada a dizer. Ela não impõe nenhum. E permite fazer muito, não tudo o que se queira — ela pode o que pode; o que não pode, não pode; só que ela pode muito. Pode muito, mas não motiva nada ou, mais exatamente, não fornece nenhuma razão expressa para não fazer o que quer que seja. Ela se apresenta apenas como tentação de fazer, tentação irresistível, é verdade. Tudo o que podemos fazer com o que a ciência conquistou nos últimos três séculos não é nada, e não nos privamos de fazer. Mas de modo algum se diz que nenhum ato está à sua altura. Onde há ato, onde a coisa se decide, onde alguém se serve disso com conhecimento de causa para fins que parecem motivados, trata-se de um modo de pensamento completamente diferente. Essa é a outra parte do *bivium* — nela, o pensamento se entrega à dimensão do ato. Para isso, basta tocar no efeito de sujeito.

Exemplo. A observação, fundamental a uma doutrina que é fácil para vocês, imagino, identificar, de que o sujeito não se reconhece, quer dizer, é alienado, na ordem da produção que condiciona seu trabalho, em razão do efeito de sujeito que está no fundamento de tudo o que se chama de *exploração* — não é necessário acrescentar *do homem pelo homem*, pois vimos que é preciso desconfiar um pouco do *homem* no caso. Além do mais, todo mundo sabe que esse uso foi desviado por alguns ditos espirituosos bem divertidos, aí está algo que tem consequências de ato. Isso se chama Revolução. Nessas consequências de ato, o pensamento tem a maior dificuldade de se reconhecer, como lhes demonstram desde que vocês existem — para alguns de vocês, isso já havia começado até antes de seu nascimento —, as dificuldades com a ordem comunista que a chamada *intelligentsia* teve e continua a ter.

Portanto, todo pensamento dessa categoria que diz respeito ao efeito de sujeito participa do ato. A afirmação indica, por assim dizer, o ato e sua referência. Só que, enquanto o ato não é colocado em marcha, essa é uma referência difícil de sustentar, exatamente na medida em que ela só se isola ao final, todo mundo sabe disso. Todo pensamento que, no passado, fez escola — as coisas que ficam, assim, pregadas nos herbários das universidades, como a escola estoica, por exemplo — tinha essa finalidade do ato.

Às vezes a coisa muda repentinamente de direção. Por ora, por exemplo, no circuito ao qual aludi, do ato que nos dias atuais é enganchado ao termo "revolucionário", a saída ainda não chegou. Essa referência ao ato não está isolada, nem é isolável. Mas, enfim, para os estoicos, o fato é que isso mudou de direção, que em determinado momento não havia mais nada a extrair daí, a não ser o que já havia sido extraído por aqueles que tinham se envolvido nessa via de pensamento. A partir disso, a necrofagia da qual eu falava há pouco pode começar. Felizmente ela também não pode se eternizar, uma vez que não existem mais tantas coisas que funcionem como destroços, ruínas desse pensamento estoico. Mas, enfim, isso ocupa o mundo.

Dito isso, voltemos ao nosso ato psicanalítico.

2

Retomemos o pequeno cruzamento exposto no quadro.

Várias vezes já fiz a observação de que vocês não devem dar valor privilegiado às diagonais. Para ter uma ideia mais exata, devem sobretudo ver isso como uma espécie de tetraedro em perspectiva, o que os ajudará a perceber que a diagonal não tem nenhum privilégio ali.

O ato psicanalítico é essencialmente essa espécie de efeito de sujeito que opera distribuindo, pode-se dizer, o que será o seu suporte, ou seja, o *S* barrado e o pequeno *a*.

O sujeito dividido, o $\$$, é o produto do efeito de sujeito ao final da tarefa psicanalisante. É a verdade conquistada pelo sujeito, seja ele qual for, e sob qualquer pretexto no qual esteja engajado. Por exemplo, para o sujeito mais banal, aquele que chega buscando alívio, é: *Aí está o meu sintoma, agora tenho a verdade sobre ele. Se estou aí, é na medida em que não sabia tudo o que eu havia me tornado. Graças a Deus o sintoma que revelava o que permanece oculto no efeito de sujeito agora retumba com um saber. O que havia ali de oculto, eu o descortinei. Mas isso certamente não está completo. Há na posição do sujeito algo de irredutível, que é perfeitamente nomeável: a impotência em saber tudo a respeito.*

Algo de irredutivelmente limitado permanece nesse saber. O que foi adquirido, o foi ao preço — já que falei de distribuição — de que toda a experiência girou em torno desse objeto *a*, do qual o analista se fez o suporte. A existência desse objeto *a*, que é, foi e permanece estruturalmente como causa da divisão do sujeito, se demonstrou na tarefa psicanalisante. E como? Ora, vocês todos sabem: no efeito de transferência.

Em decorrência da estrutura instituída pelo ato, o parceiro passou a preencher as funções pelas quais o sujeito foi determinado desde que foi tomado na demanda, que, ao instaurar o desejo, funcionou como efeito de sujeito. Essas funções, a análise enganchou-as como sendo a do objeto nutriz, o seio; a do objeto excrementício, o cíbalo; a do olhar; e a da voz. É na medida em que, na relação analítica, essas funções foram distribuídas para aquele que é seu parceiro, o pivô e, para ser direto, o suporte, ou, conforme disse da última vez, o instrumento, que pôde se realizar a essência do que concerne à função do $\$$, a saber, a impotência do saber.

Evocarei aí a dimensão analógica desse compartilhamento com o ato trágico? Percebe-se bem que há na tragédia alguma coisa análoga a isso. O que nos apresenta a ficção trágica, tal como se expressa em uma mitologia na qual não está de modo algum descartado que vejamos incidências absolutamente históricas, vividas, reais? O herói, cada um que se envolve sozinho no ato está fadado ao destino de ser, afinal, apenas o dejeto de sua própria empreitada. Não tenho necessidade alguma de dar exemplos, pois o âmbito que chamei de ficção ou de mitologia já indica plenamente a estrutura disso.

Ainda assim, não confundamos a ficção trágica — quero dizer, o mito de Édipo ou de Antígona, por exemplo — com a representação trágica, que é realmente a única acepção válida, estabelecida, da tragédia. Na representação, evidentemente estamos mais perto da esquize suportada na tarefa psicanalisante. Na zona em que a representação trágica podia ser encenada na sua mais pura forma, podemos identificar esse psicanalisante cuja divisão é realizada ao termo da psicanálise com o par dividido e relativo do espectador e do coro; ao passo que o herói — não é preciso que haja trinta e seis deles, nunca há mais do que um — é aquele que, na cena, nada mais é do que a figura do dejeto em que se encerra toda tragédia digna desse nome.

A analogia estrutural paira de maneira tão evidente que é a razão pela qual foi, por assim dizer, massivamente conduzida sob a pluma de Freud. É também por isso que ela assombra toda a ideologia analítica. Só que é com um efeito de desmedida que confina com o grotesco, o que mostra a incapacidade total em que se revela a literatura que se chama analítica, de fazer em torno dessa referência mítica algo além de uma espécie de reedição circular extraordinariamente estéril, por vezes, ainda assim, com o sentimento de que há aí algo de uma divisão em relação à qual não se vê onde está a insuficiência radical que nos torna inadequados a ela.

Isso impressiona alguns. E não são os piores que são atingidos. Mas produz resultados que de fato não podem ser muito mais que um mero ganido. Não esqueçamos Édipo, nem a que ponto ele está inteiramente, integralmente ligado à estrutura de toda a nossa experiência. E, feito esse lembrete, não é preciso ir muito mais longe.

É por essa razão, aliás, que não acho que prejudico ninguém por ter jurado que nunca mais retomaria o tema do Nome-do-Pai, em relação ao qual, tomado por não sei que vertigem, felizmente dominada, certa vez eu havia dito que me envolveria no circuito de um de meus anos de seminário.

As coisas, consideradas nesse nível, são *hopeless*, ao passo que temos um caminho mais seguro a traçar, relativo ao efeito de sujeito, e que tem a ver com a lógica.

3

Se os levei até o cruzamento desse efeito propriamente lógico que a lógica moderna definiu tão bem pelo nome de função dos quantificadores, foi por uma razão muito próxima da questão de hoje, que é a da relação entre ato psicanalítico e algo da ordem de uma predicação. É, a saber, em que medida podemos dizer que ele situa o psicanalista?

Se é ao final de uma experiência da divisão do sujeito que algo que se chama psicanalista pode se instaurar, para situá-lo não podemos nos fiar, não esqueçamos disso, em uma pura e simples identificação do tipo daquela que está no princípio da definição do significante, de que todo significante representa um sujeito para outro significante. Justamente o significante, seja ele qual for, não pode ser tudo o que representa o sujeito.

Em contrapartida, a função que destacamos, o *todo*, mostrei isto a vocês da última vez, provém de uma causa que não é outra senão o objeto *a* — objeto caído nesse intervalo que, por assim dizer, aliena a complementaridade do sujeito, representado pelo significante $\$$, com o S, seja ele qual for, predicado que pode se instituir no campo do Outro. Ora, não podemos nos reconhecer em nada do que inscrevamos de nós mesmos no campo do Outro. A identificação significante não se direciona, por assim dizer, para o reconhecimento vindo do Outro. Pelo contrário, o todo, nesse assunto de reconhecimento, é o que nos representa.

O todo poderia ter a ver com esse vazio, esse oco, essa falta. Ora, eis o que ele não é. É que no princípio da instituição desse todo requerido, a cada vez que enunciamos qualquer coisa de universal, existe outra coisa além da impossibilidade que ele mascara, a de se fazer reconhecer. Isso se verifica na experiência analítica nisso que articularei de maneira condensada, porque exemplar: que o sexo não é todo. Essa é a descoberta da psicanálise.

Vemos ressurgir todo tipo de coletâneas de pessoas a quem se delega a função de reunir certo número de textos sobre esse famoso campo, tão estranhamente preservado, reservado, que é a psicanálise. Concede-se uma bolsa de pesquisa a um senhor que se chama Brown, e que outrora escreveu algo não tão ruim, *Eros e Tânatos*. Ele havia aproveitado para dizer coisas bastante sensatas sobre o sr. Lutero, e, como era em benefício da Universidade Wesleyana, tudo isso se justificava muito bem. Mas, enfim, não conhecendo mais uma medida para essas operações de agrupamento, ele publica algo que se chama *O corpo de amor*, e que nos comentam por meio de uma nota, falando-nos do pansexualismo freudiano. Ora, se o que Freud disse significa alguma coisa, é exatamente que aquilo que se esperaria que se produzisse pela conjunção sexual, a saber, uma união, um todo, justamente não se produz. Se existe algo que se impõe ao final da experiência é que, no sentido em que lhes indico e onde o faço ressoar para vocês, o sexo não é todo, o todo vem em seu lugar. Isso não quer dizer que esse lugar seja o lugar do todo. O todo o usurpa ao fazer acreditar, por assim dizer, que ele, o todo, vem do sexo.

É assim que a função verdade muda de valor, se posso me expressar desse modo. O que é encorajador em relação a certas descobertas no campo da lógica, algo que cola muito bem, é que elas nos fazem constatar que a função do todo — o todo como quantificador, a função do universal —, que o todo deve ser concebido como um deslocamento da parte. É na medida em que o objeto *a*, sozinho, motiva e faz surgir a função do todo como tal que nos encontramos, em lógica, submetidos a essa categoria do todo. É também o que explica certo número de singularidades que isolam essa categoria no conjunto dos funcionamentos lógicos, esse campo em que reina o aparato do quantificador — isolam-na ao fazerem surgir dificuldades singulares, estranhos paradoxos.

Claro, há todo um interesse de que o maior número possível de vocês — digo isso tanto para cada um quanto para todos — tenha certa cultura lógica. Ninguém aqui tem nada a perder em buscar se formar no que se ensina em campos já constituídos do progresso da lógica no presente, para entender o que estou tentando fazer aqui, a fim de desenhar uma lógica que funcione em uma zona intermediária, tendo em vista que ela ainda não foi manejada de modo apropriado.

Ainda que a lógica dos quantificadores tenha conseguido obter seu estatuto próprio e verdadeiramente rigoroso, quero dizer, com toda a aparência de excluir dela o sujeito e de ser manejável pura e simplesmente por meio de regras que vêm de um manejo de letras, não deixa de ser verdade que, se vocês comparam o uso da lógica dos quantificadores com um ou outro setor ou segmento da lógica, perceberão o seguinte: enquanto para todos os outros aparatos lógicos sempre é possível fornecer um número bastante grande de interpretações, por exemplo geométricas, econômicas, conceituais — quer dizer que o manuseio de cada um desses aparatos lógicos é plurivalente quanto à interpretação —, surpreende ver que, pelo contrário, vocês nunca conseguirão subtrair da lógica dos quantificadores o que se inscreve na estrutura gramatical, isto é, na linguagem corrente, e que faz intervirem as funções do todo e do algum.

A coisa tem consequências, uma das quais só pôde ser destacada no âmbito dos lógicos, ou seja, ali onde se sabe o que é uma dedução e como se servir dela. Essa consequência é a seguinte: por todo lado em que sustentarmos um sistema, um aparato tal como se fosse do uso dos quantificadores, não poderemos criar algoritmos tais que baste ajustar previamente o sistema que todo problema será pura e simplesmente submetido ao uso de uma régua de cálculo fixada. A partir do momento em que estamos nesse campo, sempre seremos capazes de fazer surgir nele algo de indecidível. Estranho privilégio.

Para aqueles que nunca ouviram falar do indecidível, ilustrarei com um pequeno exemplo entre muitos outros possíveis. Peço desculpas àqueles para os quais o que vou dizer parecerá uma ladainha repetitiva.

Vocês sabem, ou talvez não, o que é um número perfeito: é um número que é igual à soma de seus divisores. Por exemplo, os divisores do número 6 são 1, 2 e 3. De fato, 1 + 2 + 3 = 6. Não se trata de números primos, mas de divisores, o que significa: dado um número, em quantas partes iguais vocês podem dividi-lo? Para o 28, são 14, 7, 4, 2 e 1, cuja soma dá 28. Vejam que esses dois números são pares. São conhecidos vários como eles. Em contrapartida, não se conhece número ímpar que seja perfeito. Isso não quer dizer que não exista. O importante é que não se pode demonstrar que é impossível existir algum. Eis algo indecidível.

Não é meu papel aqui fazê-los alcançar a ligação entre o indecidível e a função lógica dos quantificadores. A rigor, poderíamos reservar isso para o seminário fechado, mas pediria então que se associasse a mim alguém mais entendido no assunto do que eu. Basta eu destacar que esse privilégio da função dos quantificadores constitui um impasse fecundo. Se tivéssemos de fato a mínima esperança de que tudo fosse passível de ser submetido a um algoritmo universal, de que pudéssemos decidir em todos os casos a questão de saber se uma proposição é verdadeira ou falsa, isso seria antes um fechamento.

A hipótese que levanto se resume a isso: que o privilégio da função da quantificação se liga ao que está na essência do todo e à relação do todo com a presença do objeto *a*.

Existe algo que funciona para que todo sujeito se acredite todo, para que o sujeito se acredite todo sujeito e, por isso mesmo, autorizado a falar de todo. Ora, o que a experiência analítica nos traz? Que não existe sujeito cuja totalidade não seja ilusão, pois ela diz respeito ao objeto *a* como elidido. Vamos tratar de ilustrar isso mostrando, de modo mais direto, em que nos interessa expressar corretamente o que concerne à dimensão propriamente analítica, ou seja, que nem todo saber é consciente.

Na medida em que introduz um *Para todo* e um *Existe*, a função do quantificador introduz uma ambiguidade, uma problemática, uma esquize fundamental, que está ligada ao fato de que ela admite mas ao mesmo tempo questiona que, de uma negação aplicada ao universal, algo surgisse como existência de um particular.

Dizer *Não é verdade que para todos... é deste modo ou daquele* implicaria que existisse, nesse todo, algo que *não é* [*ne pas*], porque *Não é verdade que para todo... há algum que não é* [*ne pas*]... Algo mais forte ainda, de *não todo* afetado por um *não é* [*ne pas*], surgiria *Há aqueles que*, como se diz. Assim, a partir de uma dupla negação [*ne pas*], de uma verdade que, retirada do todo do não ser, surgiria uma existência positiva particular. Ora, basta que não esteja demonstrado que *Todo alguma coisa* para que exista *Algo que não é* [*ne pas*]? Vocês percebem que há aí um obstáculo.

Uma questão, por si só, basta para tornar bastante suspeito o uso da negação, na medida em que ela bastaria para assegurar a coerência das funções recíprocas do universal e do particular. Pelo fato de que nem todo saber é consciente, não podemos mais admitir como fundamental que o saber sabe a si próprio, mas será que é correto dizer, apesar disso, que há inconsciente?

Foi precisamente isso que tentei transmitir em um artigo recolhido em meus *Escritos*, que se chama "Posição do inconsciente", mas naquele momento eu não podia fazer mais do que utilizar uma pequena parábola que ilustrava o objeto *a* de uma forma que eu havia chamado, já que me agrada bastante brincar com a palavra "homem", de *homelete*. Essa poderá ser uma oportunidade para um futuro *scholar* imaginar que, no momento em que eu escrevia "Posição do inconsciente", não tinha sequer uma traiçoeira ideia da lógica, como se a ordem de minhas falas não consistisse justamente em adaptá-las a certo público, tal como é suposto saber — que aliás não o é inteiramente, pois sabe-se bem o que os ouvidos dos psicanalistas são capazes de acolher ou não em determinado momento.

Quanto à qualificação, faz bastante tempo que a reflexão construtiva em torno da *episteme* questionou o que é o praticante quando se trata de um saber. Nada parece fazer objeção ao anúncio de que toda prática humana supõe um certo saber — fazer o ato prevalecer não é de modo algum dizer que repudiamos a referência à prática. Tal como é a referência ao artesão, que prevalece na obra de Platão a cada vez que se trata de assegurar um saber em seu estatuto — saber tudo sobre carpintaria, eis o que, para nós, definirá o carpinteiro. Isso implica secretamente que a carpintaria sabe de si como arte — não como matéria, evidentemente. Para nós analistas essa afirmação se prolongaria a partir disso: que todo saber de terapêutica qualifica o terapeuta, o que implica, de maneira mais duvidosa, que a terapêutica saiba de si mesma.

Ora, se existe algo que — perdoem-me, mas vou dizer — repele o psicanalista mais instintivamente é que tudo saber de psicanálise qualifique o psicanalista. Não é sem razão, mas não que, por isso, saibamos mais sobre o que é o psicanalista.

O psicanalista não está de modo algum no direito de se colocar como quem faz o relatório da experiência psicanalítica, da qual ele não é senão o pivô e o instrumento propriamente dito. Essa experiência estando de fato suspensa ao objeto *a*, porque no final, ele é radicalmente excluído de qualquer subsistência de sujeito, qualquer saber de psicanálise depende da função do objeto *a*; disso decorre que ele não assegura nada e, em particular, não permite responder sobre a totalidade do saber da experiência, a não ser em referência a essa instrumentação. Essa ausência, essa falta, se ela impõe que nada possa se apresentar como todo desse saber, proíbe deduzir de algum modo que haja ou que não haja psicanalista.

A reflexão, o ricocheteio da negação no todo não implica nenhuma consequência no particular. A partir de então, o estatuto do psicanalista como tal não repousa em nada mais do que nisso: ele se oferece para suportar, em certo processo de saber, esse papel de objeto de demanda, de causa de desejo, que faz com que o saber obtido não possa ser mantido senão pela realização significante ligada a uma revelação de fantasma.

Se o *não todo* que colocamos na posição *Não todo saber é consciente de si* representa a não constituição do saber todo, não é verdade, contudo, que, no ponto mesmo em que o saber se faz necessário, existe necessariamente algum saber inconsciente que poderíamos teoretizar sobre qualquer modelo lógico.

Será que para o psicanalista o psicanalisante é o que ele é ao final de sua tarefa? Todo um modo de expor a teoria implica isso. Decorre que o seguinte fator intervém como parasita na ação psicanalítica: o psicanalista tem a palavra final sobre o que é preciso pensar a respeito, é ele quem tem o pensamento de toda a questão. Quanto ao psicanalisante, no final ele é regularizado, o que implica que ele situe uma certa conjunção subjetiva como ser, que ele se ponha novamente em um *Não penso*, renovado só de passar do restrito ao generalizado.

É assim mesmo? Nunca — e o psicanalista sabe disso melhor do que ninguém, por experiência. Que ele possa começar a conceber sob essa forma de ficção científica, é o caso de dizer, o fruto que ele mesmo obtém da experiência, eis um enigma que não é simples.

Seria então na ordem de um para-si que se concluiria o trajeto do psicanalisante? Isso não é menos contradito pelo próprio princípio do inconsciente. Porque esse princípio situa um em-si do *Penso* irredutível a nada que o pense para-si, com efeito ele condena o sujeito a permanecer dividido entre um pensamento que não pode ser assumido a partir de nenhum *Sou eu quem pensa*. É justamente a finalidade da psicanálise que o sujeito se perceba como constituído por essa divisão em que todo significante, na medida em que representa um sujeito para outro significante, comporta precisamente a possibilidade de sua ineficiência em operar essa representação de sua dificuldade como representante. Não existe um *psicanalisado*, existe um *tendo sido psicanalisante*, do qual resulta apenas um sujeito advertido daquilo em que ele não poderia pensar como constituinte de toda ação sua.

Para conceber o que deve ser esse sujeito advertido, ainda não dispomos de nenhum tipo existente. Ele só pode ser julgado em relação a um ato que está por se construir como aquele em que, ao se reiterar a castração, ele se instaura como passagem ao ato, da mesma forma que seu complementar, a tarefa psicanalítica em si, reitera ao se anular como sublimação.

Mas isso não nos diz nada sobre o estatuto do psicanalista. Se sua essência é a de assumir a posição em que, nessa operação, se situa o objeto *a*, qual é o estatuto possível de um sujeito que se coloca nessa posição? O psicanalista pode não ter a mínima ideia de tudo o que acabo de desenvolver sobre o que condiciona essa posição — nem a menor ideia da ciência, por exemplo. Isso é até comum. Na verdade, nem se pede que o tenha, considerando o campo que ele ocupa e a função que deve desempenhar. Em contrapartida, ele teria muito a aprender com o suporte de lógica no qual a ciência se apoia.

A respeito disso, fiz referência a estatutos de praticante, sejam eles quais forem, tal como são evocados desde a Antiguidade na reflexão sobre a ciência, mas também como estão ainda presentes em certo número de campos. Está excluído que em qualquer desses estatutos seja de alguma valia, de alguma força, o que se define única e exclusivamente à luz da psicanálise como objeto *a*? Que essa função prática valorize a presença evidente do objeto *a*?

Por que, no final do ano sobre "Os problemas cruciais para a psicanálise", enfatizei tanto a função da perspectiva? Estaríamos errados em acreditar que seja a teoria de uma operação que só interessa ao arquiteto. Mesmo que ele próprio a tenha isolado desde sempre, outra função está presente aí. Não sabemos muito mais como justificar o ideal que guiava um Vitrúvio, por exemplo, no que nos é legado desses gramatismos, mas, dada a presença desses ideais, estaríamos errados ao reduzir a questão a uma função utilitária, por exemplo, de edificação. O que domina aí, pelo contrário, é uma referência que tentei lhes explicar na sua relação com o efeito de sujeito, no momento que a perspectiva chega na sua estrutura própria em Desargues, ou seja, em que ela instaura essa outra definição do espaço que se chama geometria projetiva.

Esse questionamento do que é o domínio próprio da visão poderia parecer, numa primeira abordagem, inteiramente sustentado por uma operação de quadrangulação, ao passo que aparece aí, pelo contrário, essa estrutura fechada a partir da qual pude tentar isolar e definir, entre todas as outras — e porque é a mais negligenciada da função psicanalítica —, a função do objeto *a* que se chama o olhar.

Foi em vão que no final desse mesmo ano eu lhes fiz uma apresentação sobre o quadro *As meninas*? Apresentação sem dúvida difícil, mas que é preciso tomar como apólogo, como exemplo e como referência de conduta para o psicanalista. Enquanto a ilusão do sujeito suposto saber é sempre muito facilmente admitida em tudo o que concerne ao campo da visão, nessa obra exemplar a coisa é bem diferente.

Quis lhes mostrar como se inscrevia ali a função do olhar e o que ela, em si mesma, tem de operar, de uma forma tão sutil que ao mesmo tempo está presente e velada. Como destaquei para vocês, é nossa própria existência de espectadores que ela questiona, reduzindo-a, de certo modo, a não ser mais do que a sombra em relação ao que se institui no campo do quadro, de uma ordem de representação que não tem propriamente nada a fazer com o fato de que nenhum sujeito pode se representar.

Não está aí o exemplo e o modelo no qual se poderia exercer algo de uma disciplina que tocaria o âmago da posição do psicanalista? Há pouco, procurava lhes fornecer uma singular representação fictícia da cilada à qual o psicanalista cede quando acaba por se deter em relação à sua experiência, à qual chama de clínica. Não poderia ele encontrar aqui o modelo, o lembrete, o sinal, de que não poderia instituir nada do mundo de sua experiência sem presentificar aí, e como tal, a função de seu próprio olhar?

Essa é apenas uma indicação, mas, como faço frequentemente no final de um ou outro de meus discursos, ela é dada muito antes do restante. Se, na psicanálise — quero dizer, na operação situada entre as quatro paredes do consultório em que é exercida —, tudo é colocado em jogo a partir do objeto *a*, com uma reserva muito singular e que não é casual, no que diz respeito ao olhar.

Aqui, antes de deixá-los hoje, eu gostaria de indicar a ênfase própria que o objeto *a* toma de uma certa imunidade à negação, que pode explicar aquilo por meio do qual, no fim da psicanálise, é feita a escolha que leva à instauração do ato psicanalítico. É, a saber, o que há de inegável nesse objeto.

Observem a diferença dessa negação quando, na lógica predicativa, ela incide sobre o *não homem* — como se isso existisse, mas se imagina, tem suporte. *Não vejo*, a negação se liga a algo de indiferenciado, quer se trate de uma falha na minha vista ou se um problema de claridade motiva a negação. Mas, em *Não olho*, surgem por si só mais objetos complementares do que em qualquer outra enunciação. Se olho isso ou aquilo, é uma coisa, se *não olho*, certamente há ali algo de inegável, já que não olho. E a mesma coisa nos outros quatro registros do objeto *a*.

Eles se encarnariam em um *Não pego*, no que se refere ao seio, e sabemos o apelo que isso tem em relação para a anorexia mental — do *Não largo*, e sabemos o que isso quer dizer em relação à avareza estruturante do desejo.

E seguirei evocando, no final do que tenho a lhes dizer hoje, o que fazemos ouvir de um *Não digo*? Em geral é ouvido como *Não digo não*. Vocês também ouvem assim?

20 de março de 1968

Diretivas

XIV

Saçuntaí [*Staferla*]

Seminário Fechado

A consequência
Isolar o campo de uma ciência
O Sou *é grotesco*
O homem e a mulher não têm, juntos, nada a ver
A vida privada

DISCUSSÃO PRÉVIA

Este seminário fechado não me parece de modo algum se envolver em condições desfavoráveis. O número reduzido de vocês aqui certamente é propício para o que eu queria: que se compartilhem algumas questões, e talvez respostas ou um esclarecimento.

Esse número pequeno provavelmente se liga a diversas condições, até mesmo (e inclusive) porque as férias se aproximam, e também os períodos de provas e vários outros fatores. Só temos a lamentar que alguns dos seniores da minha Escola que acompanham meus Seminários não estejam aqui. Espero que cheguem, pois gostaria que entrassem em ação. Mas, se não estiverem presentes, seguiremos sem eles.

A

Recebi um bom número de cartas que responderam à minha solicitação de perguntas. Como proceder? Poderíamos ler algumas delas. Eu precisaria escolher. O sr. Soury está aqui? Começarei pela dele.

O sr. relaciona os efeitos do significante à possibilidade de uma consequência...

Essa é de fato a citação de uma das minhas frases, não sei se todo mundo a reteve na ocasião. Não tive tempo de verificar em que momento e com que incidência eu a pronunciei, mas não importa muito. No começo de uma conferência, e provavelmente em resposta a alguma contradição entrevista, devo ter enfatizado o termo "consequência" e o fato de que, para conotá-lo com uma figura biográfica, a essência do que trazemos como testemunho de nossa experiência é que os acontecimentos têm consequências.

No momento que apresentei o termo "consequência", tive que fazê-lo pela conotação que ele assume a partir das reflexões a seu respeito que nos são trazidas, e do que ele presentifica para nós. A própria noção de consequência, tal como podemos apreendê-la na medida em que nos ensina a refletir, está ligada a funções de sequência lógica. O que tem consequência acima de tudo é a articulação de um discurso com o que ele inclui de sequência e de implicação. Pode-se dizer que o primeiro campo no qual apreendemos uma necessidade é o da necessidade lógica. Quando dizemos algo, isso leva a consequências, a saber, que podem nos pegar em tal desvio de frase, no ponto de queda, na conclusão, no modo de encerrar e de concluir. É inerente ao próprio discurso.

O senhor me diz: *Consequência é utilizável para a sucessão temporal, para objetos deterministas* — não vejo muito bem o que você chama de objetos deterministas —, *para a vida animal*. E, para articular o que diz, acrescenta: *A consequência do choque é que a partícula tem por impulsão...*

Sim, não sei se essa é a melhor utilização da palavra *consequência*. Tentamos, na medida do possível, traduzir o efeito de choque, a saber, a transmissão da impulsão, em afirmações que resultem em um mínimo de consequências. Com relação à lei de transmissão do choque, falaremos sobretudo de efeito de ação e de reação. E diremos que tudo isso leva a consequências a partir do momento em que houver algo a falar a respeito. É aí que *consequência* assume seu lugar, quando voltamos a falar disso.

O que leva a consequências na experiência analisável não se apresenta de modo algum no âmbito dos efeitos que se concebem unicamente a partir de uma função dinâmica, mas em uma dimensão de efeitos, o que implica que a questão seja colocada em um campo localizável como das consequências linguageiras.

Em outros termos, é porque um sujeito não pôde de modo algum, de nenhuma forma, articular algo de primordial que seu esforço posterior visa fornecer a essa coisa, não direi sequer significação ou sentido, mas articulação, no sentido em que esta não é propriamente constituída por nada além de uma sequência significante, a qual assume forma precisa, acento de consequência, a partir do momento em que nela se estabelecem escansões. É nessa dimensão que se desloca toda a experiência analítica.

Certamente ela diz respeito a todo tipo de coisas que produzem efeito em registros totalmente diferentes daqueles do puro e simples discurso. Mas é na medida em que a esfera do que produz efeito é tomada nessa articulação linguageira que ela nos interessa, que coloca questões, que podemos apreendê-la no campo analisável. Pela sua duração, por sua persistência, por seu efeito adesivo ao que dura e se mantém nesse esforço de articulação, podemos de fato mensurar indiretamente o que há de deslocado no outro campo, o das forças reais, mas é sempre por certo nó de consequências, e consequências significantes, de articulações significantes, que temos acesso àquilo que está em questão.

Isso não pode pretender bastar em nenhum grau. Mas já que vocês parecem não estar surpresos com isso de que eu desejava fornecer um simples flash, sublinharei que o termo "consequência" assume seu verdadeiro alcance, sua ressonância, seu uso corriqueiro no âmbito lógico. É porque se trata de uma retomada, de um trabalho, de uma elaboração lógica que temos de nos haver com algo de analisável.

Isso em princípio. Evidentemente, é porque pudemos impulsionar as coisas para mais longe, e dar uma formulação desses efeitos que chamo de efeitos de sujeito, até estarmos realmente muito próximos de lhes dar um estatuto, que tudo isso se torna sustentável.

Mas esse era apenas um lembrete. Digo-lhe isso para reanimar a atenção, acomodar os ouvidos ao calor de um discurso.

Em seguida o senhor articula, como se fosse convincente: *Uma criança é a consequência de uma copulação.*

Logicamente, é suspeito o uso, aqui, do termo "consequência". O senhor recorrerá dessa forma a alguém para destacar que, de todo modo, é preciso haver uma pequena previsão da consequência de seus atos, o senhor dirá isso porque terá passado para o domínio ético. Para o obstetra o senhor não falará da gravidez como uma consequência — isso pareceria supérfluo.

A esse respeito o senhor acrescenta algumas observações que já não têm nada a ver com o meu curso, que são pessoais. Leio, porque afinal de contas não vejo por que não as mencionaria: *As matemáticas são desviadas como obscurantismo porque, provavelmente, o rigor no manejo do significante se torna o álibi da ausência de rigor no uso do significante — classificação social, índices salariais, notas de exame, estatísticas. O encadeamento interno da demonstração de definições é convertido em conferências, um desencadeamento de conferências; as matemáticas modernas, com sua estrutura, permitem formular as ausências de rigor em questão, mas essa possibilidade não é utilizada.* O que você quer dizer com isso?

Sr. Soury: *Que as matemáticas recentes permitem formular os abusos de emprego de números. Se é preciso explicar o uso obscurantista, um exemplo é o zero em sala de aula, que substituiu o chapéu de burro. A escola moderna não coloca chapéus de burro, mas dá zeros. O zero é proveniente dos números e se beneficia do prestígio dos números, do rigor dos números. Como o zero, proveniente dessa tradição, se tornou um insulto à disposição do professor, uma etiqueta difamatória utilizada contra os estudantes? A passagem espantosa é: como uma criação rigorosa como os números, e em particular o zero, se tornou um insulto aos estudantes, um chapéu de burro, que no entanto é mais respeitado do que caso se desse um verdadeiro chapéu de burro?*

O senhor acredita que é preciso recorrer às matemáticas modernas para nos erguermos contra o uso do zero ou para levantar algumas questões a esse respeito? O que vejo de interessante no que o senhor diz, o que isso me sugere, são dois pequenos pontos da história que, de fato, raramente cogitamos.

Desde quando se usa o zero em sala de aula? É preciso buscar testemunhos históricos disso. É evidente que só foi possível colocar o zero em sala de aula a partir do momento em que o zero passou a funcionar nas matemáticas, o que, como todos sabem, só pôde acontecer depois da adoção dos algarismos arábicos. Não se utilizava o zero desse modo no tempo dos pedantes romanos, pois o zero não existia.

A partir de quando se passou a anotar de zero a vinte? Isso pode ser interessante. Contudo, a reprovação que lhe inspira o zero concebido como uma arma, estendê-lo a um não sei o quê inerente ao uso das matemáticas, isso me parece problemático.

Sr. Soury: *Não inerente.*

O senhor faz alusão à dimensão das matemáticas modernas. Eu pensava, na verdade, que sua observação estivesse mais próxima de algo que sugeri — não que as estruturas permitam formular ausências de rigor, mas que é no desenvolvimento mesmo dessa matemática que vemos se erguer a necessidade que a levou a elaborar sua lógica. Estamos situados diante dos nós que são inerentes à própria lógica e que podem nos aparecer, para todos nós, aqui, como uma espécie de ressonância de algo que constitui, no campo da análise, o que temos que elaborar de uma lógica de um registro necessariamente diferente, uma vez que se aplica a uma ordem completamente diferente.

Enfim, não vamos nos eternizar nisso.

B

Tomarei outras perguntas. Rudrauf, quer fazer uma seleção no que me escreveu?

[O sr. Rudrauf compara as fórmulas: "O inconsciente é estruturado como uma linguagem" e "A linguagem é estruturada como o inconsciente", e acrescenta: "Eu estruturo aqui o inconsciente através de x".]

O *x* não é por si só uma formulação equivalente a *desconhecido*. É na linguagem romanesca que se designa um desconhecido por sr. X ou sr. Y. No uso matemático, *x* não é tomado por um *desconhecido*, *x* designa o que chamamos de variável. Não é a mesma coisa.

[Objeção do sr. Rudrauf.]

De início, o inconsciente, para nós, na sua função de inconsciente, eu o considero, o senhor o diz muito bem, se não desconhecido, muito menos conhecido que a linguagem, e com razão. No entanto, não acredito tê-lo jamais identificado à função habitualmente usada como a letra *X* em matemática. Bem, deixemos *x* de lado.

O senhor aproximou duas coisas que evidentemente é legítimo aproximar. Eu falei primeiramente que não era de modo algum a mesma coisa dizer que *O inconsciente é estruturado como uma linguagem* e dizer que *A linguagem é estruturada como o inconsciente.*

Primeiramente porque a segunda coisa realmente não tem nenhuma continuidade. Alguém bem próximo a mim quis formular as coisas de maneira muito mais precisa do que eu, e com consequências muito maiores, ao dizer que a ordem do inconsciente seria aquilo sobre o qual a possibilidade de uma linguagem pode se estabelecer. Isso tem pretensões maiores que a outra afirmação, e é mais perigoso, por assim dizer. Não é menos frágil, mas é mais persuasivo.

Em contrapartida, quando digo que quero implicar no andamento de meu ensino toda essa parte da minha posição que não é saber, é uma correção, e mais que uma correção. É tentar fazer existir a possibilidade de haver aí, quando se trata de um analista, um ensino que consiga ter um suporte que não inclua o princípio segundo o qual existe, em algum lugar, algo que define inteiramente a questão, um sujeito suposto saber. Digo que podemos de fato avançar nesse ensino que toma como ponto de partida a formulação *O inconsciente é estruturado como uma linguagem* sem que sejamos levados a nos meter, nós também, na posição que chamei de propriamente professoral, aquela que sempre elide o seguinte: que o sujeito suposto saber, de certo modo, é ali que a verdade já está em algum lugar.

Para onde se dirige a sua observação, uma vez que fez essa aproximação que eu disse que aceito?

[O sr. Rudrauf evoca várias afirmações de sua autoria: o inconsciente é estruturado como os sintomas, como o sonho, como um desenho infantil.]

Contestar que o inconsciente é estruturado como uma linguagem, isso não vai longe. Garanto-lhe que temos muito mais motivos para contestar que o sonho seja estruturado como uma linguagem. Se o sonho for estruturado como uma linguagem, é justamente na medida em que é a via régia do inconsciente, mas ele, por si só, não é o inconsciente. É um fenômeno que tem muitas outras dimensões além de ser a via régia do inconsciente, e pode-se falar do sonho de outra maneira além do inconsciente. É até lamentável que não nos dediquemos mais ao fenômeno do sonho depois de isolar e extrair suas relações com o inconsciente.

Há vários tipos de dimensões do sonho que mereceriam ser explicadas. Quando vejo um personagem — que, felizmente, escreve em uma revista obscura, de maneira que isso me poupa de ter que batalhar demais contra um tipo de objeção realmente lamentável — nos apresentar certo número de traços aos quais acredita poder dar consistência sob essa forma em que um dos efeitos do que ele chama de trabalho do sonho é a violência que exerceria sobre algo acerca do qual, afinal de contas, ele não contesta de modo algum que a matéria dada seja linguageira, trata-se de uma deformação, implicada de um modo absolutamente sumário, em relação à incidência do desejo que caracteriza o sonho. Ele pode encontrar, sem dificuldade, apoio para suas observações aqui e ali, nos textos de Freud. Mas não se pode dizer que acrescenta o que quer que seja ao cerne da questão.

Não nego de modo algum que, no sonho, a linguagem, nem que seja em razão da *Rücksicht auf Darstellbarkeit*, das considerações que se devem à necessidade da representação e de muitas outras coisas ainda, sofra deformações extremamente importantes, contradições, distorções. Não só não nego isso, mas quem cogitaria negar? Se o sonho me interessa na medida em que nele aparece desde o início esse mecanismo que identifiquei à metáfora e à metonímia, é justamente porque o sonho é a via régia do inconsciente. Não é outra coisa. Não é para esgotar o que constitui a substância do sonho, de modo que não se trata de uma objeção ver que nele intervém outra coisa.

Então, não insistamos demais nesse artigo, a não ser para marcar que a confusão entre a noção de violência sofrida e a de trabalho é no mínimo estranha sob o ponto de vista filosófico. A confusão do trabalho do sonho com a violência é uma espécie de representação acerca da qual não nego que, afinal de contas, seja algo parecido com a linguagem, mas cujo interesse parece ser o de nos apresentar de forma distorcida alguma coisa singular, o que evidentemente só pode ter sua fonte em um lugar de trabalho, se não de violência, cuja finalidade principal é distorcer o que digo. Eu me pergunto, aliás, como alguém poderia nesse livro tender a distorcer qualquer coisa, se não tivesse como matéria precisamente o que digo. Trata-se muito precisamente do curso do sr. Ricoeur.

[O sr. Rudrauf toma a linguagem por "ato do sujeito".]

A linguagem não é de modo algum ato do sujeito. O discurso pode eventualmente ser ato do sujeito. Mas, com relação à linguagem, decidir nesse sentido seria um salto, e um salto abusivo.

Também não digo que possamos afirmar o contrário. Já que fiz alusão a uma dimensão que se chama indecidível, por que não nos servirmos disso nesta ocasião? Não digo que podemos demonstrar que não há ato do sujeito. O fato de não poder demonstrá-lo, evidentemente, não define nada. Mas, afinal, isso também não nos permite afirmar de forma alguma que a linguagem seja ato do sujeito — o que está implicado por toda posição dita de pesquisa, qualquer que seja ela, acerca da origem da linguagem, que consiste em imaginar como se pôde chegar um dia ao fato de que há aqueles que falam. Até agora ninguém chegou a imaginar isso de modo satisfatório.

Constato apenas que a história da linguística nos ensina que foi muito precisamente a partir do dia em que certo número de pessoas se reuniu e se comprometeu em não levantar essa questão que a linguística pôde começar. É apenas um fato histórico. Isso não tem mais consequências que o fato de que um dia alguém que se chamava Lavoisier afirmou, em meio a todas as suas pequenas manipulações de químico, que pesaríamos tudo que tivesse entrado na esfera no começo e no final. O que não quer dizer que na química tudo é questão de balança, longe disso, tal como o que veio depois pôde provar.

Aqui, é da mesma ordem. É um ato decisivo no começo — vamos justamente nos abster de pensar tudo o que poderia fazer emergir a linguagem como ato do sujeito. A partir desse momento, a coisa extraordinária é que se revela que, mesmo assim, se realizam achados válidos em matéria de linguística, ao passo que é preciso dizer que não havia antes nenhum vestígio disso.

Não é preciso arrancar os pentelhos para descobrir que o *Crátilo* não é tão ruim. Portanto, já havia pessoas capazes de dizer coisas interessantes, mas isso não constitui nem mesmo um esboço de uma ciência da linguagem. A linguística nasceu a partir de certo momento que, como todos os momentos de nascimento de uma ciência, é um momento de ordem prática — alguém que começou a manipular a matéria impondo-se algumas leis exclusivas e se limitando a certo número de operações. A partir desse momento, algo é possível. Isso não é mais demonstrativo.

A coisa começa a se tornar ilustrativa a partir do momento em que formulamos questões sobre o que se pode chamar de efeito de sujeito, a saber, como se dá a interdição de certo número de registros. O descarte deles permite determinar melhor o que opera como efeito de sujeito, que não é de modo algum homogêneo em relação àquele com o qual temos de nos haver em um uso comum, cotidiano da linguagem. Mas nos interditamos justamente alguma coisa.

Quando se olha de perto, a coisa volta a limitar a linguagem — de modo algum dominá-la, superá-la, ao inscrever no que quer que seja o que se chama de metalinguagem, ou de metalíngua, mas, pelo contrário, a isolar alguns de seus campos. E então se produzem efeitos de sujeito que não são, aliás, necessariamente sujeitos humanos ou sujeitos falantes.

Penso que o termo "sujeito" para indicar o campo de uma ciência também não é necessariamente mal escolhido. Falei da química ou da linguística. Há um sujeito da química, um da linguística, como há também um sujeito da lógica moderna. Isso está mais ou menos estabelecido, vai mais ou menos longe, é mais ou menos flutuante; para nós é absolutamente capital tomar essa espécie de referência para saber o que dizemos quando falamos do estatuto do sujeito.

É evidente que o estatuto do sujeito com o qual lidamos na análise não é nenhum desses sujeitos aí, tampouco é qualquer um desses outros sujeitos que podem ser situados no campo de uma ciência atualmente constituída.

[O sr. Rudrauf acha que, uma vez que a linguagem não é ato do sujeito, "deve ser definida como o lugar do ato do Outro".]

Sim, é escabroso. Vou remeter a questão para nosso caro Nassif, que fez acerca disso um trabalho circunscrevendo tudo o que eu disse no ano passado, acrescentando uma nota da qual ainda tiraremos grande proveito. Não gostaria aqui de abusar, nem dele nem do senhor, pedindo que lhe responda sobre esse assunto. Em todo caso é muito arrojado o que o senhor acaba de dizer. É mais que arrojado, é questionável.

Infelizmente nosso tempo é restrito, e não posso dar a isso tudo o devido desenvolvimento.

FIM DA DISCUSSÃO PRÉVIA

Como sempre tenho um pouco de escrúpulo de incomodá-los sem que vocês saiam daqui com algo na sacola, gostaria de tentar aproveitar o fato de que estamos hoje em *petit comité*.

Insisto — é sobretudo para mim que isso pode ser depreciativo, mais do que para qualquer outro — quanto à ausência aqui de certo número de pessoas que foram, em outros momentos, assíduas em relação ao que proponho este ano para o Seminário. Por que não estão aqui? Será que é porque eu poderia talvez tê-las convidado a responder em meu lugar ao que enuncio aqui? Quem sabe? Não sabemos. Talvez seja por isso. Talvez seja também porque elas têm tamanho senso de economia de seu tempo que acreditam que se vão ter que garimpar nisto que digo aqui — a partir do momento em que será apenas um esforço de trabalho, pensam que não obterão benefício suficiente? Quem sabe? Enfim, lamento.

Em contrapartida me alegro com a presença de todos aqueles que se dispuseram a vir ouvir algo. É a eles, e porque estamos em *petit comité*, que gostaria de poder transmitir algumas coisas, transmitir a amplitude de um desafio — pois há aqui também pessoas que admiti com prazer, ainda que não sejam analistas —, e também dizer o que não posso dizer diante de um público que reconheço menos do que aquele que tenho hoje aqui, ao ver todos os seus rostos.

1

Escrevemos no quadro:

Todos os homens amam a mulher
Todos os psicanalistas desejam saber
Não penso
Não sou

Uma palavra para presentificar as coisas. Aí estão sujeitos — já que se trata de sujeitos — que evidentemente são muito menos flexíveis, e sobre os quais a linguística felizmente nos fornece orientações. É evidente que aqui já estamos também um pouco orientados graças ao meu discurso, não graças à minha linguagem.

Aqui são sujeitos que, à primeira vista, parecem ser do tipo designado em grego como o que habitualmente se chama de sujeito gramatical. O sujeito da frase é, no caso, o sujeito que se pode introduzir absolutamente em uma lógica proposicional, e reencontramos as fórmulas aristotélicas da lógica predicativa com a ajuda de ínfimas mudanças:

Todos os homens estão amando a mulher
Todos os psicanalistas estão desejando saber

Em razão da presença da palavra "todos", essas proposições caem sob o domínio da lógica quantificadora. Vocês notarão que escrever *todos os homens* ou *todos os psicanalistas* é uma forma diferente daquela que está marcada nas duas articulações de cima de implicar — o quê?

De implicar no enunciado o sujeito da enunciação. Aí estão dois termos que sempre questionei, para diferenciá-los severamente.

Se a lógica da quantificação nos interessa, evidentemente é no âmbito do que se chama de universal. A partir do momento em que vocês fazem intervir o universal, o que é interessante, o que constitui o seu relevo, são essas coisas que lhes exponho aqui de modo familiar. Quero dizer que não é estritamente rigoroso sob o ponto de vista da demonstração. Nas observações que farei hoje, eu me permitirei uma certa distensão relativa a algumas exigências de rigor que não são gratuitas e às quais sou absolutamente obrigado a me submeter em um discurso amplamente público.

Aqui, no terreno da camaradagem, posso lhes dizer por que nos interessa uma frase como *Todos os homens são mortais*, a fim de destacar que há algo que sempre está profundamente elidido, e que constitui o encanto secreto, o aspecto pegajoso, o lado que nos faz aderir tanto, mesmo assim, a essas coisas prodigiosamente simplórias que são os silogismos exemplares que nos são apresentados.

Se realmente se tratasse apenas de saber que todos os homens são mortais e que Sócrates, sendo homem, é mortal, aqueles que ouvem isso somente desse modo dizem o que desde sempre foi dito: *Com que isso se parece? É uma petição de princípio. Se você acaba de dizer que Sócrates é um homem, como poderíamos negar que Sócrates é mortal, a não ser colocando em questão o que você havia dito no início?* Foi Locke quem achou que era uma petição de princípio.

Isso é de uma idiotice absoluta. Não existe nenhuma petição de princípio. O interesse da coisa está alhures. O interesse, evidentemente — eis o que está nas mangas do prestidigitador —, é que não é inútil falar de Sócrates nessa ocasião, pois Sócrates não é mortal à maneira de todos os outros humanos, e é precisamente isso que, afinal de contas, nos intriga e até nos excita. Não é apenas uma incidência lateral pela particularidade do exemplo, é exatamente disto que se trata sempre, no fundo da lógica: saber como podemos estar quites com esse grande sujeito da enunciação, o que não se dá com facilidade, em especial no âmbito da lógica da quantificação, que, aí, se mostra particularmente resistente.

O sujeito quantificado não é, portanto, exatamente a mesma coisa que esse sujeito muito mais perturbador que, por sua vez, se qualifica, se designa particularmente, se desvela como o sujeito da enunciação. Os linguistas foram forçados a reconhecer isso, definindo o *Eu* como o *shifter*, em outras palavras, o índex daquele que fala. Dito de outro modo, *Eu* é uma variável em cada um dos discursos. É aquele que sustenta o discurso que é assim designado.

Disso decorre todo tipo de consequências, em particular que toda uma série de enunciados que têm o *Eu* como sujeito seja muito perturbadora. Nós nos detivemos longamente no *Minto*, em todas as épocas. O fato de eu ter acrescentado a isso o *Não penso* e o *Não sou* certamente tem seu interesse, cujos desenvolvimentos vocês puderam ver. Com certeza é muito mais interessante se deter no que há de impossível no *Eu não sou* do que no *Minto*, sobre o qual é tão evidente que não se pode verdadeiramente dizê-lo.

Vale a pena nos determos um pouco nesse *Não sou*, sobretudo se pudermos tomá-lo como suporte da questão em relação ao sujeito do inconsciente. Percebemos isso — não sei se vocês ainda estão nesse ponto, mas pode acontecer — quando nos damos conta da impossibilidade de dizer, de modo algum que isso seja, porque isso é — justamente, isso é: que eu não sou. É tão verdadeiro para vocês quanto para mim. A partir do momento em que vocês se dão conta disso, o *Sou* parece tornar-se não impronunciável, mas apenas grotesco. Ora, há um grande interesse em perceber essas coisas, na medida em que elas parecem estritamente coerentes com as questões trazidas pela existência ou não do inconsciente.

Seja como for, trata-se de saber por que me ocupo este ano do ato psicanalítico, por um lado, e do psicanalista, por outro, ao mesmo tempo que permaneço centrado em torno desse ato — hoje continuamos na linguagem familiar, repito, pois *centrado em torno* não quer dizer grande coisa.

Que *Todos os homens amam a mulher* é evidentemente falso, e sempre soubemos disso, justamente. Digamos que para a metade da sociedade — sejamos abrangentes — isso não é verdade, é falso. Mas o fato de ser falso não resolve nada. O importante não é saber que é grosseiramente falso, mas perceber que, se podemos admitir que, caso não seja verdade, é em razão do seguinte: há alguns que cometem erro.

Não sei se vocês se dão conta de que essa parece ser a hipótese da psicanálise. Sejamos bastante precisos. Não quero dizer com isso que a psicanálise afirma que, em todos os casos, é porque há alguns que cometem erro que eles preferem outra coisa.

A psicanálise pode se permitir todas as prudências — aqui estou pisando em ovos. Ela pode dizer que existem homossexuais masculinos para os quais isso se deve a questões orgânicas ou glandulares; ela pode dizer coisas desse tipo, não lhe custa nada. Aliás, o que há de notável é o número de coisas que não lhe custam nada, mas, em relação ao que lhe custa, ela é muito menos precisa.

Parece que ela nunca se perguntou o que isso implica, pelo menos para aqueles sobre os quais ela tem que fazer intervir a hipótese — se não é verdade, é por isso, porque há alguns que, para resumir, cometem erro. O que tem seu equivalente na teoria analítica, mas é o que importa.

Sim ou não, isso a que poderíamos dar um corpo mais sutil, *Todos os homens amam a mulher* — vocês notarão que pus *a* mulher, ou seja, a entidade do sexo oposto —, é um enunciado que um psicanalista toma por verdadeiro ou não? É absolutamente certo que ele não pode tomá-lo como verdadeiro, pois o que a psicanálise sabe é que todos os homens amam não a mulher, mas a mãe.

Isso tem todo tipo de consequências, inclusive pode acontecer, em última instância, que os homens não possam fazer amor com a mulher que amam, já que ela é sua mãe, ao passo que, por outro lado, podem fazer amor com uma mulher, com a condição de que seja uma mulher rebaixada, quer dizer, a prostituída.

2

Permaneçamos sempre no sistema.

Gostaria de fazer a seguinte pergunta, que envolve uma leve modificação do enunciado universal que escrevi e que supõe o caso em que um homem pode fazer amor com a mulher que ele ama — o que acontece também, nem sempre se é impotente com as mulheres amadas. É verdade que todos os homens desejam uma mulher — aí não é mais *a* mulher — quando ela lhes é proposta como tal, ou seja, como objeto ao seu alcance?

A pergunta que faço e que supõe que não haja impotentes, que não haja degradação da vida amorosa, mostra a distinção entre o que chamarei de fundamento naturalista e o que se denomina reserva organicista. Dentre os casos com os quais lidamos na psicanálise, há alguns que se referem ao orgânico — não é de modo algum o que está em pauta. A questão que levanto supõe um artifício — extraído de todo contexto, a saber, do contexto de seus envolvimentos, dos laços que eles estabeleceram previamente, disto ou daquilo. Evidentemente, a princípio será natural em uma dessas situações nas quais os romancistas são forçados a cortar um dobrado para inventar, a saber, a situação que chamarei — não sei como chamá-la, ela é impensável — de chalé da montanha, com um homem, uma mulher, normalmente constituídos, isolados na natureza, como se diz. Será que é preciso sempre fazer intervir a natureza nessa ocasião — será que é natural que eles transem? Aí está a questão. Trata-se do naturalismo do desejável.

Por que propor essa questão? Não é de modo algum para lhes dizer que essas coisas que em seguida circularão por Paris, a saber, o que Lacan ensina, quer dizer, que o homem e a mulher, juntos, não têm nada a ver. Não ensino isso — é verdade. Textualmente, eles não têm nada a ver juntos. É chato que eu não possa ensiná-lo sem que cause escândalo. Então, não ensino, deixo de fora.

É justamente porque eles não têm nada a ver que o psicanalista tem algo a ver com esse assunto aí [*dans cette affaire-là*]. Escrevamos no quadro: *Saçuntaí* [*Staferla*]. É preciso também saber usar da escrita de certa maneira.

É claro que não ensino isso, mesmo que salte de tudo o que a psicanálise nos ensina, que nunca é *quia genus femina* — digo *femina*, nem mesmo *mulier* —, nunca é *como a mulher* que ela é desejada, mas que o desejo se constrói sobre toda uma ordem de forças em que o inconsciente é absolutamente dominante, e em que, por conseguinte, intervém toda uma dialética do sujeito.

Enunciar isso dessa maneira estranha, dizendo que o homem e a mulher, afinal, não têm nada a ver juntos, é apenas marcar um paradoxo. É um paradoxo que não tem maior alcance, mas é da mesma ordem que o paradoxo da lógica que mencionei para vocês, o *Minto* ou o paradoxo de Russell, do catálogo de todos os catálogos que não contêm a si mesmos. É a mesma correlação. Evidentemente não há interesse em produzir esse enunciado como se se tratasse não apenas de um paradoxo, mas de um escândalo, como se houvesse aí uma referência naturalista.

Em uma pequena nota ou em outro lugar, alguém escreve que, no modo como Lacan reinterpreta Freud — aparentemente é um Freud-Lacan —, há elisão do que no entanto seria interessante conservar, a referência naturalista. Pergunto, ao contrário, o que pode subsistir da referência naturalista em relação ao ato sexual depois do enunciado de tudo o que está articulado na experiência e na doutrina freudianas.

Seria justamente dar a esses termos, *o homem e a mulher*, um substrato naturalista que levaria a enunciar coisas que se apresentariam, de fato, como loucuras. É por isso que não as pronuncio. Mas o que pronuncio hoje, quando há um número notavelmente insuficiente de psicanalistas aqui, é a seguinte questão: o que o clínico pensa sobre o chalé da montanha, o que pensa sobre o instinto, em nome de seu instinto de clínico? Vocês pensam que uma palavra assim nunca pode vir à minha boca por acaso, falta definir o que é o instinto do clínico.

Basta vocês se referirem não só à sua experiência, mas à sua intuição íntima. O camarada que vem lhes contar que estava com uma bela garota no chalé da montanha, que não tinha nenhuma razão de não ir adiante, só que não teve vontade... Vocês dizem: *Oh, há algo aí... Por que não deu certo?* Primeiro vocês buscam saber se é frequente ele ter bloqueios assim. Em suma, vocês se lançam em toda uma especulação que implica que a coisa deveria ter funcionado.

O que está em jogo é a coerência, a consistência das coisas no espírito do analista. Se o analista reage assim por instinto, instinto de clínico, não há mesmo necessidade aqui de fazer intervir, por trás, a ressonância naturalista, ou seja, que o homem e a mulher foram feitos para estar juntos. Não lhes disse o contrário, disse que eles não têm nada a ver juntos. Eles podem perfeitamente estar juntos sem ter nada a ver juntos. O clínico, a essência clínica, intervém aqui de certo modo como um tique. Trata-se de saber se é algo que é apenas da ordem do bom senso — não sou contra o bom senso —, ou se se trata de outra coisa.

O psicanalista, repito para vocês, tem todas as razões para saber que essa mulher não é automaticamente desejada pelo animal macho quando esse animal macho é um ser falante. Essa mulher se acredita desejável porque é o que ela tem de melhor a fazer diante de certo embaraço. E depois isso leva ainda um pouco mais longe.

Nós sabemos que, para o parceiro, ela acredita amá-lo. É mesmo isso que predomina. Trata-se de saber por que predomina no que se chama natureza. Também sabemos muito bem que o que predomina realmente é que ela o deseja. É mesmo por isso que ela acredita amá-lo.

Quanto ao homem, nós conhecemos a toada, é absolutamente repisada — quando acontece de ele desejá-la, ele acredita desejá-la, mas nessa ocasião ele tem que se haver com sua mãe, então ele a ama. E o que ele lhe oferece? O fruto da castração, ligado a esse drama humano. Ele lhe dá o que não tem mais. Já se sabe, essa coisa toda. Isso vai contra o bom senso.

Será que é só a manutenção do bom senso que faz com que o analista, com seu instinto de clínico, pense ainda assim no chalé da montanha no momento em que não há nada disso, porque o romancista fez de tudo para que não estivesse mais no horizonte? Se não dá certo, é porque tem alguma coisa aí. Afirmo que não é só por causa do bom senso. Afirmo que há algo que faz com que o psicanalista esteja, de certo modo, instalado, instaurado na coerência. Ele está, pela mais precisa razão que faz com que o *Todos os psicanalistas desejam saber* seja tão falso quanto o que se enuncia antes. Não é falso pelo fato de que é falso, porque sempre se pode escrever isso — mesmo que todos saibam que é falso. Nos dois casos, em algum lugar há um mal-entendido.

Defini de maneira muito audaciosa o ato psicanalítico colocando em seu centro a aceitação de ser rejeitado à maneira do objeto *a*. É incrível, é novo, nunca ninguém disse isso, a coisa se torna tangível, é tangível. Mesmo assim, alguém poderia tentar me contradizer, me trazer outra coisa, levantar uma objeção. É curioso, desde que eu disse isso — e não há muito tempo que o coloquei em primeiro plano —, ninguém nem sequer começou a bufar alguma coisa contra. Poderiam gritar: *Que história é essa? Nunca ninguém nos explicou o final da análise desse modo. Que história é essa desse analista que é rejeitado como uma merda?* A merda perturba demais as pessoas. Não existe só merda no objeto *a*, mas frequentemente é como merda que o analista é rejeitado. Isso depende unicamente do psicanalisante, é preciso saber se, para ele, se tratava realmente de merda.

Posso articular esse discurso, desenvolvê-lo, começar a fazer um monte de coisas girarem ao seu redor, sem que ninguém cogite o mínimo protesto e dar outra indicação, fazer outra teoria sobre o fim da análise. Curioso, curioso. Essa abstenção é estranha. Todas essas coisas que digo envolvem todo tipo de consequências perturbadoras, isso poderia sugerir uma espécie de inventividade na contradição. Não. Zero.

Se ninguém aponta a menor contradição é porque, de todo modo, sentem e sabem muito bem que o mal-entendido, quer se trate da primeira proposição ou da segunda, gira em torno do seguinte: que o psicanalista, por sua vez, só deve colocar aí o seu grão de sal — é uma metáfora para dizer *tem algo a dizer a respeito* — na medida em que ele entra na dança. Nos desviamos quando partimos da ideia de que, em todo esse assunto do ato sexual e do estatuto daí decorrente, o psicanalista é aquele que teria o conhecimento da coisa, e poderia conhecer mais a respeito do que outro, no sentido de que teria o recuo necessário. Não é absolutamente disso que se trata. É também por essa razão que ele não deve tomar partido sobre a questão de saber se é ou não natural, em que caso é e em qual não é. O psicanalista apenas instaura uma experiência na qual ele deve colocar seu grão de sal em nome da função terceira, a saber, o objeto *a*.

O objeto *a* desempenha a função-chave na determinação do desejo, o que faz dele o recurso da mulher no embaraço em que a deixa o exercício de seu gozo na relação dela com o ato. Aliás, posso ir muito longe e dizer até: *Impõe-se isso à mulher*. Pareço proferir aqui uma reivindicação feminista, mas não acreditem nisso, é muito mais amplo — o que lhe é imposto está na estrutura. Na dramatização subjetiva do ato sexual, a estrutura designa a mulher como objeto *a* e lhe impõe sua função, na medida em que ela mascara esse oco, o vazio dessa coisa que falta no centro do ato sexual e que faz com que se possa dizer que o homem e a mulher parecem não ter nada a ver juntos — guardem a escolha dos termos que fiz. Como, de seu lado, ela não tem nenhuma razão para aceitar suportar essa função, seu gozo e a suspensão dele na sua relação com o ato nos dão apenas a ocasião de perceber a potência do engodo. Mas esse engodo não é dela, ele é precisamente imposto pela instituição, no caso, do desejo do macho.

O que o homem descobre, por seu lado, nada mais é senão o que há nele de impotência para visar outra coisa que... O quê? Claro, um saber. Sem dúvida existe em algum lugar — digamos, desde a origem, para nos entregarmos a elucubrações desenvolvimentistas — um certo saber sobre o sexo. Todas as crianças, machos ou fêmeas, têm sensações em relação às quais não deixariam de ter controle e que elas podem mais ou menos canalizar, mas não é disto que se trata. O que se deveria alcançar é o saber sobre o outro sexo, e isso nunca se tem.

Em relação ao saber de um sexo, a situação é muito pior do lado macho que do lado fêmea.

Quando digo que não há ato sexual, não acreditem que significa o fracasso radical de tudo o que acontece a esse respeito. A experiência psicanalítica, se nos mantivermos nesse campo — vejam que faço uma ressalva —, nos demonstra que, para o macho, o saber de um sexo, quando se trata do seu, desemboca na experiência da castração, ou seja, em certa verdade que é a de sua impotência — impotência em fazer, digamos, do ato sexual algo pleno.

Como vocês veem, chegamos a um belo balanço literário: entre a potência da mentira, de um lado, e a verdade da impotência, do outro, há um entrecruzamento.

Tudo isso facilmente desembocaria em uma espécie de sabedoria, e até viraria um ensino de sexologia, como se diz, e se resolveria por pesquisa de opinião, se o psicanalista não tivesse que saber que não tem nenhum direito de articular essa dialética entre saber e verdade para fazer dela uma soma, um balanço, uma totalização, registrando a fatalidade do fracasso, qualquer que seja ele. Ninguém está em posição de controlar o que está em jogo, que nada mais é que a interferência da função do sujeito em relação a esse ato acerca do qual não podemos sequer dizer onde, na experiência analítica, sua referência é tangível, não dizemos natural, pois é aí que ela se esvaece, mas biológica.

A regra a ser seguida pelo analista para escapar a essa vacilação que o faz cair facilmente em uma espécie de ensino ético é começar por perceber que ele está na questão na posição mesma do que condiciona a sua vacilação essencial, a saber, a do objeto *a*. Em vez de se considerar no topo de seus anos de experiência como clínico — aquele que, para cada caso, sabe fazer a estimativa do assunto —, mais vale que ele tome como referência aquilo a que recorri da última vez, na sequência do que eu havia dito diante de um público mais amplo, a saber, o quadro *As meninas*.

Não direi que ele é um apólogo, pois nunca faço apólogo, eu mostro a realidade do que está em questão para o analista, figurado em outros exemplos que não espanta serem exemplos frequentemente tomados da arte. Para se localizar, para ter outra espécie de conhecimento que não esse conhecimento de ficção que é o seu e que o paralisa, convém que o analista — quando se questiona sobre um caso, quando faz sua anamnese, quando o prepara, quando começa a se aproximar dele e quando entra nele com a análise — pesquise onde já estava, ele, o analista, neste ou naquele momento e em determinado ponto da história do sujeito, da mesma forma que Velázquez está no quadro *As meninas*.

Haverá uma vantagem nisso — ele saberá o que acontece com a transferência. O centro, o pivô da transferência, não passa de modo algum pela sua pessoa. Algo já estava ali antes. Isso lhe dará também uma forma completamente diferente de abordar a diversidade dos casos. Talvez ele possa encontrar uma nova classificação clínica, diferente daquela da psiquiatria clássica, da qual nunca havia conseguido se aproximar, nem abalar, e por uma boa razão: é que até então ele nunca havia conseguido fazer outra coisa além de segui-la.

3

Nos poucos minutos que aceito e lhes agradeço por me concederem, gostaria de tentar ilustrar para vocês, ainda mais, o que está em questão.

Fala-se de *vida privada*. Estou sempre surpreso que essa expressão nunca tenha interessado a ninguém, sobretudo entre os analistas, a quem deveria interessar particularmente. Vida privada de quê? Poderíamos fazer bordados retóricos.

O que é a vida privada? Por que é tão privada essa vida privada? A partir do momento em que se faz uma análise, não há mais vida privada. É preciso dizer que, quando as mulheres ficam furiosas por seus maridos se analisarem, isso pode incomodar a nós analistas, mas é preciso reconhecer que elas têm razão, pois não há mais vida privada. O que não quer dizer que ela se torne pública, há um represamento intermediário — é uma vida psicanalisada ou psicanalisante, não é uma vida privada.

Isso costuma nos fazer refletir. Afinal de contas, por que a vida privada é tão respeitável? Vou lhes dizer: porque a vida privada é o que permite manter intactas as famosas normas que, em relação ao chalé da montanha, eu estava arruinando. *Vida privada* designa tudo o que se mantém e preserva sobre um registro que conhecemos bem, o da ficção, esse ponto delicado, a saber, o que se passa com o ato sexual e tudo o que disso decorre no pareamento dos seres, no *Tu és minha mulher*, *Eu sou teu homem* e outras coisas essenciais. É o que permite sustentar tudo isso em um campo no qual nós, analistas, introduzimos uma ordem de relatividade que não é de modo algum fácil de controlar e que só poderia ser controlada com uma condição: se pudéssemos reconhecer a posição que ocupamos ali, nós, como analistas, não como analistas sujeitos do conhecimento, mas como analistas instrumentos de revelação.

Aí se coloca a questão da vida privada do analista. Digo isso apenas de passagem, uma vez que aí há, naturalmente, obras que são amplamente difundidas e que são tecidas de babaquices. Uma delas, que fez o maior sucesso, diz que o mínimo que se pode exigir de alguém que pinçamos com a qualificação de bom analista é que tenha uma vida feliz. É adorável. E, além do mais, todo mundo conhece o autor. Não quero fazer especulações, mas...

Que um analista possa manter o que acabo de definir como o estatuto de uma vida privada é alguma coisa... É justamente porque o analista não tem mais vida privada que de fato vale mais a pena que ele tenha muitas coisas resguardadas. Se ele tem que saber em que posição já estava na vida de seu paciente, a recíproca não é necessariamente verdadeira.

Há um plano totalmente diferente no qual essa história de vida privada opera, e é justamente o da consistência do discurso. É exatamente porque, até então, o analista não sabe de nenhum modo sustentar o discurso de sua posição que ele adota qualquer outro discurso. Tudo lhe serve. Enquanto seu ensino não deveria se parecer em nada com os outros, ele dispensa uma espécie de ensino que é parecido, ou seja, sobre os assuntos em questão, ele ensina aos ensinados que já o são tudo o que sabem, ou seja, justamente o que está mais próximo. Todas as referências são válidas para ele, ele ensinará tudo, qualquer coisa, exceto psicanálise.

Tive o cuidado de iniciar minha fala tomando as coisas em um nível mais básico, pelo que parece menos contestável, a saber, as duas linhas que estão ali no quadro. Eu lhes mostrei que, justamente, a psicanálise as contesta. É impossível escrevê-las, exceto como um desafio. O que constitui o estatuto do analista é de fato uma vida que merece ser chamada de vida privada. Ao passo que sua função, a mais escabrosa de todas, a de ocupar a posição de objeto *a*, talvez não tivesse consequências por seu estatuto, aquele que ele se atribui e que se funda na autorização, na investidura do analista por sua hierarquia; e na ascensão de seu gradus, lhe permite, contudo, conservar estáveis e permanentes as ficções mais incompatíveis com sua experiência e com o discurso fundamental que o institui como um fazer.

É com isso que termino hoje. Vocês entenderão que eu o tenha reservado para uma plateia mais limitada, que não é obrigada a extrair daí uma seara de escândalos, de mexericos ou de blá-blá-blá.

27 de março de 1968

XV
Os Acontecimentos de Maio

Um fenômeno estrutural
A pedra e a bomba de gás lacrimogêneo
As ideias de Reich

Vim hoje prevendo, como há oito dias, que haveria aqui certo número de pessoas para manter o contato.

Como há oito dias, não darei o que tenho o hábito de chamar de aula ou seminário, na medida em que sigo a palavra de ordem de greve do Sindicato Nacional do Ensino Superior, que, penso eu, continua em vigor neste momento.

Isso é uma simples questão de disciplina. Não é, contudo, por assim dizer, o que seria desejável, estar à altura dos acontecimentos.

Na verdade, isso não é nada cômodo para muitos. Quanto a mim, só tenho que me ocupar dos psicanalistas — destaco-o há muito tempo, e não é para renegar agora o que sempre tive o cuidado de repetir. É para eles que acredito sustentar há muitos anos um trabalho que não é franzino. Ao não precisar preparar um desses seminários — já que ele estava preparado para a última vez —, percebo o quanto isso é um alívio para mim.

Ao mesmo tempo abre a porta para todo tipo de coisa. Posso perceber algo que o esforço e o trabalho sempre mascaram, a saber, minhas insatisfações. Isso me dá, talvez, a ocasião de ler artigos que necessariamente deixo passar assim, só de ver quem os assina. É preciso ler até os artigos das pessoas de quem sabemos previamente o que esperar — falo de artigos de meus colegas, claro. Já me aconteceu de ficar, assim, bastante surpreso.

Enfim, para estar à altura dos acontecimentos, direi uma coisa. Ainda que os psicanalistas tragam seu testemunho de simpatia àqueles que se viram enredados em contatos muito duros, para os quais era conveniente que tivessem uma coragem muito grande, é preciso ter recebido — como pode acontecer a nós psicanalistas — a confidência do que se sente nesses momentos para avaliar melhor, em seu justo valor, o que representa essa coragem. De fora, admiramos, claro, mas nem sempre nos damos conta de que o mérito não é menor pelo fato de que, em certos momentos, esses rapazes sejam de fato levados pelo sentimento de estar absolutamente unidos a seus camaradas. É superficial que eles expressem isso como queiram, que digam o que há de exaltante em cantar a "Internacional" no momento em que estão sendo espancados. A "Internacional" é algo belo de se cantar, mas não creio que eles teriam esse sentimento irreprimível de que não podem estar em outro lugar senão ali onde estão caso não se sentissem levados por uma sensação de comunidade absoluta, ali, na ação, junto àqueles que estão ao seu lado, ombro a ombro. É algo que deveria ser explorado em maior profundidade, como quando dizemos sem saber o que dizemos.

Voltando aos nossos psicanalistas, o fato de juntar setenta e cinco — pois é este o número, diziam ontem à noite — para assinar um texto de protesto contra o regime e seus operadores policiais, é meritório, claro, e não poderíamos dissuadir ninguém de acrescentar sua assinatura a um protesto desses, mas é um pouco inadequado, é insuficiente, mesmo que a gente também esteja ombro a ombro ali — mas, enfim, não tem exatamente a mesma natureza. Assinar isso todos juntos, pessoas vindas de todas as origens e de todos os horizontes, muito bem, mas assinar como psicanalista — o que, aliás, foi muito rapidamente proposto pelos psicólogos — me parece uma forma bem fácil de considerar que se está em dia com os acontecimentos.

Me parece que, quando se produz algo dessa ordem, de uma natureza também sísmica, poderíamos talvez nos questionar quando nós mesmos tivemos uma responsabilidade. Os psicanalistas, isso envolveu uma responsabilidade. Não se pode dizer *no ensino*, pois nenhum deles está propriamente na universidade, e eu estou aqui assim, nas bordas, à margem. Mas, enfim, não é só a universidade que é responsável no âmbito do ensino. Talvez pudéssemos dizer que afinal os psicanalistas não se ocuparam muito do que no entanto poderia facilmente ser conotado nas relações que, por serem coletivas, não recaíram menos diretamente sob certo domínio, em certo campo, em certo nó que é o deles. Tentemos sublinhar isso sem insistir muito pesadamente no fato de que nós mesmos já o apontamos em algum lugar. Em nossos *Escritos*, há um texto que se chama "A ciência e a verdade", que não está completamente fora de época para dar uma pequena ideia do que se passa um pouco por todo lado e que não poderíamos reduzir a efeitos de turbulência.

Alguém que não posso dizer que não estimo — é um dos meus colegas de escola, estudamos lado a lado, temos laços comuns, nos conhecemos bem, é um amigo —, o sr. Raymond Aron, publicou esta manhã um artigo em um jornal, que reflete o pensamento de pessoas honestas e que diz: *Isso se produz por todo lado*. Mas, ao dizer isso, para ele quer dizer justamente: *Eles estão por todo lado um pouco irrequietos, é preciso que cada um os acalme segundo o que não funcione em cada lugar.*

É porque, ao que parece, em cada lugar tem sempre algo que não vai bem que eles se inquietam. Isso começa, como vocês sabem, em Columbia, ou seja, em plena Nova York — recentemente recebi ressonâncias muito precisas a esse respeito —, e depois a coisa vai até Varsóvia — não preciso fazer a cartografia. É absolutamente impressionante que não se queira pelo menos perguntar se não haveria aí um fenômeno muito mais estrutural, ou que o descartem deliberadamente, como no sentido desse artigo, escrito em um tom muito apropriado.

Já que aludi a esse canto, a esse nó, a esse campo, para mim está bem claro que as relações entre o desejo e o saber são questionadas e que a psicanálise permite ligar isso a um tanto de carência, de insuficiência, que é propriamente evocado, estimulado pelas relações da transmissão do saber. Em resposta, ressoam todos os tipos de corrente, elementos, forças, como se diz, toda uma dinâmica, e aí novamente farei alusão a um artigo que li recentemente.

Nele, insistiam no fato de que, em certa ordem de ensino — o meu, para nomeá-lo — se negligenciaria a dimensão energética. Admiro muito que esses energeticistas não se tenham dado conta dos deslocamentos de energias que podem estar subjacentes ali. Talvez essa energia tenha certo interesse de evocação teórica, mas, em uma ocasião na qual se fala muito de diálogo, ligar as coisas no âmbito de uma referência lógica e mesmo logicista poderia apresentar certo interesse.

Pelo menos, me parece, confirmado pelo acontecimento na ideia de que ali está o manejável, o articulável disso com que temos de nos haver, e que não estou errado em apoiá-lo o quanto puder. Onde prescindimos disso, ou acreditamos ter que prescindir disso, onde se falará prontamente de intelectualização — é a palavra de ordem a meu respeito, como vocês sabem —, não se demonstra um sentido particular de orientação quanto ao que se passa, nem de uma avaliação exata dos pesos em questão e da energética autêntica e verdadeira da coisa.

Faço uma pequena observação de passagem, só para informação. Ontem à noite, em uma reunião dessa coisa que se chama minha Escola, tivemos presente um dos cabeças dessa insurreição. Não é de modo algum uma cabeça com formação precária. Pelo menos não é alguém que se deixa enganar, nem que diz coisas estúpidas, e sabe muito bem responder prontamente. Fizeram-lhe uma pergunta bastante tocante, devo dizer: *Diga-nos, caro amigo, no ponto em que está, o que poderia esperar dos psicanalistas?* O que é realmente um modo absolutamente louco de perguntar. Eu quase me mato dizendo que os psicanalistas deveriam esperar algo da insurreição, e há alguns que retorquem: *O que a insurreição poderia querer de nós?* A insurreição lhes responde: *O que esperamos de vocês por ora é a oportunidade de nos ajudar a jogar pedras.*

Para dar um pouco de leveza à atmosfera, farei uma observação — é uma indicação discreta: no âmbito do diálogo, a pedra preenche exatamente uma função prevista, a do que chamei de objeto *a*. Já indiquei que há uma certa variedade no objeto *a*. A pedra é um objeto *a* que responde a outro, este sim realmente capital para toda ideologia futura do diálogo quando parte de certo ponto — é o que se chama de bomba de gás lacrimogêneo. Deixemos isso de lado.

Soubemos, da fonte autorizada para isso — que, a partir da tocante pergunta, evidentemente encontrou-se em vantagem imediata, quando as coisas poderiam ter se passado de outro modo —, que, para toda turbulência inicial em certo campo, e especialmente em Nanterre, as ideias de Reich — o que me surpreende, mas é um fato — foram para eles uma abertura, e isso em torno de conflitos muito precisos que se manifestavam no campo de uma certa cidade universitária. Mesmo assim é interessante para psicanalistas que, como eu, podem considerar que as ideias de Reich não são apenas incompletas, mas são demonstráveis como fundamentalmente falsas.

Toda a experiência analítica — se quisermos articulá-la, e não a considerar como um lugar de turbilhões, de forças confusas, uma energética dos instintos de vida e dos instintos de morte que estariam ali a se comprimir reciprocamente, se quisermos colocar um pouco de ordem no que objetivamos em uma experiência que é de linguagem —, a experiência analítica nos mostra que a teoria de Reich é formalmente contraditada por nossa experiência de todos os dias. Só que, como os psicanalistas não demonstram absolutamente nada das coisas que poderiam realmente interessar a todo mundo, precisamente sobre o tema das relações de um sexo com o outro, as coisas nessa ordem estão realmente abertas, ou seja, qualquer um pode dizer qualquer coisa.

Isso se vê em todos os âmbitos. Ontem eu lia — porque me resta um tempo para a leitura — um pequeno jornal que se chama *Concilium*. Isso acontece entre os clérigos. Havia dois artigos muito brilhantes sobre o acesso da mulher às funções do sacerdócio nos quais se misturava certo número de categorias, dentre as quais a das relações entre o homem e a mulher. É exatamente como se os psicanalistas nunca tivessem dito nada a respeito. Não que, evidente, os autores não lessem a literatura psicanalítica — eles leem tudo. Mas, se leem essa literatura, não encontram nela absolutamente nada que lhes traga qualquer coisa de novo em relação ao que se mistura desde sempre nessa noção confusa — que do homem e da mulher vem tudo o que é superior, o mais digno e tudo o que vem em seguida, em relação ao que quiserem, do Ser. Mesmo assim, é impressionante que o que foi denotado pelos psicanalistas no plano da experiência foi por eles mesmos tão bem submerso que afinal é exatamente como se nunca tivesse havido psicanalistas.

Evidentemente, é um ponto de vista que vocês podem considerar um tanto pessoal. Acreditei que devia abrir uma certa publicação, que é a minha, com uma espécie de nota em determinado tom que acentuo com uma denotação que chamo de fracasso. Contudo, quase tudo o que tentei articular, bastará que se recue um pouquinho para perceber que não só é articulado, mas que é articulado com uma certa força, e isso permanecerá como o testemunho de um discurso em que alguém pode se situar, em que há um norte, um sul, um leste, um oeste. Talvez as pessoas percebam isso quando os psicanalistas não estiverem mais ali para fazê-lo, pelo simples fato de que o fazem, absolutamente sem alcance. Enquanto isso, assinam-se manifestos de solidariedade aos estudantes como se faria por qualquer um que, em uma escaramuça, fosse espancado.

Em suma, mesmo assim, alguma coisa se realiza, algo que se pode encontrar escrito previamente — de todo modo, mesmo que os psicanalistas se recusem, a qualquer preço, a estar à altura do que eles têm como responsabilidade, isso não deixa de existir, e não deixará de se fazer sentir em seus efeitos. Primeira parte de minhas proposições, e cá estamos nós.

Mesmo assim, será preciso que haja pessoas que tentem estar à altura de certos tipos de efeito, que estão ali prontos e predestinados, de certo modo, a serem tratados por alguns em certo enquadramento. Se não for por essas pessoas, inevitavelmente o serão por outras, pois não há exemplos de que, quando os efeitos se tornam um pouco insistentes, ainda assim não se acabe por perceber que estão ali, e por tentar operar em seu campo. Eu lhes disse isso assim para que não se incomodem por não entender nada.

15 de maio de 1968

XVI

O Ano Está Terminando

Mensagem à Escola Freudiana de Paris

O oito interior, uma bolha
A baderna psicanalítica
Todo saber nos vem do Outro
O analista diz ao sujeito: É isso
O sujeito suposto demanda

Eu não sou um enganador. Não fui eu quem lhes avisou que eu diria algumas palavras voltadas a encerrar o presente ano fazendo o que se chama de seminário, conforme se expressa o documento da Escola.

Dirigirei a vocês algumas palavras da ordem da cerimônia.

Este ano fiz alusão ao sinal de abertura do ano que começa, nas civilizações tradicionais. Este aqui é para o ano letivo que se encerra.

1

Pode ficar uma decepção porque, depois de ter aberto um conceito como o de ato psicanalítico, o destino quis que vocês só tenham podido aprender sobre esse tema a metade do que eu intencionava dizer — a metade... para falar a verdade, um pouco menos, porque o procedimento de entrada para algo tão novo, nunca articulado como dimensão, exigiu de fato algum tempo de abertura.

Para ser sincero, as coisas não mantêm a mesma velocidade. É sobretudo algo que vem do que acontece quando um corpo cai, é submetido à mesma força. Durante a queda, seu movimento, como se diz, se acelera, de modo que vocês não terão tido nem a metade do que eu tinha a dizer sobre o ato psicanalítico. Digamos que vocês terão tido um pouco menos que a quarta parte.

Isso é lamentável por certos aspectos, pois não é do meu feitio deixar para terminar mais tarde, e de certo modo por obra do acaso, o que foi interrompido de uma forma qualquer, seja qual for a causa, interna ou externa.

Mas para falar a verdade, por outro lado, minha decepção não deixa de ser acompanhada por alguma satisfação, pois, afinal, nesse caso, o discurso não foi interrompido por qualquer coisa. Felizmente, não é tão insatisfatório assim, por ter sido interrompido por algo que coloca em jogo, certamente em um plano muito inicial, mas que mesmo assim coloca em jogo alguma dimensão que não é de modo algum sem relação com o ato.

Evidentemente há uma pequena discordância em tudo isso. *O ato psicanalítico*, essa dissertação que eu projetava, era forjada pelos psicanalistas, como se diz, amadurecidos pela experiência. Ela era destinada sobretudo a lhes permitir, e da mesma forma permitir aos outros, uma estimativa mais exata do peso que têm que levantar quando algo marca uma dimensão de paradoxo, de antinomia interna, de profunda contradição que não deixa de permitir conceber a dificuldade que representa para eles sustentar sua carga. Ora, é preciso dizer, não são eles que conhecem melhor essa carga na prática, que marcaram o mais vivo interesse pelo que eu dizia. Em certo aspecto, devo dizer que eles se destacaram realmente por uma ausência que decerto não se atribui ao acaso.

Já que estamos nisso, vou lhes contar incidentalmente uma historieta que já mencionei, mas vou esclarecê-la totalmente. Uma dessas pessoas a quem eu enviava de modo galante um bilhetinho para perguntar se sua ausência era um ato, me respondeu: *O que você foi pensar! Na na ni na! Nem um ato, nem um ato falho. Acontece que este ano marquei para as onze e meia o compromisso de um trabalho longo* — tratava-se de consertar os dentes — *com o profissional adequado, às onze e meia, todas as quartas-feiras*. Não se trata de um ato, como vocês podem ver, é um puro encontro. Isso atenua para mim a decepção de que algo possa ficar em suspenso no que tenho a transmitir à comunidade psicanalítica, e muito especialmente àquela que se intitula minha Escola.

Em contrapartida, aconteceu algo que um belo dia os bebês destacaram do título de ato, uma certa dimensão do ato que também tem sua ambiguidade e que não necessariamente é feita de atos falhos, embora possa, nos anos que se seguirão, dar uma dor de cabeça àqueles que gostariam de pensar as coisas nos termos tradicionais da política. Se eu quis lhes dirigir algumas palavras hoje, foi porque a questão é justamente saber se tenho razão de encontrar aí como que um pequeno equilíbrio ou compensação, e me sentir, de certo modo, um pouquinho aliviado da minha própria carga.

Era apenas pelo suporte que a psicanálise me oferecia, e não em outro lugar, que era possível apreender um certo nó, ou, se quiserem, uma bolha, algo singular, não localizado até então, e em que não é fácil pôr uma etiqueta, dado que hoje certo número de termos tradicionais estão indo por água abaixo — *o homem, o conhecimento*, como queiram, não é absolutamente disso que se trata. Em contrapartida, nesse nó que tracei ali com o giz vermelho, nessa espécie de nó-bolha que vocês conhecem bem, pois é o famoso oito interior que já ativei há uns oito anos, pude situar estes termos: *Saber, Verdade, Sujeito*, e a relação com o *Outro*. É isso.

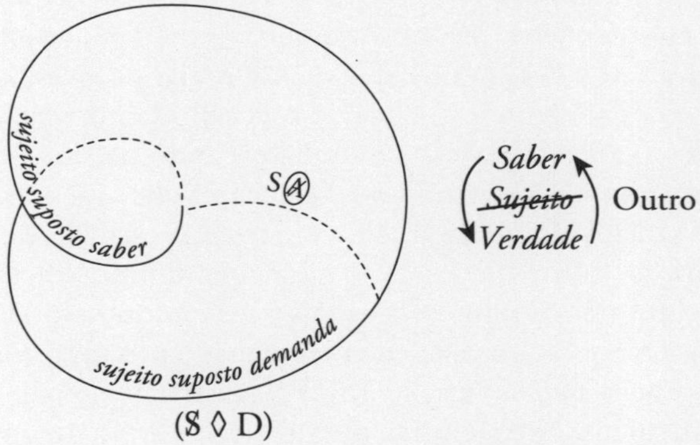

O oito interior

Não existe palavra para colocar todos os quatro juntos, no entanto eles se tornaram essenciais para um futuro com o qual talvez possamos nos preocupar, e que pode nos interessar — a nós que estamos aqui em um anfiteatro — não para fazer apenas reivindicações, mas para esclarecer o que está em jogo nessa grande ruptura, nesse não sei quê insatisfatório que o ensino manifestou. É patente que alguma coisa não vai bem desse lado, que recobre um termo que não é de modo algum casual.

A universidade se autoriza pelo universo, e é justamente disto que se trata aqui. Será que isso se sustenta, o universo? O universo fez muitas promessas, mas não é certo que ele as cumpra. Trata-se de saber se algo que se anunciava, que era uma espécie de abertura para a hiância do universo, se manterá por tempo suficiente para que vejamos a última palavra sobre isso.

Essa questão passa pelo que vimos se manifestar nesses últimos meses, em um lugar estranhamente permanente na história. Vimos uma função de lugar se reanimar. É curioso. É essencial. Talvez não tivéssemos visto a coisa se cristalizar tão intensamente se não houvesse um lugar para onde eles sempre voltavam para apanhar.

Não precisam pensar que o que se abriu como questão nesse lugar seja o privilégio de nosso tecido nacional. Passei dois dias em Roma para arejar um pouco, e lá não são concebíveis coisas semelhantes, simplesmente porque em Roma não existe um Quartier Latin. Não é mero acaso. É engraçado, mas afinal é assim.

Vi desse modo coisas que me agradaram bastante. Lá é mais fácil identificá-los, aqueles que sabem o que fazem, um pequeno grupo. Seus membros, não vi muitos deles, mas, se tivesse visto, apenas um bastaria. Eles se chamam "Pássaros", Uccelli. Conforme eu disse a alguns de meus familiares, para meu espanto, na Itália eu sou — sinto vergonha — popular. O que quer dizer que sabem meu nome. Eles não sabiam, claro, nada sobre o que eu já escrevi. Mas, e é isso que é curioso, sabem que os *Escritos* existem. É preciso acreditar que não precisam tê-los lido, pois os Pássaros em questão são capazes de ações como essa, que evidentemente mantém com o ensino lacaniano a relação que os cartazes das Belas Artes têm com a questão, politicamente, o que significa uma relação absolutamente direta. Quando o decano da Faculdade de Roma, acompanhado de um eminente representante da inteligência do Vaticano, faz um discurso para todos os que estão reunidos — porque há também assembleias gerais por lá, em que alguém lhes fala, são a favor do diálogo, no aspecto em que isso lhes serve, evidentemente —, então os Uccelli vêm com um desses grandes troços, como aqueles que se encontram em restaurantes no campo, no centro de uma mesa redonda: é um enorme guarda-chuva, e eles entram todos debaixo, protegidos, segundo dizem, da linguagem.

Espero que entendam que isso me dá esperança. Eles ainda não leram os *Escritos*, mas lerão. E será que realmente precisam, já que acharam isso? Afinal de contas, não é o teórico que encontra o caminho, ele o explica. Evidentemente, a explicação é útil para encontrar a continuidade do caminho. Mas, como vocês veem, eu confio neles. Se escrevi algumas coisinhas que poderiam servir para os psicanalistas, bem, isso servirá para outros, cuja posição, determinação, é definida por certo campo, aquele que é cernido no esquema por esse nozinho que de certa maneira é feito ao cortar numa certa bolha, extraordinariamente purificada pelos antecedentes que desembocam nessa aventura, a saber, o que me esforcei por situar diante de vocês como o momento de engendramento da ciência.

2

Então, este ano, eu estava no momento em que ia lhes mostrar o que implica ter que ocupar uma posição no registro do sujeito suposto saber quando se é psicanalista — não que sejamos os únicos a conhecer a divisão radical, mas estamos particularmente bem situados para tanto.

Em outros termos, a posição inaugural desse ato psicanalítico é jogar com algo que seu ato vai desmentir. É por isso que, durante anos, eu havia reservado, protegido, deixado de canto o termo *Verleugnung* que Freud fez surgir em relação ao momento da *Spaltung* do sujeito — eu queria reservá-lo para dar-lhe vida ali onde seguramente é elevado ao extremo do patético, ou seja, o ponto do próprio analista.

Por causa disso, durante anos tive que sofrer o assédio desses seres que seguem a pista do que trago para tratar de ver como se poderia improvisar um pequeno trecho em que eu tropeçaria. Então, quando eu falava da *Verwerfung*, tema extremamente preciso, que situa perfeitamente o que está em questão quanto à psicose, destacavam que seria muito mais astuto servir-se da *Verleugnung* — encontram-se vestígios disso em conferências pobres e artigos medíocres. O termo *Verleugnung* poderia ter assumido seu autêntico lugar e seu peso integral, se este ano eu pudesse lhes falar como estava previsto.

Era o passo seguinte a dar. Havia outros que não pude sequer indicar. Uma das coisas com as quais fiquei mais impressionado ao longo de uma experiência de ensino sobre a qual me permitam hoje lançar um olhar retrospectivo, e isso justamente neste ponto de virada, é a violência das coisas que pude me permitir dizer. Duas vezes em Sainte-Anne, por exemplo, disse que a psicanálise tinha pelo menos algo a seu favor: que em seu campo — que privilégio! — a canalhice só poderia se converter em estupidez. Repeti isso assim por dois anos seguidos, e sabia do que falava.

Vivemos em uma área da civilização em que, como se diz, a fala é livre, ou seja, nada do que vocês dizem pode ter consequência. Vocês podem dizer qualquer coisa sobre aquilo que pode estar na origem de não sei que assassinato indecifrável, podem fazer até uma peça de teatro a respeito, e os Estados Unidos inteiros — os nova-iorquinos, não mais que isso — se apressarão em ir ver. Nunca antes na história coisa semelhante foi concebível sem que imediatamente se fechasse a boca. No país da liberdade, pode-se dizer tudo, já que isto não tem consequências.

É bem curioso que só a partir do momento em que algumas pedrinhas começam a voar, pelo menos por um momento, todo mundo tem o sentimento de que toda a sociedade poderia se interessar de maneira mais direta por seu conforto cotidiano e seu futuro.

Até vimos os psicanalistas se questionarem sobre o futuro de seu ofício. Aos meus olhos, estão enganados por se questionarem isso publicamente. Eles fariam melhor se guardassem para si, porque, de qualquer forma, as pessoas que os viram se questionar quanto a esse ponto quando interrogados justamente sobre outra coisa... isso fez com que essas pessoas debochassem um pouco. Enfim, não se pode dizer que aumentou o prestígio da psicanálise.

Estou chateado com o General. Ele surrupiou uma palavra que há muito tempo eu havia reservado para um uso que não era, evidentemente, o que ele fez dela. *A baderna psicanalítica*, vocês não sabem há quantos anos quero dar esse título a meu Seminário. Agora já era. No mais, vou lhes dizer, não lamento, porque estou cansado demais. Já está suficientemente claro, não preciso acrescentar um comentário.

Enfim, mesmo assim seria algo de que eu gostaria — nem todo mundo gostaria disso, mas eu sim —, o ensino da psicanálise na Faculdade de Medicina. Vocês sabem, há uns caras muito agitados ali, não sei que mosca os picou, que se apressam para estar lá, naquele lugar, refiro-me às pessoas da Escola Freudiana de Paris.

Sei bem que na Faculdade de Medicina a história das doutrinas médicas é conhecida. Isso quer dizer que já vimos acontecer muitas coisas que são, a meu ver, com o recuo da história, da ordem da mistificação. Mas ensinar psicanálise como se ensina ali onde ela é ensinada oficialmente, chamemos pelo nome, como se ensina no Instituto — falam para vocês da libido como de algo que passa por vasos comunicantes, de uma hidráulica libidinal; era assim que se expressava, no princípio do tempo em que comecei a tentar mudar um pouco a coisa, um personagem absolutamente incrível —, isso seria formidável, sobretudo na época em que vivemos, quando até os ensinados, como se diz, começam a ter alguma exigência. Acho isso maravilhoso.

Que se veja o que se pode fazer de certo lado como ensino da psicanálise, depois de ter esboçado esse pequeno panorama e lhes ter mostrado as esperanças de bons tempos que a continuidade dessas coisas reserva a alguns. Vocês me dirão, claro, que o personagem em questão poderia sempre se pôr a ensinar, por exemplo, Lacan. Evidentemente, isso seria melhor. Mas seria necessário ainda que ele o pudesse, porque há um certo artigo sobre o objeto *a* nos *Cahiers pour l'Analyse* em relação ao qual — lamento dizer, isso vai chocar alguns de meus colegas mais próximos e caros — a coisa não passou de uma longa explosãozinha de risos entre esses normalistas danados, como que por acaso. Eu mesmo fui forçado a mostrar, em uma notinha discreta, um pouco antes da publicação dos *Escritos*, que, fosse qual fosse a necessidade que alguém tenha de trabalhar o marketing psicanalítico, não basta falar do objeto *a* para que isso seja totalmente exato.

3

Dado o calor, a familiaridade, a amizade que emana deste ambiente, dessas figuras entre as quais não há sequer uma que eu não reconheça por tê-la visto no início deste seminário, eu me deixei levar um tanto e gostaria de retomar as coisas um pouco mais de cima.

Já que falei desses quatro termos, lembremos suas principais articulações, a fim de despertar aqueles que estão com uma visão mais curta e não se dariam conta da importância crítica de certa conjuntura.

Primeiro, o saber. Talvez valha a pena se beneficiar de um pouco de recuo no olhar. Do lado do saber, é-se sábio entre os clássicos, e uma parte da posição sábia é evidentemente se manter tranquilo. Ainda assim, é bastante curioso destacar esse fato, uma vez que, nos dias atuais, tantas coisas se passam nesse plano e, como se diz com justeza, em um âmbito privilegiado da transmissão do saber.

Em seguida, o Outro. Peço desculpas às pessoas que vêm aqui pela primeira vez, são poucas, e que vêm para ver um pouco o que eu poderia contar se me perguntassem sobre os acontecimentos — não vou poder fazer a teoria do Outro. É isso que já torna muito difícil uma interlocução assim, uma entrevista — será preciso explicar o que é o Outro.

Então, para as pessoas que ignoram o que é o Outro, começamos por dizer, porque essa é a chave, que eu o defini estritamente como um lugar, o lugar em que a fala vem tomar posição. Isso não fornece imediatamente o sentido dessa frase, mas, enfim, é uma função topológica indispensável para extrair a estrutura lógica radical que é a questão naquilo que há pouco chamei de nó ou de bolha, esse oco no mundo a respeito do qual se evoca a velha noção de sujeito, que não é mais redutível à imagem do espelho, nem ao que quer que seja da ordem de um reflexo onipresente. Essa bolha é efetivamente vagabunda, graças ao que este mundo não é mais um mundo propriamente dito.

O Outro está aí há bastante tempo, claro. Não o havíamos realmente isolado porque é uma boa posição, e se tinha instalado algo que ainda está aí para a maioria de vocês, *Il vecchio con la barba*, que se chama Deus. Ele ainda está aí. Os psicanalistas não acrescentaram grande coisa à questão de saber, ponto essencial, se ele existe ou não. Enquanto esse *ou* for mantido, ele estará sempre aí. Contudo, graças à bolha, podemos fazer como se não estivesse. Podemos tratar de sua posição. Em seu lugar, justamente, nunca houve dúvida de que jazia isso de que se trata quanto ao saber. Todo saber nos vem do Outro — não falo de Deus, falo do Outro. Há sempre um Outro onde está a tradição, a acumulação, o reservatório.

Sem dúvida, suspeitávamos que poderiam se passar coisas aí. Chamavam-se descobertas. Ou, ainda, tratava-se dessas variações no esclarecimento do ensino e no modo de dispensá-lo que mudava sua ênfase e seu sentido — o que fez justamente com que, durante certo tempo, o ensino ainda se sustentasse. Será que vocês nunca perceberam que o que faz com que um ensino tenha uma efetividade talvez seja que, em certa maneira de redistribuí-lo, ele se inscreve em seu desenho, seu traçado, sua estrutura, algo que não é imediatamente dito, mas é o que é ouvido? Por que, afinal, essa corda não pareceria um pouco desgastada depois de certo tempo, para aqueles que estão nos bancos escolares? Quero dizer que aquilo que não é dito para ser entendido, seria preciso ainda que fosse algo que valesse a pena, e não uma simples hipocrisia. Por exemplo, se isso se pôs a fervilhar nas faculdades de letras, ou ainda nas escolas de arquitetura, talvez não tenha sido à toa.

Quanto à relação do sujeito com o Outro, a psicanálise traz uma dimensão radicalmente nova. É mais que uma descoberta, que ainda mantém algo de anedótico. É um profundo remanejamento de toda a relação.

Há ainda uma palavra que fiz entrar há alguns anos nessa dialética, a palavra *verdade*.

Antes de articular precisamente como fiz aqui certo dia, e o artigo de meus *Escritos* intitulado "A ciência e a verdade" traz a marca perfeitamente logicizada disso, eu havia dado a essa palavra uma outra função em um artigo que se chama "A coisa freudiana", no qual se podem ler estes termos: *Eu, a verdade, [eu] falo.*

Quem é esse [Eu] que fala? Esse trecho, que na verdade é uma prosopopeia, um desses [Eu] entusiastas, acontece que me permiti articulá-lo para o centenário de Freud, e em Viena. Era sobretudo um grito da ordem daqueles que um Munch tão bem colocou em um célebre quadro, essa boca que se retorce, em que vemos surgir o aniquilamento sublime de toda a paisagem.

Portanto, muito tempo atrás, em Viena, especialmente ali onde fazia muito que não me ouviam, eu disse a palavra verdade. É uma palavra muito perigosa. Deixando de lado o uso que se faz dela quando a castram, a saber, nos tratados de lógica, sabe-se há muito tempo que não sabemos o que isso quer dizer.

4

O que é a verdade? É precisamente essa a pergunta que não se deve fazer.

Em Lyon, quando falei em outubro passado, fiz alusão a um trecho de Claudel, brilhante, que lhes recomendo. Não tive tempo de localizar para vocês as páginas antes de vir para cá, pois não sabia que falaria disso, mas vocês encontrarão no sumário das prosas de Claudel, naturalmente em *Pôncio Pilatos*. Nesse texto Claudel descreve tudo o que de ruim acontece a esse benévolo administrador colonial por ter se expressado mal sobre essa questão: *O que é a verdade?*

Algumas pessoas se situam na zona fútil desses seres para os quais é perigoso enunciar a verdade psicanalítica. Por ora elas dão uma aplicação terrível a essas palavras recolhidas ao virar uma das minhas páginas: *Eu a verdade, [eu] falo* — vão dizer a verdade em lugares onde não se tem nenhuma necessidade dela, mas onde ela tem impacto. É bem possível que determinada coisa que se conseguiu tamponar muito bem com o nome de luta de classes venha a se tornar, de uma hora para a outra, absolutamente perigosa. Claro, pode-se contar com funções saudáveis que existem desde sempre para a manutenção do que está em questão, para deixar as coisas no campo da partilha do poder.

As pessoas que entendem um pouco sobre como manejar a verdade não são, é preciso dizer, tão imprudentes. Elas têm a verdade, mas elas ensinam: *Todo poder emana de Deus*. Todo. Isso não lhes permite dizer que é só o poder que lhes convém. Mesmo o poder que, para a Igreja, é contra Deus vem de Deus. Dostoiévski havia percebido isso muito bem. Como ele acreditava na verdade, Deus o assustava um pouco. Foi por isso que ele escreveu "O grande inquisidor". Era a conjunção, em suma, já prevista, de Roma e de Moscou. Mas isso foi quase realizado, meus amiguinhos, e vocês veem bem que não é tão terrível assim. Quando se está na ordem do poder, tudo se arranja.

É exatamente por isso que é útil que a verdade esteja em um cofre-forte em algum lugar. A Revelação é isso, o cofre-forte. É seu privilégio. Se vocês levam a sério a prosopopeia *EU, a verdade, [eu] falo*, isso pode ter grandes inconvenientes, e antes de tudo, infelizmente, para aquele que se coloca nesse caminho.

Ainda assim, vejamos o que nós analistas podíamos talvez ter acrescentado aí de novo. Nosso campo é evidentemente muito limitado. Ele está no plano da bolha.

A bolha, como ela se define? Ela tem um alcance muito limitado. Se, depois de ter-lhes mostrado o que é propriamente sua estrutura, é agora que lhes falo, agora depois de tantos anos de lógica, não é por acaso. É porque o saber que nos interessa como analistas não é propriamente o que se diz. Se digo que *o inconsciente é estruturado como uma linguagem*, é porque o inconsciente que nos interessa é o que pode se dizer e que, em se dizendo, engendra o sujeito.

Porque o sujeito é uma determinação desse saber, ele é o que corre sob esse saber. Mas não corre livremente, ele encontra obstáculos. É nisto, e em nada mais, que reside o fato de que estamos lidando com um saber. Quem diz o contrário é levado por caminhos do que há pouco chamei de mistificação. O inconsciente é a consequência do que se pôde cernir da relação do sujeito com o discurso, e mostrou que essa relação tem consequências muito mais complexas do que o que vimos até aqui. Especialmente, parece que o sujeito, por ser secundário em relação ao saber, não diz tudo o que sabe, ponto do qual não se desconfiava, embora há muito tempo suspeitássemos que ele não sabe tudo o que diz.

Esse é o ponto que permitiu a constituição da bolha. Ele se relaciona muito precisamente ao fato de que percebemos, a esse respeito, como se produz a dimensão da verdade. O que a psicanálise nos ensina é que a verdade jaz no ponto em que o sujeito se recusa a saber. Tudo o que é rejeitado do simbólico reaparece no real. Essa é a chave do que se chama sintoma. O sintoma é o nó real em que está a verdade do sujeito.

Desde logo, no início dos pequenos episódios dessas duas últimas semanas, eu disse a vocês: *Eles são a verdade*. O que não quer dizer que eles a dizem. A verdade não é algo que se sabe assim, sem labor. É exatamente por isso que ela toma esse corpo que se chama sintoma, que ela demonstra onde está a morada do que se chama verdade.

Então, esse saber recusado que vocês vêm buscar na interlocução psicanalítica, será que é o saber do psicanalista? Ilusão. O psicanalista talvez saiba alguma coisa, pelo menos ele sabe o que acabo de dizer em relação à natureza da verdade, mas em relação ao saber recusado, aí ele não sabe grande coisa. É por isso que o ensino da psicanálise, quando o tomamos em relação ao que seria substancial, aparece como o que ele é: uma bufonaria.

Por exemplo, a libido, da qual eu lhes falava há pouco. Se isso quer dizer o que chamo de desejo, é bastante espinhoso que tenha sido descoberto e rastreado no neurótico, quer dizer, naquele cujo desejo só se mantém apoiado em ficções. Dizer que elas são a verdade certamente não é entregá-la, nem a vocês, nem a eles. Mas o mecanismo dessa estranha troca que faz com que o que é dito pelo sujeito, seja o que for, quer ele saiba ou não, só se torne saber por ser reconhecido pelo Outro, saber disso talvez tenha seu peso. E está precisamente aí o que quer dizer a noção, absolutamente primitiva, talhada com um machado, que se chama censura. Durante muito tempo, durante o tempo da autoridade, foi o Outro quem sempre definiu o que pode e o que não pode ser dito. Mas seria absolutamente inútil ligar isso às configurações que, a experiência mostra bem, uma vez que podem ser caducas, já o eram quando funcionavam.

É somente no âmbito do Outro que o que determina o sujeito se articula como saber. É um fato de estrutura. O sujeito da enunciação não é necessariamente aquilo que fala. A enunciação pelo Outro designa: *Aquele ali disse isso*. Primeiramente o Outro foi aquele que sempre é quando o analista interpreta, ou seja, aquele que diz ao sujeito: *É isso*. E acontece de isso ter consequências. É o que se chama interpretação.

Durante um tempo, esse Outro que era filósofo forjou ele mesmo o sujeito suposto saber. Isso já era um engodo, basta abrir Platão para perceber — fazia o pobre sujeito Sócrates dizer tudo o que ele quisesse. No final, o sujeito aprendeu a dizer sozinho: *Eu digo: preto não é branco*, por exemplo, ou *Eu digo: ou é verdadeiro ou é falso*.

Pode-se acrescentar que o total do que digo aí certamente é verdade, pois ou é verdadeiro ou é falso. Naturalmente é infantil, como o Movimento de 22 de março. Não é verdade que ou é verdadeiro ou é falso — mas isso se sustenta. O sujeito aprendeu a endossar com um *Digo* aquilo em relação a que ele se declarava prestes a responder em um debate cujas regras estavam fixadas previamente, e é isso que se chama de lógica.

O que é que se extraiu do isolamento e da purificação do caminho da articulação lógica pelo descolamento do sujeito em relação a tudo que pode se passar entre ele e o Outro — e Deus sabe que ele pode prescindir das coisas, até mesmo e inclusive da prece? Coisa estranha é a ciência, ou seja, um saber que não é qualquer um, mas um saber puro, que não tem nada a ver com o real e nem, ao mesmo tempo, com a verdade, pois o saber da ciência é, com relação ao real, o que em lógica se chama de complemento de uma linguagem. Isso funciona ao lado do real, mas tem impacto nele.

É isso que a bolha introduz. Sob o ponto de vista do conhecimento, não tem muito mais importância do que uma piada, mas no fim das contas desemboca na única coisa que afinal encarna realmente as leis de Newton, a saber, o primeiro *Sputnik*. Certamente é a melhor piada que vimos, pois ele colocou o mundo de cabeça para baixo, o Gagarin.* O fato de que se possa dar seis voltas em torno da Terra em

* Há no original um jogo de palavras entre "*le meilleur gag*", a melhor piada, e o nome de Iuri Gagarin, a primeira pessoa a viajar pelo espaço. (N. T.)

vinte e quatro horas, de uma forma que ultrapassa o entendimento daqueles que acreditam que o movimento tem uma relação com o esforço, o que isso tem a ver com o cosmo, na medida em que temos uma relação com ele?

A bolha tem feito outras das suas desde então. No entanto, resta de certa forma um resíduo: é que aquele que fala nem sempre é capaz de dizer *Eu digo*, como prova isso de que nós, psicanalistas, somos testemunhas. Esse *Eu digo*, somos capazes de dizer a eles, aos analisantes, e também, em um número pequeno de casos, sobretudo se colocarem nisso muita boa vontade, se eles vierem ao nosso consultório falar muito, de interpretar alguma coisa para eles — e o que é interpretar alguma coisa? Nunca interpretamos o mundo para eles. Nós lhes trazemos, assim, um pedacinho que parece ser algo que teria mantido o seu lugar, sem que eles soubessem, em seu discurso. De onde tiramos isso?

Eu teria adorado este ano fazê-los meditar sobre as palavras cristalizadas de Rabelais. Como muitas coisas, foram escritas muito tempo atrás, mas ninguém percebeu. Também enfatizei muito um certo sr. Valdemar, descrito por Poe, do qual fiz um uso, pode-se dizer, satírico, ao denunciar uma vez mais em relação a isso a sobrevivência quase hipnótica do discurso freudiano, e dessas Sociedades mortas que ela mantém, e a quem confere ares de falantes. É um mito que vai mais longe, pois o que a interpretação detecta nem sempre é muito claro quando se trata de realidades de vida ou de morte.

Se eu tivesse podido falar do ato psicanalítico até o final, teria sido para lhes dizer que não foi à toa que lhes falei do desejo do psicanalista. De fato, é impossível que ele venha de outro lugar senão do fantasma do psicanalista — a saber, do que há de mais opaco, de mais fechado, de mais autista na sua fala —, o choque por meio do qual se degela no analisante a fala e que faz com que se multiplique com insistência essa função de repetição na qual podemos lhe permitir apreender o saber do qual é um joguete. Seguramente isso pode causar um pouco de frisson, mas não estamos preocupados com isso nos tempos que correm. Desse modo se confirma que é por meio do Outro que a verdade se faz saber. E é sempre assim que ela surge.

O que sabemos a mais é que isso se produz em uma relação com o Outro que não tem nada de místico, nem de transcendental. O nó cuja curva desenhei no quadro sob a forma da pequena alça que está ali e que, por um triz, poderia se soldar na sua duplicidade de alça e tornar a se fechar de maneira a não aparecer mais, a não ser como um círculo, é o que a experiência nos dá. A saber, que o sujeito suposto saber — onde ele realmente está, ou seja, onde ele não é o analista, mas onde está o que supomos que de fato ele sabe — esse sujeito, na medida em que ele é inconsciente, se duplica nisso que a prática, essa prática que é um pouco rasteira, o coloca em paralelo, a saber, o *sujeito suposto demanda*.

Não vi alguém, não vamos nomeá-lo, que parecia todo orgulhoso de questionar um membro do Movimento de 22 de março para lhe perguntar: *O que o senhor pede a nós, analistas?* Escrevi em algum lugar que o analista era esse personagem privilegiado, certamente cômico, que com a oferta criava demanda. É bastante evidente que nesse caso a coisa não funcionou, mas isso não prova que não tenhamos nada a ver com o que se passa nesse âmbito.

Quer dizer que eles não nos demandam nada. E depois? É justamente o erro do analista acreditar que é na demanda que ele deve intervir, e é isso que não cessam de teorizar, ao passo que o que está em jogo é muito precisamente o intervalo entre o sujeito suposto saber e o sujeito suposto demanda — por um fato que no entanto conhecemos há muito tempo: que o sujeito não sabe o que demanda. É isso que permite que, depois, ele não demande o que sabe.

Esse intervalo, essa hiância, essa banda de Moebius — para reconhecê-la onde ela está, nesse pequeno nó rabiscado no quadro como pude, não me empenhei muito —, é esse resíduo ao qual o Outro se reduz inteiramente para nós, a saber, o objeto *a*.

O papel do objeto *a* é de falta e de distância, de modo algum de mediação. Daí se impõe essa verdade que é descoberta, tangível — que aqueles que a tocaram possam não esquecer isso —, de que não há diálogo. A relação do sujeito com o Outro é de ordem essencialmente dissimétrica. O diálogo é um logro.

Foi no plano do sujeito, na medida em que este se purificou, que a ciência se instituiu na sua origem. No âmbito do Outro, nunca houve nada mais verdadeiro que a profecia.

Em contrapartida, é no âmbito do Outro que a ciência se totaliza, o que significa dizer que, em relação ao sujeito, ela se aliena completamente.

Trata-se agora de saber onde ainda pode residir, no âmbito do sujeito, algo que seja da ordem da profecia.

19 de junho de 1968

Anexos

Algumas Referências e um Divertimento

Por Jacques-Alain Miller

Na era da internet, não considerei útil fornecer as referências de nomes célebres como Cantor, Gauss ou Pavlov, nem as de nomes menos conhecidos, mas aos quais a Wikipédia dedica uma nota suficiente. Em contrapartida, tentei identificar os autores dos quais Lacan fala apenas alusivamente, ou as obras que ele evoca sem fornecer a fonte. Eu me permiti uma digressão suscitada por uma expressão não referenciada do Seminário.

p. 12. A colocação em ato do inconsciente

Essa expressão vem do *Seminário*, Livro 11: *Os quatro conceitos fundamentais da psicanálise*, pp. 144-5 e 147. Lacan observa que essa frase "agradou". De fato, a meu convite, ele aceitara estar certa noite em uma *thurne** da Escola Normal, em que alguns colegas e eu o questionamos especialmente a esse respeito.

p. 13. Sr. Rapaport

David Rapaport, "On the psycho-analytic theory of thinking", *IJP*, n. 31, pp. 161-70. O livro poderia ser: *The Structure of Psychanalytic Theory* (International Universities Press, 1960), que não pude consultar.

* Na École Normale Supérieur, espaço que funciona como sala de convivência dos estudantes que moram na residência universitária, onde se encontram para estudar, debater, socializar. (N. T.)

p. 16. Dimensões [...] linguageiras com relação ao que está em questão no ato
Sem dúvida, é uma referência ao Seminário do ano anterior, *A lógica do fantasma*, especialmente na página 172.

p. 18. A tradução por representante-representativo
Tradução devida ao antigo aluno de Lacan Jean Laplanche, passim.

p. 34. Nachträglich
Lacan indica que essa palavra é utilizada por Heidegger. Não a encontrei em *Logos*, que Lacan havia traduzido para o primeiro número de sua revista, *La Psychanalyse*, lançado em 1956. Ève Miller-Rose pensou em pesquisar no Google as três palavras: *Heidegger, Nachträglich, Rede*, o que lhe permitiu isolar uma resposta sobre *Sein und Zeit*, e precisamente o §34, "*Da-sein und Rede. Die Sprache*" ("Dasein e discurso. A linguagem"), que temos todos os motivos para pensar que Lacan leu atentamente. Trata-se da seguinte frase: "*Die Aufgabe einer Befreiung der Grammatik von der Logik bedarf vorgängig eines positiven Verständnisses der apriorischen Grundstruktur von Rede überhaupt als Existenzial und kann nicht nachträglich durch Verbesserungen und Ergänzungen des Überlieferten durchgeführt werden*". Tradução de Emmanuel Martineau: "*La tâche de* libérer *la grammaire de la logique requiert* préalablement *une compréhension* positive *des structures fondamentales aprioriques du parler en général en tant qu'existential, elle ne saurait être exécutée après coup au moyen d'améliorations et de compléments apportés à la tradition*".*

p. 34. Olivier Flournoy
O texto citado foi extraído da coletânea do Congresso dos Psicanalistas de Língua Romana publicada pela PUF em 1967. Seu título é: "Agir et processus psychanalytique: L'acting out dans sa relation avec la cure et dans ses aspects cliniques" [Agir e processo psicanalítico, o acting out na sua relação com o tratamento em seus aspectos clínicos].

* "A tarefa de *libertar* a gramática da lógica necessita de uma compreensão *preliminar* e *positiva* da estrutura a priori do discurso como existencial. Essa tarefa não pode ser cumprida subsidiariamente através de correções e complementações do que foi legado pela tradição." Em tradução de Márcia Schuback para Martin Heidegger, *Ser e tempo*. Petrópolis: Vozes, 2005, p. 225. (N. T.)

p. 34. O caso célebre
Tudo indica que se trata de Hélène Smith, a quem Théodore Flournoy dedicou uma obra de mais de quatrocentas páginas, *Des Indes à la planète Mars: Étude sur un cas de somnambulisme avec glossolalie* (1900), que consultei na reimpressão recente da Hachette.

p. 35. Um chamado Szasz
Thomas S. Szasz já foi mencionado em *Os quatro conceitos fundamentais da psicanálise* [Seminário 11], pp. 126-7, por seu artigo "The concept of transference", que pode ser lido no *IJP*, t. 44, 1963, pp. 432-3. A Wikipédia lhe dedica uma nota importante, indicando que ele teve um papel destacado no desenvolvimento da antipsiquiatria.

p. 38. O autor dessas linhas
Maurice Bouvet, evocado, criticado e caçoado por Lacan, passim.

p. 41. Jones
Encontrei as duas historietas de Jones em seu *Papers on Psycho-analysis* (Baillière, Tindall and Cox, 1912, pp. 64-5). É dele mesmo que se trata.

p. 45. Um artigo sobre a contratransferência
D. W. Winnicott, "Counter-transference", *British Journal of Medical Psychology*, v. 33, n. 1, pp. 17-21.

p. 63. Rosencrantz e Guildenstern
A peça que tem esse título é de Tom Stoppard, 1966.

p. 72. Claudel
Referência: a Conferência de Lyon, "Lugar, origem e fim de meu ensino", proferida em outubro de 1967 e recolhida em um livrinho publicado pela Seuil em 2005, sob o título *Mon enseignement*, pp. 26-7 [Ed. bras.: *Meu ensino*. Rio de Janeiro: Zahar, 2006, pp. 24-5]. O texto do qual foi extraído se intitula: *Le Point de vue de Ponce Pilate*. Ele pode ser encontrado na coleção Pléiade em *Œuvres en prose* (Gallimard, 1973, pp. 909-20). As duas últimas frases da passagem: "[...] a cada vez que ele passava diante de um ídolo, puf, a barriga desse ídolo se abria, e víamos que não passava de um cofrinho".

p. 73. Um artigo de Erik Erikson sobre o sonho da injeção de Irma
Pode-se agora ler esse artigo, "The dream specimen of psycho-analysis", na coletânea de Melvin R. Lansky *Essential Papers on Dreams: Origins to Present* (New York University Press, 1982, pp. 137-50).

p. 74. O objeto transicional
Em francês: *Les objets transitionnels* (Petite Bibliothèque Payot, 2010).

p. 130. Como a moreia no prato do romano rico
Quebrei a cabeça pesquisando a que passagem de qual texto Lacan estaria fazendo alusão.

Percorri a literatura latina. Primeiro o festim de Trimalquião, em *Satiricon*: apenas uma referência à moreia, nada mais. Depois Horácio, a Sátira II, 8, chamada "O festim ridículo", onde realmente há a referência a uma moreia "nadando em um grande prato", mas não há mudanças de cor. Também há moreias em Plínio, o Antigo, e Marcial, bem como em Juvenal, mas nada de rico romano nem de cores que mudam.

Descubro, de passagem, que os romanos adoravam moreias. Às vezes chegavam a domesticá-las, colocando-lhes brincos. Alguns, sem piedade, as alimentavam com escravos, jogando-os em seu viveiro quando queriam puni-los. Acreditavam que com isso amaciavam a carne desses peixes. Estes, extraordinariamente tímidos, são dotados de duas fileiras de mandíbulas e podem se mostrar ferozes quando se sentem ameaçados.

Um episódio atestado por Sêneca, Plínio, o Antigo, e Dion Cassius encena a clemência de Augusto. Um escravo que havia quebrado uma taça de cristal fora condenado por seu senhor, o sinistro e riquíssimo Públio Védio Polião, a ser devorado por suas enormes moreias. Diante da recusa deste a poupar o escravo, o imperador quebra todas as preciosas taças de Polião, forçando-o a ceder. Quando Polião morreu, Augusto mandou demolir sua residência de Roma.

Li ainda que haveria cerca de duzentas espécies de moreias conhecidas, dentre as quais as gigantes ultrapassam três metros. Todas nascem machos, em seguida algumas se tornam fêmeas (enquanto as ostras planas seguem o processo inverso). A mudança de sexo é acompanhada por uma mudança de cor: elas nascem pretas e passam a um amarelo forte quando se tornam fêmeas, e entre as duas fases são de um azul cintilante. Extraio toda a minha ciência de um artigo encontrado na internet: "A moreia, uma criatura marinha ainda não muito conhecida", disponível em: <spotmydive.com>.

Há, por outro lado, Vikidia, "A enciclopédia dos 8-13 anos", que se ocupa de informar aos seus leitores a existência de animais hermafroditas (hoje chamados de intersexo) — hermafroditismo simultâneo das vieiras ou da tênia; ou, no caso das moreias, sucessivo. Anne Fausto-Sterling, autora do famoso *Les Cinq sexes: Pourquoi mâle et femelle ne sont pas suffisants* (Payot, 2013), escreve aparentemente *cum grano salis*, é bióloga de formação, especialista em vermes intersexos, as planárias. Todos esses fenômenos tendem a confortar os teórico(a)s e ativistas do gênero.

Por fim, cheguei a consultar os Evangelhos, em vão.

Lacan: pode-se supor que ele tenha atribuído à moreia de Horácio as três cores sucessivas dessa criatura.

p. 139. Uma pequena revista
Trata-se da revista da Escola Freudiana de Paris, intitulada *Scilicet*. Ela era publicada pela Seuil.

p. 140. Lugares muito bons
Alusão ao livro de Maud Mannoni, *L'Enfant arriéré et sa mère*, publicado pela Seuil em 1964.

p. 142. Um texto de proposição
Trata-se, evidentemente, da "Proposição de 9 de outubro sobre o psicanalista da Escola", que está publicada na coletânea dos *Outros escritos*, pp. 248-64.

p. 160. O célebre pilar do comitê de redação
Alusão a seu antigo aluno J. B. Pontalis, membro do comitê de redação de *Les Temps Modernes*.

p. 164. Mitchell
O. H. Mitchell, "On a new algebra of logic", in *Studies in Logic by Members of the Johns Hopkins University* (Boston, 1883).

p. 172. Um eminente lógico
Certamente Jean-Toussaint Desanti.

p. 185. A alusão a isso, que fiz em algum lugar
"Kant com Sade", *Escritos,* pp. 776-803.

p. 201. Fantasma da origem
Alusão ao artigo de Laplanche e Pontalis "Fantasme originaire, fantasme des origines, origines du fantasme", publicado em *Les Temps Modernes*, n. 216, pp. 1833-68, 1964.

p. 222. Alguém bem próximo a mim
Ainda Laplanche.

p. 239. Se negligenciaria a dimensão energética
Sem dúvida um artigo do sr. André Green.

p. 240. Um dos cabeças dessa insurreição
Cohn-Bendit.

p. 249. Certo artigo sobre o objeto a
Novamente o sr. Green.

p. 251. Muito tempo atrás, em Viena
Nessa cidade, em 7 de novembro de 1955, Lacan deu sua célebre conferência "A coisa freudiana". *Escritos*, pp. 402-37.

p. 254. Movimento de 22 de março
Associação informal de estudantes chamados espontaneístas da Universidade de Nanterre. Tornou-se, no início do mês de maio, o mais conhecido grupo de esquerda, no momento em que seu porta-voz, Cohn-Bendit, ganhou notoriedade nacional como representante da revolta estudantil.

p. 255. As palavras cristalizadas de Rabelais
Cf., por exemplo, "Situação da psicanálise em 1956", *Escritos*, p. 471.

p. 255. Um certo sr. Valdemar, descrito por Poe
Ibid., p. 490. Trata-se de um conto intitulado "The facts in the Case of M. Valdemar", publicado em 1845.

* * *

A edição deste Seminário contou com uma releitura minuciosa do sr. Gabriel Bergounioux, a quem expresso o meu reconhecimento.

Bibliografia

Aristóteles, *Organon*. Trad. e notas de J. Tricot. Paris: Vrin, 1969-74. [Ed. bras.: *Órganon*. Trad. de Edson Bibi. São Paulo: Edipro, 2009.]

______. *Éthique à Nicomaque*. Trad. de Richard Bodéüs. Paris: Flammarion, 1997. GF. [Ed. bras.: *Ética a Nicômaco*. Trad. de Mário da Silva Kury. São Paulo: Madamu, 2020.]

______. *Catégories*. In: *Organon*, livro I. Trad. de Frédérique Ildefonse e Jean Lallot. Paris: Seuil, 2002. Points Essais. [Ed. bras.: *Categorias*. In: Órganon, op. cit.]

______. *Premiers Analytiques*. *Organon*, livro III. Trad. de Michel Crubellier. Paris: Flammarion, 2014. GF. [Ed. bras.: *Primeiros analíticos*. In: *Órganon*, op. cit.]

______. *Histoire des animaux*. Trad. de Pierre Pellegrin. Paris: Flammarion, 2017. GF. [Ed. bras.: *História dos animais*. Trad. de Maria de Fátima Souza e Silva. São Paulo: WMF Martins Fontes, 2014.]

______. *Topiques*. Intr. Jacques Brunschwig. In: *Organon*, livro V. In: Pierre Pellegrin (Org.). *Œuvres complètes*. Paris: Flammarion, 2014. [Ed. port.: *Tópicos*. Lisboa: Imprensa Nacional, 2007.]

Brown, Norman O. *Érôs et Thanatos*. Trad. de Renée Villoteau. Paris: Denoël, 1972. Les Lettres Nouvelles.

Congrès des Psychanalystes de Langue Romane. *"Agir" et processus psychanalytique: L'acting out dans sa relation avec la cure et dans ses aspects cliniques*. Paris: PUF, 1967.

Dostoiévski, Fiódor. "Le Grand Inquisiteur". In: *Les Frères Karamazov*. Trad. de Élisabeth Guertik. Paris: Fernand Hazan, 1948. Les Classiques du Monde. [Ed. bras.: "O grande inquisidor". In: *Os irmãos Karamázov*. Trad. de Paulo Bezerra. São Paulo: Editora 34, 2012.]

Erasmo de Rotterdam. *Éloge de la folie*. Trad. de Jean-Christophe Saladin. Paris: Les Belles Lettres, 2018. [Ed. bras.: *O elogio da loucura*. Trad. de Maria Ermantina de Almeida Galvão. São Paulo: WMF Martins Fontes, 2019.]

Fausto-Sterling, Anne. *Les Cinq sexes: Pourquoi mâle et femelle ne sont pas suffisants*. Trad. de Anne-Emmanuelle Boterf. Paris: Payot; Rivages, 2013. Petite Bibliothèque Payot.

Flournoy, Théodore. *Des Indes à la planète Mars: Étude sur un cas de somnambulisme avec glossolalie*. Paris: F. Alcan, 1900.

Frege, Gottlob. *Begriffsschrift, eine der arithmetischen nachgebildete Formelsprache des reinen Denkens*. Halle: Von Louis Nebert, 1879.

_____. *L'Idéographie: Un langage formulaire de la pensée pure construit d'après celui de l'arithmétique*. Trad. de Corinne Besson. Paris: Vrin, 1999.

Freud, Sigmund. *Zur Psychopathologie des Alltagslebens*. Berlim: S. Karger, 1904. [Ed. bras.: *Psicopatologia da vida cotidiana*. In: *Obras completas*, v. 5. Trad. de Paulo César de Souza. São Paulo: Companhia das Letras, 2021.]

_____. *Moïse et le monothéisme*. Trad. de Anne Berman. Paris: Gallimard, 1948. [Ed. bras.: *Moisés e o monoteísmo*. In: *Obras completas*, v. 19. Trad. de Paulo César de Souza. São Paulo: Companhia das Letras, 2018.]

_____. *L'Interprétation du rêve*. Trad. de Jean-Pierre Lefebvre. Paris: Seuil, 2021. [Ed. bras.: *A interpretação dos sonhos*. In: *Obras completas*, v. 4. Trad. de Paulo César de Souza. São Paulo: Companhia das Letras, 2019.]

_____. *Totem et tabou*. Trad. de Samuel Jankélévitch. Rev. de Olivier Manoni. Paris: Payot, 2021. [Ed. bras.: *Totem e tabu*. Trad. de Paulo César de Souza. São Paulo: Penguin; Companhia das Letras, 2013.]

Hegel, Georg Wilhelm Friedrich. *Phénoménologie de l'esprit*. Trad. de Jean-Pierre Lefebvre. Paris: Flammarion, 2012. [Ed. bras.: *A fenomenologia do espírito*. Trad. de Paulo Meneses e Karl Heinz Efken. Petrópolis: Vozes, 2014.]

Lacan, Jacques. "Discours de Rome". Actes du Congrès de Rome. *La Psychanalyse*, n. 1, 1956. [Ed. bras.: "Discurso de Roma". In: *Outros escritos*. Trad. de Vera Ribeiro. Rio de Janeiro: Zahar, 2003.]

_____. *Je parle aux murs: Entretiens à la Chapelle de Sainte-Anne*. Paris: Seuil, 2011. [Ed. bras.: *Estou falando às paredes: Conversas na Capela de Sainte-Anne*. Trad. de Vera Ribeiro. Rio de Janeiro: Zahar, 2011.]

Lacan, Jacques. *Écrits*. Paris: Seuil, 1966. Le Champ freudien. [Ed. bras.: *Escritos*. Trad. de Vera Ribeiro. Rio de Janeiro: Zahar, 2003.] "Função e campo da fala e da linguagem em psicanálise" [pp. 238-324]; "Variantes do tratamento-padrão" [pp. 325-64]; "A coisa freudiana" [pp. 402-37]; "De uma questão preliminar a todo tratamento possível da psicose" [pp. 537-90]; "A direção do tratamento e os princípios de seu poder" [pp. 591-652]; "Posição do inconsciente" [pp. 843-64]; "A ciência e a verdade" [pp. 869-92].

______. *Le Séminaire*, livros 1-27. Paris: Seuil, 1973-em andamento. [*O Seminário*. Rio de Janeiro: Zahar, 1979-em andamento.] Livro 7: *L'Éthique de la psychanalyse*. Paris: Seuil, 1986. [Ed. bras.: *A ética da psicanálise*. Trad. de Antonio Quinet. Rio de Janeiro: Zahar, 1997.]; Livro 8: *Le transfert*. Paris: Seuil, 2001. [Ed. bras.: *A transferência*. 2. ed. Trad. de Dulce Duque Estrada. Rev. de Romildo do Rêgo Barros. Rio de Janeiro: Zahar, 2010.]; Livro 11: *Les quatre concepts fondamentaux de la psychanalyse*. Paris: Seuil, 2014. [Ed. bras.: *Os quatro conceitos fundamentais da psicanálise*. Trad. de M. D. Magno. Rio de Janeiro: Zahar, 1988.]; Livro 12: *Problèmes cruciaux pour la psychanalyse*. Paris: Seuil, no prelo; Livro 14: *La logique du fantasme*. Paris: Seuil, 2023. [Ed. bras.: *A lógica do fantasma*. Trad. de Teresinha N. Meirelles do Prado. Rio de Janeiro: Zahar, 2024.]

Lansky, Melvin R. *Essential Papers on Dreams: Origins to Present*. Nova York; Londres: New York University Press, 1992.

Laplanche, Jean; Pontalis, Jean-Bertrand. "Fantasme originaire, fantasme des origines, origine du fantasme". *Les Temps Modernes*, n. 215, 1964. [Ed. bras.: *Fantasia originária, fantasias das origens, origens da fantasia*. Trad. de Álvaro Cabral. Rio de Janeiro: Zahar, 1988.]

Mitchell, Owen H. "On a New Algebra of Logic". In: *"Studies in Logic" by Members of the Johns Hopkins University*. Boston: Little, Brown, and Company, 1883.

Petrônio. *Le Satyricon*. Trad. de Laurent Tailhade. Paris: La République des Lettres, 2023. [Ed. bras.: *Satiricon*. Trad. de Alessandro Zir. Porto Alegre: L&PM, 2016.]

Platão. *Ménon*. Trad. de Monique Canto-Sperber. Paris: Flammarion, 1999. GF. [Ed. bras.: *Mênon*. In: *Diálogos*. Trad. de Edson Bini. São Paulo: Edipro, 2010.]

Platão. *Le Banquet*. Trad. de Paul Vicaire. Paris: Gallimard, 2017. J'Ai Lu. [Ed. bras.: *O banquete*. Trad. de Edson Bini. São Paulo: Edipro, 2017.]

Poe, Edgar Allan. "The Facts in the Case of M. Valdemar". *The American Review*, dez. 1845. [Ed. bras.: "A verdade no caso do sr. Valdemar". In: *Histórias extraordinárias*. Trad. de José Paulo Paes. São Paulo: Companhia das Letras, 2008.]

______. "La Vérité sur le cas de M. Valdemar". Trad. de Charles Baudelaire. In: Edgar Allan Poe. *Histoires extraordinaires*. Paris: A. Quantin, 1884.

Rimbaud, Arthur. "À une raison". In: *Une Saison en enfer: Illuminations et autres textes* (1873-1875). Paris: Le Livre de Poche, 1998. [Ed. bras.: "Uma razão". In: *Uma temporada no inferno & Iluminações*. Trad. de Ledo Ivo. Rio de Janeiro: Francisco Alves, 1982.]

Valéry, Paul. *Poésies*. Paris: NRF, 1933.

Winnicott, Donald Woods. "Counter-transference". *British Journal of Medical Psychology*, v. 33, 1960. [Ed. bras: "Contratransferência". In: *O ambiente e o processo de maturação*. Trad. de Ireneu C. S. Ortiz. Porto Alegre: Artmed, 1982.]

Índice Onomástico

Campo Freudiano no Brasil

- **Os complexos familiares**
- **Nos confins do Seminário**
- **Escritos**
- **Estou falando com as paredes**
- **Meu ensino**
- **O mito individual do neurótico**
- **Nomes-do-Pai**
- **Outros escritos**
- **Primeiros escritos**
- **O Seminário**

  Livro 1: **Os escritos técnicos de Freud**

  Livro 2: **O eu na teoria de Freud e na técnica da psicanálise**

  Livro 3: **As psicoses**

  Livro 4: **A relação de objeto**

  Livro 5: **As formações do inconsciente**

  Livro 6: **O desejo e sua interpretação**

  Livro 7: **A ética da psicanálise**

  Livro 8: **A transferência**

  Livro 10: **A angústia**

  Livro 11: **Os quatro conceitos fundamentais da psicanálise**

  Livro 14: **A lógica do fantasma**

  Livro 15: **O ato psicanalítico**

  Livro 16: **De um Outro ao outro**

  Livro 17: **O avesso da psicanálise**

  Livro 18: **De um discurso que não fosse semblante**

  Livro 19: **... ou pior**

  Livro 20: **Mais, ainda**

  Livro 23: **O sinthoma**

- **Televisão**
- **O triunfo da religião**

  Jacques Lacan

- **A terceira | Teoria de lalíngua**

  Jacques Lacan | Jacques-Alain Miller

- **A batalha do autismo**

  Éric Laurent

- **Como terminam as análises**
- **Lacan elucidado**
- **Matemas I**
- **O osso de uma análise**
- **Percurso de Lacan**
- **Perspectivas do Seminário 23 de Lacan**
- **Perspectivas dos Escritos e Outros escritos de Lacan**

  Jacques-Alain Miller

- **Lacan redivivus**

  Jacques-Alain Miller e Christiane Alberti

- **A inibição intelectual na psicanálise**

  Ana Lydia Santiago

ESTA OBRA FOI COMPOSTA POR MARI TABOADA EM ADOBE GARAMOND PRO E IMPRESSA EM OFSETE PELA GRÁFICA SANTA MARTA SOBRE PAPEL PÓLEN NATURAL DA SUZANO S.A. PARA A EDITORA SCHWARCZ EM JULHO DE 2025

FSC
www.fsc.org
MISTO
Papel | Apoiando o manejo florestal responsável
FSC® C005648

A marca FSC® é a garantia de que a madeira utilizada na fabricação do papel deste livro provém de florestas que foram gerenciadas de maneira ambientalmente correta, socialmente justa e economicamente viável, além de outras fontes de origem controlada.